国际金融法论丛

GUOJI JINRONG FA LUNCONG

资基金治理结构之法律分析

张国清 ⊙著

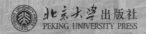

图书在版编目(CIP)数据

投资基金治理结构之法律分析/张国清著.—北京:北京大学出版社,2004.9

(国际金融法论丛·4)

ISBN 7-301-07749-1

Ⅰ.投… Ⅱ.张… Ⅲ.投资-基金-金融法-研究-中国 Ⅳ.D922.287.4

中国版本图书馆 CIP 数据核字(2004)第 082627 号

书　　　名：投资基金治理结构之法律分析
著作责任者：张国清 著
责任编辑：王 晶
标准书号：ISBN 7-301-07749-1/D·0953
出版发行：北京大学出版社
地　　　址：北京市海淀区成府路 205 号　100871
网　　　址：http://www.pup.cn　电子邮箱：law@pup.pku.edu.cn
电　　　话：邮购部 62752015　发行部 62750672　编辑部 62752027
　　　　　　出版部 62754962
印　刷　者：三河市新世纪印务有限公司
经　销　者：新华书店
　　　　　　650 毫米×980 毫米　16 开本　13 印张　200 千字
　　　　　　2004 年 9 月第 1 版　2006 年 11 月第 2 次印刷
定　　　价：20.00 元

未经许可，不得以任何方式复制或抄袭本书之部分或全部内容。
版权所有，侵权必究
举报电话：010-62752024　电子邮箱：fd@pup.pku.edu.cn

完善证券投资基金治理结构的正确路径

(代重印前言)

美国著名的公司法专家、哈佛大学法学院院长罗伯特·C.克拉克教授根据其对美国近二百年资本市场发展历史的研究,以企业制度的发展为主线将资本主义发展划分为四个阶段①。根据克氏的观点,第一阶段为个人业主时代(the age of entrepreneur),商事公司作为一种商业组织形式第一次出现在历史舞台,企业的发起人、投资者和经理三位一体是这一阶段商事公司的典型特征。第二阶段为职业经理时代(the age of the professional business manager),其典型的经济组织为现代公众持股公司,所有权和经营权相分离是这一阶段商业组织的最主要特征。第三阶段为投资组合经理时代(the age of the portfolio manager),其典型的经济组织是机构投资者及各类金融中介。其最主要的组织特征是所有权进一步分离为资本的提供和资本的投资管理两个功能,并将投资管理的功能职业化,各种金融中介的出现就是投资管理功能职业化的结果。第四阶段为储蓄计划者时代(the age of the savings planner),其典型特征是将前一阶段的资本提供的功能进一步分离为拥有受益权和做出储蓄决定的权力,并将后者职业化。其典型的经济组织就是代表其成员作出储蓄决策的各类公司养老金计划的发起者和管理者。

应该说,资本主义发展的上述四个阶段本质上体现了资本主义市场经济逐步深化、由低级向高级发展演进的过程。而这一过程本身又是社会分工进一步深化的结果。资本主义每向一个更高级的阶段发展,实际上都体现为将资本形成或资本动员过程的某一个特定的功能分离出来并将其职业化,同时创造了一种机制以使更多的人能够参与资本形成的过程并分享资本收益。从企业所有权配置的角

---

① Robert Charles Clark, The Four Stages of Capitalism: Reflections on Investment Management Treatises, see *Harvard Law Review*, Vol.94(1981).

度来看,资本主义市场经济的发展与深化的过程非常典型地呈现出"更多的分享利益,更少的分享权力"的特点,即随着社会分工的深化,越来越多的主体参与分享资本收益,但分享这些资本投资管理权力的主体则不断减少,对这些资本的投资管理和决策的权力越来越集中于少数的职业经理。与这一趋势相伴而生则是因剩余索取权和剩余控制权不对称所产生的代理问题,随着资本主义市场经济的进一步深化,资本的提供者与资本的最终使用者之间的链条也越长,资本市场所面临的代理问题也更严重,因而,在市场经济发展的不同阶段,法律介入公司内部治理结构的手段与方式也不相同。在第一阶段,人们担心公司企业的规模过大容易腐蚀市场和政府,而用来保护社会免受公司危害的最好方法就是立法机关对公司的个别许可、对公司实体的权力和人格进行严格的限制以及通过反托拉斯法限制公司的规模。法律对公司内部事务介入的目的是保护各个企业主居于平等的地位。由于所有权与经营权相分离是市场经济发展的一个必然结果,这一经济特征要求通过法律使职业经理与公众投资者之间的关系稳定化,将所有的商业决策的控制权配置给职业经理。同时,为确保职业经理为了公众投资者的利益而工作,又对其权力的行使进行一定程度的控制和制约。因此,法律对所有权与经营权分离所带来社会问题的回应并不是限制公司的权力以及要求当事人之间公平对等,而是促使有效率的证券市场的快速发展,以及促使职业经理对其违反的信赖义务(这种义务通常是外部强加并且通常是不可协商)的行为承担责任。在第三阶段,参与资本收益分配的人很少涉及选择投资的过程,其主要是通过投资管理人等金融中介进行投资决策,法律制度对此的回应对策,除继续强化信息披露制度和职业经理的信赖义务外,还加强对金融中介设立、运作、内部治理与控制的规范,以保证金融中介机构的稳健运行。在第四阶段,法律监管政策的努力方向除了依靠前面几个阶段信息披露制度和信赖义务、以及稳健性监管外,还为各类养老金计划的参与者和受益者提供类似于消费者的法律保护。总体来说,尽管由于在不同的阶段所面临的问题不同,法律制度回应的侧重点不一样,但并不意味着在后一阶段将前一个阶段的那些典型的监管措施弃之不用,而是在强化前一阶段的某些监管措施同时,有针对性地增加一类新的举措。

从制度变迁的角度看,投资基金实际是在股份公司的基础上经进一步的专业分工发展而成的,毫无疑问,当属于克拉克教授上述资本主义发展的第三个阶段。在投资基金领域,资本的提供者和资本的最终运用者之间的链条更长,所面临的代理问题也更为严重,这就决定了解决证券投资基金领域的代理问题,保护基金持有人利益的法律路径也就与此前有所不同。根据克拉克教授的上述分析,我们可以看出一个能够较为充分地保护基金投资者利益的、相对完善的证券投资基金法律制度主要应该包括由两类不同的规范,一类是有关基金当事人之间的权利、义务和责任配置的规范,主要包括相关的信息披露制度,职业经理的信赖义务等方面规则。另一类则是对证券投资基金管理人进行规制、以确保其稳健运营的规范。这两类规则分别针对证券投资基金运作的不同层面的问题,前者主要解决基金管理人对基金持有人负责(accountable)的问题,即解决证券投资基金的治理机制的问题,其直接的目的是要保护基金持有人的利益免受基金管理人的侵害。而后者实际上是要解决投资管理人治理问题,其直接目的是建立一个稳健、规范运作、内部控制机制健全的专业管理机构,以保护基金持有人的利益。这两类法律规范相辅相承,不可偏废,共同促进证券投资基金业持续健康地发展。

我国在2003年10月颁布《证券投资基金法》后,监管机关为配合该法的实施出台了一系列的配套的部门规章,其中较为重要的有,《证券投资基金管理公司管理办法》(2004年9月16日发布)、《证券投资基金管理公司督察长管理规定》(2006年5月8日)、《证券投资基金管理公司治理准则(试行)》(2006年6月15日),再加上2002年证监会发布的《证券投资基金管理公司内部控制指导意见》等,毫无疑问,上述规章的颁布对改善我国基金管理公司内部治理结构,保护基金持有人的利益,促进我国证券投资基金业的健康发展会发挥积极作用。

然而上述规章更主要地集中于规范证券投资基金管理公司设立、运作、治理结构、内部控制、信息披露等环节,大多属于前述的第二类法律规范,而对上述第一类规范则涉及不多。客观地说,一个科学稳健、规范运作的证券投资基金管理公司治理结构是建立良好的证券投资基金治理结构的基础,最终也会有利于保护基金持有人的利益,但其只能是建立一个完善的保护基金持有人利益法律体系的必要条件而非充分条件。对上述规章细加分析,便会发现上述规章面临的一个共同缺陷就是混淆了基金管理公司的治理与证券投资基金的治理,并以基金管理公司的治理代替了证券投资基金的治理,以至于有的学者和业内人士发出了"证券投资基金管理公司治理是为了谁"的质问。① 如《证券投资基金管理公司管理办法》第 36 条规定,基金管理公司应当按照《公司法》等法律、行政法规和中国证监会的规定,建立组织机构健全、职责划分清晰、制衡监督有效、激励约束合理的治理结构,保持公司规范运作,维护基金份额持有人的利益。该条将维护基金持有人的利益作为建立、健全基金管理公司治理结构的最终目的,而对于基金管理公司股东的利益则只字未提,应该说,在公司治理目标的设计上已出现了偏差,但由于该条将《公司法》作为基金管理公司建立、完善内部治理结构的依据,这种偏离似乎还不算太远。但其后颁布的《证券投资基金管理公司治理准则(试行)》第 2 条则极端地规定了"公司治理应当遵循基金份额持有人利益优先的基本原则。公司章程、规章制度、工作流程、议事规则等的制订,公司各级组织的职权行使和公司员工的从业行为,都应当以保护基金份额持有人利益为根本出发点。公司、股东以及公司员工的利益与基金份额持有人的利益发生冲突时,应当优先保障基金份额持有人的利益"。基金持有人的利益已经完全凌驾于基金管理公司的股东之上。在具体的制度设计方面也确实体现了这一原则,如《证券投资基金管理公司管理办法》第 42 条规定,基金管理公司设立督察长制度,督察长由董事会聘任并对董事会负责。《证券投资基金管理公司督察长管理规定》第 2 条规定,督察长履行职责,应当以保护基金份额持有人利益为根本出发点,公平对待全体投资人,在公司、股东的利益与基金份额持有人利益发生冲突时,优先保障基金份额持有人的利益。初看起来,似乎是将基金投资者的利益保护置于至高无上的地位,这一制度如果能够像监管者所期望得那样得到切实的执行,倒也无妨。但仔细分析,该类规定却与公司治理的基本逻辑相矛盾。根据公司法的基本原理,公司董事由股东选任,董事及董事会自然要对股东负责,并为股东的利益而履行职责(除非股东是利他主义者)。尽管近年来要求公司承担更多的社会责任,公司应该服务于利益相

---

① 陆一:《证券投资基金管理公司治理是为了谁?》,载《中国证券期货》2006 年第 8 期。

关者的呼吁在各国从来就没有间断过，但在世界上，已经存在了"广泛的标准化的共识"，即股东阶层应当掌握公司的最终控制权；公司经理层应当仅仅服务于股东的经济利益。① 因此，基金份额持有人作为基金管理公司的利益相关者应当通过其他机制获得保护，而不应通过基金管理公司的治理来获得保护，尽管基金管理公司内部治理结构完善间接有利于基金持有人的利益。而依照《证券投资基金管理公司督察长管理规定》，公司的督察长作为公司的经理层在履行职责时须以基金份额持有人的利益为根本出发点，即使公司、股东的利益不违法，当与基金持有人的利益发生冲突时，也应该将基金持有人的利益置于优先的地位，但是却没有规定督察长在履行职责时未将基金持有人的利益置于优先地位的责任及利益受损方的救济措施，因而，"优先保护基金持有人利益"的宏伟目标在实际执行过程中只能沦为一个漂亮的口号。事实上，《证券投资基金法》颁布实施后，证监会也相继出台了一些配套的规章，但市场上对基金黑幕的质疑一直就没有停止过②。

因此，要提高中国证券投资基金业的监管水平，加强对基金持有人的保护，其正确的路径只能是在强化基金管理公司的治理和内部控制的同时，更关注和着力解决在基金当事人之间的权利、义务和责任配置问题，建立一个相互制衡的治理机制，并赋予基金持有人诉权，以强化基金管理人信赖义务的执行机制。基于此，笔者认为，拙作虽然出版于《证券投资基金法》正式出台之际，但其中的一些论点对于今天完善证券投资基金的治理结构仍具有一定的参考价值。

---

① 亨利·汉斯曼、莱尼尔·克拉克曼：《公司法历史的终结》，载杰弗里·N.戈登 马克·J.罗编：《公司治理：趋同与存续》，赵铃、刘凯译，北京大学出版社2006年版。
② 见《基金黑幕为什么这么"黑"》，见和讯网2006年7月27日"和讯专题"，http://topic.news.hexun.com/funds/blank1_4235.aspx，2006年11月20日访问。

总　序

一、法律方法与经济问题

本套专著有一个共同的特点,就是作者们不约而同地采用法律方法研究经济问题。过去我们在二十多年的时间内,多看到用经济学的方法分析法律问题。特别是国外法学界开展的轰轰烈烈的"法律的经济分析",已有若干部专著翻译成为中文。而现在,在中国的大学和研究机构里,法律研究工作者开始进入经济学、公共管理学和工商管理学的领域,用法律的方法来研究这些边缘领域的问题。

在社会科学几个相近的领域,例如经济学、公共管理学、工商管理学和社会学等领域,都有法律研究的论文和著作,这种跨学科的研究成果,也越来越多了。在中国政府将"依法治国"定为基本国策之后,采用法律的思维与方法分析目前的经济改革问题也非常有意义。其意义就在于,我们所说的"依法治国",不仅仅是表现在一个宏观的口号上,而是要将"依法治国"作为可以实际操作的、用来实际分析经济问题的、作为经济政策设计基础的法律方法。

全国人大常委和人大财经委员会委员、北大前校长吴树青老师曾经问我,依照《宪法》,"债转股"是否应该提交人大财经委讨论?我说需要研究一下法律,才能回答。此后,国务院关于"国有股减持与成立社保基金"的办法出台,又有人问我,这么大的财政支付转移,是否应该经过人大财经委开会讨论?我回答说,需要研究法律。直到我在写这个序的时候,相关的法律研究工作还在进行。我希望从法律制度变迁的角度和我国财经法制程序演进的过程中找出符合法律的答案。

不断遇到类似问题,使我开始研究与思考经济学家们提出的问题:"人大财经委员会的职权范围究竟是什么?""人大财经委员会对于国家重大财政支付转移是否有权审议?"从法律学的角度来研究这些经济学问题,本身就构成了一个重要的法律制度程序化和司法化的法学课题。

二、经济学家敏感，法学家稳重

还记得有一次，一位金融业界人士对我说："改革十多年来，讨论经济改革的问题，几乎都是经济学者的声音，这不奇怪。目前，讨论《证券法》或公司治理的问题，也几乎都是经济学者的声音，这也不奇怪。奇怪的是，所有这些问题的讨论中，几乎听不到法学家的声音！"说到这里，这位朋友几乎用质问的口气对我说，"你们法学家们关心什么？为什么听不到声音？你们都干什么去了？"

我一下子被他的语气盖住了！当时我想不出用什么简单办法向他来解释。尽管我不完全同意他的看法，因为这里可能有他个人信息渠道的问题，也可能有社会媒体关注的偏好问题，但还有可能是更深层的问题，例如，在改革过程中，许多法律制度和程序都尚未定型，如果采用法律的方法，可能会增加改革的成本，特别是时间方面的成本等。

本套专著的作者们都是研究法律的，他们也可以称为年轻的"法学家"了，因为，他们已经发表了相当一批研究成果，从事法学专业研究的时间几乎都在10年以上。他们长期研究的成果，似乎可以部分地回答前面那位朋友的问题了。法学家可能没有经济学家那样敏感，但是，法学家多数比较稳重。法学家的发言将影响经济政策与制度的设计，也影响经济操作与运行。经济发展要考虑效率，但是不能仅仅考虑效率，还要考虑到多数人的公平与程序的正义。我们的政府和社会可能都需要一段时间接受和适应法学家的分析方法和论证方法。

三、研究成果的意义

邀我写序的这套专著的作者们，经过三年多时间的专门研究，又经过一段时间的修改，才拿出这样厚重的成果来。我看到这些成果时，就像看到美国最高法院门前的铜铸灯柱底下基座的铜龟，给人以一种稳重、缓慢、深思熟虑的感觉。中国古代在比美国更早几千年的时候，政法合一的朝廷大殿，就有汉白玉雕刻的石龟。龟背上驮着记录历史的石碑，同样给人以庄严、持久、正义的印象。中外司法与法学研究在历史上流传至今，给人的形象方面的印象和感觉是非常类似的，这种感觉在今天还有。

在不太讲究政治经济学基本理念的时光中,又是在变动未定型的过渡时期,经济学家关于对策性的看法是敏捷和回应迅速的。在回应中有许多是充满了智慧的解决方案和温和的中庸选择。相比之下,法学领域的回应还显得少些,也慢一些。有一个可能的答案,也是从本套研究性专著中解读到的:经济学家们谈论的是"物"(商品与交易),法学家谈论的是"人"(权利与义务)。

现实情况也是如此。市场中的"物",无论是动产,还是不动产,几乎都成为商品,早已流通。现在,更加上升了一个台阶,市场将作为商品的物,进化到了证券化的虚拟资产的形态了。但是,法学这边的情况呢?《物权法》还在起草过程之中,该法案能否在年内通过,目前还是一个未知数。但是,立法的稳重并不影响市场的发展,法学家们在实务性工作方面,特别在市场中的交易契约设计方面,已经在研究具体的问题,在这方面的成果,也已相当可观。

经济学家对问题的讨论,观点可以是多元化的,也有争论。但是,总的方法还是建立在一个统一的理论框架下和一致的假设前提下的。但是,法律则不同。法律天生就是对抗性的,生来就有正方与反方。抗辩是法律运作的方式,法律的逻辑和理念就是在这种对抗之中发展的。对抗性的法学,本身也导致了它的成果在外界人士看起来充满矛盾性和冲突性。甚至让他们感到,这群人搞的不是科学,而是一种抗辩的技术。

四、国际与国内金融法的融合

如果有人要我用一句话来表达什么是国际金融法,我就会说,它是一张没有国界,只有金融中心与边缘关系的地图。如果说,国内金融法与国际金融法还有什么区别的话,只是时间上的区别了,我国加入 WTO 后,区别将越来越缩小。

如果我们承认一美元在美国和在亚洲都等于一美元的话,国际金融的国界就越来越失去意义。而美元市场上中心与边缘的流通关系,就变得越来越有意义。任何国家国界之内的法律制度如果符合金融流通与发展规律的话,这个国家的经济与社会发展就会顺利,否则就曲折。荷兰的人口是俄罗斯人口的 10%,但是,荷兰的金融规模超过俄罗斯的规模。英国人口 6000 万,是印度人口的 6%,但是,伦敦金融市场的规模比印度大若干倍。这就是金融中心与边缘之间的关系之一。所以，区别国内与国际金融市场，在法律规则方面已经不如以往那样重要，重要的是发展中国家中的大国，如何抵御西方金融中心的垄断，将以美元为基础的金融中心从一极化发展为多极化。

具体到我国，研究国际金融法与国内金融法是不可分的，而且这个领域范围之广袤，课题之宏大，数据之丰富，关系之复杂，都是非常吸引人的。特别是年轻人。这个天文般宏伟的领域，特别适合青年人研究与学习。因为，在这个领域比其他法学领域出新成果的机会要更大，创新成果也相对较多。这套专著的出版，就是一个例证。

本来这套专著的作者们要我写个小序，他们的书稿引发了上面一些话语，我感到有些喧宾夺主了。我感谢作者们以加速折旧的生活方式，写出了这样多的研究成果。学者们的生活，分为两个阶段，在学习的时候，取之于社会；而做研究的时间，特别是出成果的时候，是学者用之于社会和回馈于人民。

愿这些专业研究对金融业内人士有所帮助，对金融体制改革有所贡献。

吴志攀　谨志
2004 年 6 月 28 日

内 容 提 要

本书综合运用法学、经济学的理论,采用结构分析、历史分析、比较分析以及实证分析的方法对投资基金治理结构的法律问题进行探讨。全书共分六章。

前言部分主要界定治理、公司治理结构及基金治理结构的经济学及法学上的含义,选题的目的与依据,本书拟采用的研究方法与研究手段。

第一章投资基金概述是本书的基点。该章主要介绍了投资基金的概念、特征、投资基金的种类,投资基金的产生发展的历史,投资基金中的信托以及投资基金制度的经济学的合理性。笔者主张不论是信托型(契约型)或公司型基金都具有法人团体的特征,都应该是一种具有独立法律人格的实体。与其他集合投资制度相比较,投资基金最为明显的法律特征有两个:一是基金管理人与基金受托人分立的管理架构;二是投资基金具有高度的流动性。在本章,笔者还试图通过对投资基金制度发展演变的历史的考察把握投资基金的性质,笔者认为投资基金制度是信托和公司制度相互融合的产物。第三节主要阐述了投资基金中的信托与私人信托的差异,这些差异表现在意图的确定性、标的物的确定性以及受益对象的确定性等方面。笔者认为投资基金中的信托源于当事人的合意,当事人在投资基金中利用信托主要是利用信托所创立的债权人模式,即将信托财产独立于各方当事人,而不受各方当事人的债权人的追索。在本章的最后,试图运用交易成本经济学的理论论证投资基金制度在经济学上的合理性。笔者认为,传统私人信托向投资基金发展的动力可以解释为是为了节约交易成本,即通过组成一个组织以节约通过市场进行交易的成本。由于投资基金主要投资于各种有价证券,具有高度的流动性,这又决定了投资基金采用外部管理的组织架构,其动力是为了节约企业的组织成本。

第二章主要对基金管理人的信赖义务、基金管理人的法律地位以及基金管理人的注意义务进行了探讨。首先是对受信赖人、信赖关系与信赖义务等概念及其与信托关系、信托义务之间的关系进行了辨析。然后对基金管理人的法律地位进行了探讨，笔者认为基金管理人的法律地位可以从两个层面来界定。从投资基金作为一个独立的法律主体来界定，基金管理人就是投资基金的机关；从当事人之间的法律关系来理解，基金管理人与基金托管人的关系是一种独立的合同关系，其订立合同的目的就是为了设立投资基金。基金管理人与基金持有人的关系是一种委托关系。在本章的第三节对基金管理人的注意义务进行了探讨。笔者认为，随着商业的发展，受信赖人的自由裁量权也得到进一步的扩张，因而其所负的注意义务也经历了一个从主观标准到客观标准，从较低标准到较高标准的演变过程。基金管理人应负有比信托受托人更高的注意义务标准。现代投资组合理论的发展修正了基金管理人注意义务的衡量标准。本章最后对基金管理人在分散投资、保持基金资产流动性、基金管理人亲自经营管理和运作基金资产、有效管理基金资产、基金资产投资于其他基金所发行的证券以及基金管理人行使股权等方面所负注意义务的具体标准进行了探讨，并对我国现行法律法规的完善提出了建议。

第三章对基金管理人的忠实义务作了专门的探讨。首先探讨了受托人忠实义务的概念以及基金管理人忠实义务的含义，由于基金管理人所受到的监控比较弱，因而其应该受到更为严格的忠实义务的约束。利益冲突交易是基金管理人违反忠实义务的主要表现形式。基金管理人利益冲突交易的规制框架包括对利益冲突交易主体范围的界定、利益冲突交易形态的规定，利益冲突交易的规制政策。本章中还对投资基金领域最为常见的几种利益冲突交易进行了专门的探讨。笔者认为，由于本人交易对基金及基金持有人利益具有极大的危害性，我国现行法应该采取比一般商事公司法的规定更为严格的立法政策，并对我国现行法规中有关本人交易规定的完善提出了建议。基金管理人在基金管理费的利益冲突是投资基金领域所特有的一个问题，笔者认为我国应强化对基金管理费的规制，并注意发挥基金管理费的激励作用。由于基金经理直接负责基金资产的运营，极易从事各种图利自己的行为，因而我国应完善规制基金经理图利自己行为的法律规范体系，建立主管机关、证券交易所和基金管理人共同监控的体制。

第四章对基金托管人制度进行了探讨。在基金的治理结构中基金托管人处于十分重要的地位。第一节介绍了基金托管人的概念及各国对这一机构的设置情况,然后对基金托管人的法律地位进行了探讨,笔者认为,从投资基金作为一个独立的法律主体来理解,基金托管人相当于投资基金的管理机关,从当事人之间的法律关系的角度来理解,基金托管人是投资基金中信托的受托人,但是这种信托是合同安排的一部分。第二节介绍了基金托管人的两项职能:负责基金资产的保管以及对基金管理人进行监控。第三节对基金托管人的信赖义务进行了探讨。从投资基金的信托构造决定了基金托管人对基金及基金持有人负有合同义务和受托义务,由于法律法规及基金契约对基金托管人的忠实义务和注意义务作了规定,那么基金托管人须依法律及其基金契约的规定履行其义务,一旦发生法律及基金契约未作规定的情形,则可以适用信托法的规定。公司型基金并不存在信托型基金的托管人制度,而是由独立董事负责对基金管理人的监督。第四节专门介绍了独立董事的概念、功能及美国业界对独立董事的作用的争议,笔者认为尽管在美国业界对独立董事在防止利益冲突交易中的作用存在争议,但由于多数投资公司采取外部管理的架构,独立董事在对投资顾问的监控与制衡中仍发挥重要的作用。最后,对我国现行投资基金托管人制度的缺陷进行了分析,并提出了完善的建议。笔者认为,我国现行基金托管人制度存在基金持有人的利益代表缺位,受托人与保管人功能合一,托管人的权力范围太窄,以及基金托管人监控利益冲突交易机制的规定等。笔者建议,我国应借鉴公司型基金治理结构的做法,设立基金受托人委员会制度,并通过法律明确规定基金受托人负有信赖义务,将基金托管人的监督职能与保管职能分立,同时规定基金管理人在重大交易前对基金托管人的报告义务。

第五章主要对基金持有人及基金持有人大会制度的相关问题进行了探讨。笔者认为,基金持有人是作为投资基金这样一个主体的成员,基金契约是其权利和义务的来源。基金受益权实际上是由对信托基金的利益以及与信托基金的运作有关的其他权利一起集合而成的一个权利束,包括基金资产利益享有权、基金事务监控权,违反基金契约的救济权。笔者认为,在投资基金治理中赋予基金持有人诉权,对于保障基金持有人的利益具有重要的意义。从性质上来讲,基金持有人的诉权是一种带救济性质的共益权。原则上只要基金持有人的权利受到了基金管理人和基金托管人的损害，其就可以对违法行为人提起诉讼。笔者主要对基金持有人就基金持有人大会决议瑕疵、基金管理人的利益冲突交易的诉权进行了探讨。最后，对基金持有人大会在投资基金治理中的地位和作用进行了探讨。笔者认为，基金持有人大会作为一个类似于公司的股东大会的机构，其在投资基金治理结构中所起的作用比公司股东大会更弱，其所决议的事项仅限于与基金运作及与基金持有人的利益有密切关系的一些重大事项，而不涉及基金具体的运作。我国现行法规对基金持有人大会的职权规定过于原则、基金持有人大会的法定数过高、欠缺对基金持有人大会召集权、提案权以及召集形式的规定等缺陷，笔者认为，《证券投资基金法》应进一步充实基金持有人大会职权的规定，降低基金持有人大会法定数，提案权，并对基金持有人大会的召集形式作出原则规定。

Abstract

This thesis explores the legal issues regarding the corporate governance in the investment fund industry. The first chapter is summary on investment fund, which is the basic point of the thesis. The author suggests that investment fund is the hybrid of company and trust, and both the corporate type and contract type of investment fund are the entities with legal personality. The trust in investment fund context differs from express private trust in that the former is creature of contracting among the parties. The motive force for the external management generally adopted in the investment fund industry is to reduce the transaction costs otherwise incurred in market and enterprise's organization costs.

The following two chapters inquire the issues relating to the fiduciary duty of the investment fund manager. First of all, the author discusses the conception of fiduciary relationship, fiduciary duty, skill and care duty and loyalty duty. Secondly, the skill and care duty concerning the diversified investment, asset liquidity, delegation of manager power, efficient management and exercise of the shareholder right are specified. Thirdly, the writer explores the regulation on several specific conflicts of interest transactions which usually take place in investment fund industry. Some concrete suggestions are put forward on legislative perfection of the current laws and regulations governing the manager fiduciary duty.

The fourth chapter mainly studies the investment fund custodian. In this part, conception, legal status and fiduciary duty are respectively explored. Then, the role of independent director in the corporate governance in investment fund industry is specifically analyzed. Finally, some suggestions on perfection of custodian system, such as establishment of trustee committee, the separation of the monitoring function and custodian function, and reporting to custodian by the managers before the execution of material transaction are put forward.

The fifth chapter centers on the unitholders and the meeting of unitholders. In the first place, legal status and right of unitholders are analyzed. Secondly, the action of unitholder against the defect decision of unitholders meeting and conflict of interests transaction conducted by the managers is explored in detail. At last, the author inquiries the issues relating to the unitholder meeting and proposes legislative perfection on the powers, quorum and convening and motive of unitholders meeting.

CONTENTS 目 录

前言   1

第一章 　投资基金概述   7
第一节　投资基金的概念、特征及其种类   7
第二节　对投资基金制度的历史考察   19
第三节　投资基金中的信托   26
第四节　投资基金制度的经济学分析   32

第二章 　基金管理人的信赖义务研究（一）   41
第一节　信赖义务概述   41
第二节　基金管理人的法律地位   47
第三节　基金管理人的注意义务   53

第三章 　基金管理人的信赖义务研究（二）   86
第一节　忠实义务的概念   86
第二节　基金管理人利益冲突交易的规制框架   89
第三节　本人交易之规制   96
第四节　基金管理费之规制   104
第五节　基金经理图利自己行为之规制   113

CONTENTS 目 录

第四章　基金托管人制度　　123
　第一节　基金托管人概述　　123
　第二节　基金托管人的职能　　128
　第三节　基金托管人的信赖义务　　131
　第四节　基金的独立董事　　135
　第五节　完善我国基金托管人制度的思考　　147

第五章　基金持有人及基金持有人大会制度　　154
　第一节　基金持有人及其权利　　154
　第二节　基金持有人的诉权　　159
　第三节　基金持有人大会制度　　167

结论　　180
主要参考书目　　181
后记　　186

前　言

一、治理、公司治理与基金治理的概念

20世纪90年代以来,全球资本市场乃至整个金融市场一个令人瞩目的现象就是投资基金的迅速发展,而其中又以美国为最。美国基金业发展之所以如此成功,最重要的原因就是有一个良好的基金治理结构。如果说公司治理结构是现代资本市场基础的话,那么基金治理结构则是基金业赖以生存和发展的基础。

英语中的治理(governance)一词源于拉丁文与古希腊语,原意为控制、引导和操纵,与government的含义交叉。长期以来,治理一词专用于与国家公务相关的宪法或法律执行问题,或指管理利害关系不同的多种特定机构或行业。全球治理委员会于1995年发表了一份题为《我们的全球伙伴关系》的研究报告,其对治理作出如下的界定:治理是各种公共的或私人的个人和机构管理其共同事务的诸多方式的总和。它是使相互冲突的或不同的利益得以调和并且采取联合行动的持续的过程。这既包括有权迫使人们服从的正式制度和规则,也包括各种人们同意或以为符合其利益的非正式的制度安排。它有四个特征:治理不是一整套规则,也不是一种活动,而是一个过程;治理过程的基础不是控制,而协调;治理既涉及公共部门,也包括私人部门;治理不是一种正式的制度,而是持续的互动。[①] 可见,治理一词的基本含义是指在一个既定的范围内运用权威维持秩序,满足公众的需要。治理的目的是在各种不同的制度关系中运用权力去引导、控制和规范公民各种活动,以最大限度地增进公共利益。治理所追求的是创造条件以保证社会秩序和集体行动。

自90年代以来西方政治学和经济学家赋予治理以新的含义,并且广泛运用于政治、社会经济等领域。所谓公司治理,又称"公司管

---

① 全球治理委员会:《我们的全球伙伴关系》,牛津大学出版社1995年版,第23页。转引自俞可平:《治理与善治》,社会科学文献出版社2000年9月版,第4—5页。

治"、"公司督导",其指的是公司的统治与管理。从经济学的角度来理解,公司治理是指有关公司的权力安排和利益分配问题,这种权力安排和利益分配的合理与否,是影响公司绩效最重要的决定因素之一。而公司治理结构则是指实施公司治理的各机构及其相互制衡的权、责、利关系的制度安排。可见,利益制衡机制的架构,是公司治理的核心所在。① 对于公司治理结构可以有狭义与广义两种理解。从狭义上来理解,公司治理结构实际上是指在企业的所有权与管理权分离的条件下,投资者与公司之间的利益分配和控制关系。或者说是指所有者,主要是股东对经营者的一种监督与制衡机制,即通过一种制度安排,来合理地配置所有者与经营者之间的权利与责任关系。而广义的公司治理结构则不局限于股东对经营者的制衡,而是涉及到广泛的利益相关者,包括股东、债权人、供应商、雇员、政府和社区等与公司有利害关系的集团。从法学角度讲,公司治理结构实际上是指,为保证公司正常而有效地运作,公司应设立哪些组织机构,这些组织机构之间的关系及其权力、职责如何划分,公司各利益主体的权利、义务如何配置等。其主要解决公司的权力如何在股东会、董事会、监事会之间合理地分配,董事会内部的权力制衡机制如何架构,股东、董事、经理、监事、职工等利益主体的权利、义务如何配置等问题。

从经济学的角度来理解,代理问题的存在和契约的不完全性是公司治理存在的条件和理论基础。1932年伯利和米恩斯发表的《现代公司与私有财产》一文对企业所有权与管理权分离后所产生的委托人(股东)与代理人(经理层)之间的利益背离问题作了经济学的分析,奠定了代理人行为的理论基础。由于委托人与代理人之间的利益背离和信息成本过高而导致的监控不完全,因而企业的经营层的管理决策就可能偏离企业投资者的利益。奥利弗·哈特(Oliver Hart)在《公司治理理论与启示》一文中提出了公司治理理论的分析框架。他认为,只要以下两个条件存在,公司治理问题就必然在一个组织中产生。第一个条件是代理问题,确切地说是组织成员(可能是所有者、工人或消费者)之间存在利益冲突;第二个条件是,交易费用之大使代理问题不可能通过合约解决。由于进入企业的契约是不完备

---

① 倪建林:《公司治理结构:法律与实践》,法律出版社2001年版,第7页。

的,未来的世界又是不确定的,当不同类型的财产所有者作为参与人组成企业时,每个参与人在什么情况下干什么、得到什么,无法在契约中明确地约定,因而,在企业里就产生了剩余索取权和剩余控制权的问题。也正是由于代理问题的存在和契约的不完全性,使得在公司内部剩余控制权与剩余索取权发生分离,即拥有剩余控制权的人不拥有剩余索取权,而拥有剩余索取权的人又不拥有公司的剩余控制权。而公司治理所要解决的主要问题就是使剩余控制权与剩余索取权尽可能地对应起来,即拥有剩余索取权和承担风险的人应当拥有剩余控制权,或者拥有控制权的人应当承担风险。

从某种意义上讲,投资基金是投资者的货币资产与基金管理人的人力资本之间的一个特别合约。① 由于人力资本具有与其所有者不可分离的特性,意味着人力资本的所有者容易"偷懒",而货币资本具有与其所有者可分离的特性,这就意味着货币资本的所有者容易受到"虐待"。② 因而,在投资基金业中也存在类似于公司领域中的代理问题和契约不完全的问题,剩余控制权与剩余索取权的不对应同样也是基金合约的一个显著特征,基金管理人拥有对基金资产的剩余控制权,而不享受基金剩余收入的索取权;基金投资者承担基金运作过程中的所有风险却不拥有对基金的控制权。③ 因此,公司治理的一些规则也可适用于投资基金领域。同公司治理结构所要解决的问题一样,有效的基金治理结构就是通过对投资基金的有关当事人的行为进行必要的激励和约束,使基金能以最小的成本获取最大的投资回报,或者说在既定的利益下尽可能地降低成本。从法学的角度来理解就是围绕保护基金投资者的利益这样一个目的,对基金当事人之间的权利义务和责任进行合理的配置,以在基金的运营过程中建立一个相互制衡的机制。

需要指出的是,在将公司治理的一般原则适用于投资基金领域时,必须考虑基金业的特殊要求,因为与一般商事公司相比,投资基金领域的委托代理链条更长,信息不对称所导致的道德风险也更严

---

① 李建国:《基金治理结构:一个分析框架及其对中国问题的解释》,中国社会科学出版社 2003 年 3 月版,第 19 页。
② 张维迎:《所有制、治理结构与委托—代理关系》,载梁能主编:《公司治理结构:中国的实践与美国的经验》,中国人民大学出版社 2000 年 4 月版,第 23 页。
③ 李建国:同注①书,第 3 页。

重,因而在对基金当事人之间责权利进行配置时尤其要解决基金业中存在严重的代理问题,包括投资者与董事、受托人之间,以及董事、受托人与具体负责基金营运和管理的基金管理人之间的委托代理关系,以在基金业中建立一套激励和制衡的机制。

二、选题的目的与依据

我国的投资基金业起步于20世纪90年代初。1991年8月珠海国际信托投资公司发起设立我国最早的投资基金——珠信基金。同年10月,武汉证券投资基金和南山风险投资基金分别经中国人民银行武汉分行、深圳南山区人民政府批准设立。到1997年底《证券投资基金管理暂行办法》发布之前,全国共有投资基金75只,基金类证券(受益券、组合凭证等)47只。其中51只基金、11只基金类证券在国内证券交易所、交易中心挂牌上市。1997年11月《证券投资基金管理暂行办法》颁布实施以后,"金泰"、"开元"基金券募集成功并在1998年3月率先上市。截至2004年7月20日,我国已有40家基金管理公司,共管理148只基金,基金总份额为2966.36亿份基金单位,基金净值已经达到3001.92亿元,约占沪深A股流通总市值的四分之一。[①] 证券投资基金对我国证券市场的影响日益增长。

然而,由于我国证券市场发育很不成熟,再加上证券投资基金在国内是近年才出现的一种新的投资工具,相关的法律规范很不完善,因而投资基金在短时间的运行中就暴露出许多问题,如整个基金管理行业道德水准低下,基金管理人私自进行交易的现象屡禁不绝;基金管理人利益冲突交易时有发生,严重影响投资基金的声誉。据《基金黑幕》披露,近年来大部分基金都发生了"对倒"的行为。对倒的目的有两个,一是通过制造虚假的成交量,方便基金出货,二是通过对倒来达到提高净值的目的。2000年证监会的调查结果亦显示"十家基金管理公司中,未发现异常行为的有两家,异常交易行为较轻的五家,大成、长盛两公司的异常交易行为数量接近或超过平均水平,博

---

① 高山:《基金净值首次突破3000亿,约占流通股市值的1/4》,载《上海证券报》,2004年7月22日。其中基金管理公司和证券投资基金的数量由笔者根据和讯资讯网"基金公司旗下基金一览"统计。参见:http://datainfo.homeway.com.cn/fund/sub.aspx,访问日期2004年7月22日。

时公司的异常交易行为数量明显突出。"① 2001年12月,47只基金违规巨额申购"深高速"股票,基金业再曝"黑幕"。作为理性的机构投资者,基金设立之初就被管理层赋予了稳定股市的重任。然而从实际情况看,基金反而成为引发证券市场不稳定的重要因素。从"5.19"事件和2000年初网络科技股热时基金对中关村、东方电子、海虹控股、风华高科、上海梅林、东大阿派等盲目追高建仓,以及后来对上述高科技股的全线杀跌,都充分表明基金是引发市场剧烈震荡的重要因素之一。究其原因,一方面是基金管理人缺乏应有的道德水准,另一方面基金管理人自身的投资水平也十分低下,缺乏高度的敬业精神和责任感。如基金景宏和基金景福接连踩上银广夏和数码测绘两个问题股"地雷",概率之大恐怕难于用投资失误及被上市公司欺诈来作解释。嘉实基金、长盛基金涉嫌为"庄股"高位接盘,向关联方"输送利益"。② 此外,对于基金管理人的渎职行为,我国基金持有人很难根据现有的法律法规寻求救济,而中国证监会作为投资基金的主管机关,囿于现行的条件,在规范基金管理人的行为保护投资者的利益等方面又难于起到应有的作用。其结果就是导致我国目前整个基金行业的效率低下,基金大面积亏损,投资者对基金业的信心明显下降,市场缺乏生机。如前不久基金科瑞公开招募因认购不足而延长募集期,基金景业扩募因投资者反映冷淡而由主承销商包销97.5%以上的基金单位即为例证。

我国投资基金运行中存在的上述诸问题,固然与我国证券市场不够成熟、主管机关对基金业的监管不力有关,但是更主要的原因在于我国基金业的实际运作中内部治理结构的不规范。而这又与我国对投资基金治理结构的理论研究的滞后有直接的关系。如我国在投资基金立法的过程中,有关公司型基金的争论就说明了这一点。由于目前我国所发行的基金全部是契约型基金,而这些基金在运作过程普遍出现了对基金管理人监控约束不力的问题,因而一些学者便认为这是因为契约型基金没有一个有形的机构来代表基金持有人的

---

① 平湖、李菁:《基金黑幕》,载《财经》2000年第10期。
② 张东臣:《长盛基金与大股东搞"利益输送"》,载《中国经济时报》,2004年6月16日;张东臣:《嘉实基金为何"踩雷"? 接盘"庄股"再受质疑》,载《中国经济时报》,2004年7月21日。

利益对基金管理人进行监督。而公司型基金因存在股东大会,可以监督基金管理人对基金资产的运作,便想当然地认为公司型基金在治理方面比契约型基金更具有优势,并由此得出公司型基金代表了基金业的发展方向的结论。① 殊不知,从实际运作来看,公司型基金与信托型基金的差异并不像人们所想像的那么大,公司型基金虽然组成公司法人,但其并没有自己的雇员,其完全是由基金的投资顾问发起设立并负责基金的运营,公司型基金虽有股东大会和董事会,但其权力远不如一般商事公司的股东会和董事会那么大,而且基金的董事会亦非每一个基金都设立一个董事会,一般是在一个基金家族中的若干基金之间设立一个共享董事会,其并不负责基金资产的运营,而是专司监控。在公司型基金中亦存在监控不力的问题。信托型基金虽然借助于商业信托制度来组织交易,但是其与传统私人信托已有很大的不同,美国一些州的立法明确承认商业信托为公司类的法人,我国现行法律尽管并未明确规定信托型基金具有法人资格,但从我国法律对契约型基金的规定来看,其已完全具有法律实体的特征。实际上,借鉴美国公司型基金的独立董事制度对我国现行的基金托管人制度进行改革完全可以达到公司型基金的某些效果。由于对一些重要的理论问题认识不到位,致使基金业立法方向不明确,重点不突出,顺序不合理,并由此造成了我国基金业的实际运作过程中内部治理结构不规范,外部监管不到位。因此,从法律的角度对投资基金的治理结构进行分析便极具理论意义和实践价值。

三、本书采用的研究方法和手段

本书采用法解释学、比较法学、历史学、经济分析法学和法社会学等多种研究方法,应用社会调查、比较分析、实证分析、经济分析等到研究手段,有选择地借鉴国内外产权理论、新制度经济学、信息经济学、资本市场理论,对投资基金的性质以及投资基金的当事人的法律地位、法律关系、及其权利、义务、责任配置进行系统的探讨和研究,并结合我国证券市场的现状及投资基金的实践和需要,就我国对投资基金治理结构的完善提出立法建议。

---

① 徐锋:《公司型基金是发展方向》,载《北京青年报》,2002年9月2日。

第一章　投资基金概述

第一节　投资基金的概念、特征及其种类

一、投资基金的概念

（一）基金的概念

对于"基金"一词的含义，《辞海》的定义是"国民经济中有特定用途的物资或资金。在社会主义制度下，它是按国家、企业和居民的特定需要有计划地建立起来的。"《汉语大词典》则定义为"为兴办、维持或发展某种事业而储备的资金或专门拨款。基金必须用于指定的用途，并单独进行核算。"可见，基金概念主要有两个方面的内涵：一是基金为资金或其他特定资产；二是基金必须为了既定的用途。[①] 现实经济生活中的基金，大致可以分为两种，一种是通过国民收入分配与再分配所形成的具有专门用途的资金，比较常见的有国家基本建设基金、农业发展基金、铁路建设基金、企业储备基金、社会保障基金等。这类基金一般都是为了专门的用途而从生产性资金中逐步积累而成。它们的存在是为了满足一定的目的，而不是为了获得投资收益。因而，这类基金一般都是从事本事业规定的业务，不能随意用作市场投资，即使用于市场投资，也非常强调安全性，往往只是基于保证资金安全基础上的投资。另一种基金，则具有集合众多投资者资金而进行投资的含义。根据其投资目的的不同，又可以分为两类，一类是指为某些公益目的所设立或募集起来的一笔货币资金；另一类是指以追求高额稳定的投资收益回报为目的，以专家理财为手段，以共同承担风险共享收益为原则所设立和募集起来的一大笔货币资金。而后一类基金就是我们所要研究的投资基金。可见，这种投资基金实际上是用于集合投资的一种制度安排，其突出的特征就是其集合众多投资者的资金，汇集成一资金池，尔后进行共同投资。

[①] 李伟：《创业投资基金组织形式法律制度研究》，中国政法大学博士论文，第1页。

(二) 投资基金的概念

由于基金的内涵十分丰富,加之各国投资基金发展的历史不同,法律体系不同,因而在揭示投资基金的基本原理时,对概念的表述也存在较大的差异①。目前国内立法及学者对投资基金主要有六种定位的方式,即投资制度定位、投资方式定位、投资工具定位、信托业务定位、资产定位以及投资组织形式定位等。投资制度定位论认为投资基金定是一种利益共享,风险共担的集合投资制度。它是通过发行基金证券,集中具有共同目的的不特定多数投资者的资金,委托专业的金融投资机构进行管理和运用,在分散投资风险的同时满足投资者对资产保值增值要求的一种投资制度或方式。② 日本学者藤田图之助认为,投资信托是由有价证券专家向大众投资者募集小额资金,以分散风险的方式受托从事各种有价证券的投资,并妥善保管这些证券,且将获得的收益分配于大众投资者的制度。③ 投资方式论则将投资基金定位于一种集合投资方式。我国《证券投资基金管理暂行办法》第2条规定,证券投资基金是指一种利益共享、风险共担的集合证券投资方式,即通过发行基金单位,集中投资者的资金,由基金托管人托管,由基金管理人管理和运用资金,从事股票、债券等金融工具投资。投资工具论一般认为,投资基金是通过契约、公司或其他组织形式,借助基金券(如受益凭证、基金单位、基金股份)发行,将不特定多数投资者不等额的出资汇集起来,形成一定规模的信托资产,交由专门机构的专业人员按照资产组合原理进行分散投资,获取收益后由出资者按比例分享的一种投资工具。④ 在信托业务定位下,投资基金被定位于通过发行受益凭证,募集资金后,由专门经营管理机构用于证券投资或其他投资的一种信托业务。⑤ 依资产定位论,投资基金是指投资者通过认购基金券聚集起来,并由管理人经营的长期

---

① 对投资基金定位的主要观点有金融产品、投资工具、金融制度、共同投资的团体、投资组织制度、集合投资制度、投资方式、资金集合体、信托投资方式、集合投资计划、用于某一特定目的而集合起来的货币等等。见中国证监会基金监管部《关于制定证券投资基金法有关问题的意见和建议》。
② 吴晓求主编:《证券投资基金》,中国人民大学出版社2001年版,第1页。
③ 夏斌、陈道富:《中国私募基金报告》,上海远东出版社2002年版,第23页。
④ 同上书,第24页。
⑤ 《深圳市投资信托基金管理暂行规定》第2条第1款。

投资资金。① 投资组织形式论则认为投资基金是指通过发行基金份额募集资金形成独立的基金财产,由基金管理人管理、基金托管人托管,以资产组合方式进行证券投资,基金份额持有人按其所持份额享有收益和承担风险的投资组织。②

笔者赞同投资组织形式的定位。概念是反映事物属性的、通过词语来表达的一种思维形式。各个学科可以根据自身的研究需要从本学科的角度来界定投资基金的概念。从法律的角度来看,投资基金的法律概念应揭示投资基金的法律性的特征,或者说法律概念所释放出的意义应具有法律的属性。上述各种定义从不同的侧面揭示了投资基金的特点,因而都具有一定的合理性,但均未揭示出投资基金的法律属性。从投资基金的形成过程来看,其首先要在金融市场上发行基金券,投资者通过购买基金券而成为投资基金的当事人,因此,从投资者这个角度来看,投资基金显然是一种投资方式或投资工具。但这种定位并没有揭示出投资基金的法律属性,因为从法律上对投资基金进行定位最后的落脚点只能是主体、客体、关系或事实四类概念,而投资工具或投资方式显然不是一个法律概念。基金管理人发行基金券,投资者认购基金券的结果是形成了一个集合资产,从这一过程来描述也没有错。实际上现代公司及信托制度也具有类似的集合投资功能,如现代股份公司也是通过发行股票的方式来筹集一个集合资金,信托投资公司也可以通过集合管理、运用信托资金而形成集合资产,我国(包括台湾地区)的立法均允许信托投资公司以受托人的地位,向不特定人募集信托资金。③ 从功能上来看,投资基金、公司以及信托三种制度均可以通过向不特定的投资者募集资金

---

① 《海南省投资基金管理暂行办法》第4条。
② 《证券投资基金法》2002年8月(送审稿)。
③ 中国人民银行2002年6月27日颁布的《信托投资公司资金信托管理暂行办法》第5条规定,信托投资公司办理资金信托业务可以依据信托文件的约定,按照委托人的意愿,单独或者集合管理、运用、处分信托资金。所谓集合管理、运用、处分信托资金是指信托投资公司接受两个或两个以上委托人委托,依据委托人确定的管理方式或由信托投资公司代为确定的管理方式管理和运用信托资金的行为。第6条规定,信托投资公司集合管理、运用、处分信托资金时,接受委托人的资金信托合同不得超过200份(含200份),每份合同金额不得低于人民币5万元(含5万元)。台湾地区《银行法》第115条规定,信托投资公司募集共同信托基金应先拟具发行计划,报经中央主管机关核准。前项共同信托基金管理办法由"中央"主管机关定之。

而形成集合资产,因而该定义并未将投资基金与信托及公司区别开来。① 对于基金管理人与基金托管人来说,其设立投资基金的目的是为了通过提供专业服务以获取报酬,但是,从基金管理人或基金托管人的角度来看对投资基金进行定义本身就不科学。将投资基金定位于一种制度,侧重于揭示投资基金的运作机制及内容。但这主要是经济学上的定位,而非法律上的定位。根据新制度经济学的观点,制度是一种行为规则,这些规则涉及社会、政治及经济行为。而以此作为投资基金的法律定义显然不合适。

需要指出的是,2003年10月28日十届全国人大第五次常委会通过的《中华人民共和国证券投资基金法》却回避了对投资基金的定义。依该法第2条的规定,在中华人民共和国境内,通过公开发售基金份额募集证券投资基金,由基金管理人管理,基金托管人托管,为基金份额持有人的利益,以资产组合方式进行证券投资活动,适用本法;本法未规定的,适用《中华人民共和国信托法》、《中华人民共和国证券法》和其他法律、行政法规的规定。从立法技术上来说,这样做可以回避长期以来围绕投资基金的立法定义所发生的争论,有利于投资基金法的尽快出台。但随着我国金融市场以及基金业的发展,《证券投资基金法》回避对投资基金的立法定义可能会产生两方面的问题:第一,随着我国金融创新步伐的加快,可能会出现许多类似于证券投资基金的新的投资产品,如近年来一些商业银行、保险公司和信托投资公司等金融机构推出的一些集合投资产品。由于法律规定的不明确,容易产生对这些投资产品调整的法律真空。第二,作为规定证券投资基金的基础性法律,回避对投资基金的立法定义,亦有可能导致证券投资基金的法律主体地位模糊不清,从而不利于科学地界定基金当事人的权利义务与责任,从长期来看,亦不利于证券投资基金业的发展。

笔者认为将投资基金定位于一种投资组织准确地揭示了投资基金的法律属性。首先,投资基金是一个组织体。组织是人们为了达到某种共同目标,将其行为彼此协调与联合起来所形成的社会团体。② 公司型基金作为一个团体没有任何争议。争议的焦点主要集中

---

① 投资基金区别于公司及信托的一个最为明显的特征就在于投资基金的管理人与托管人分立的双重管理架构。本节投资基金的特征对此问题进行了较为详细的论述。
② 于显洋:《组织社会学》,中国人民大学出版社2001年版,第13页。

在契约型基金或信托型基金,目前多数学者认为其是一种信托。在信托型基金中,确实利用了信托的原理来组织当事人之间的关系,但是我们不能就此简单地得出结论,说信托型基金就是信托。美国的信托型基金主要是利用商业信托①的形式来组织交易,这种商业信托同传统的私人信托已有很大的不同,其组织化的趋向是十分明显的,其在实际运作过程中与公司的发展有着趋同的趋势②。在美国某些州的立法以及一些法院的司法判决中亦将商业信托视为公司而适用公司法的规定,美国国会1938年制定法律,扩张了联邦贸易委员会法对公司的定义,使商业信托包括在公司的定义范围内。③ 从制度变迁的角度来考察,英国的单位信托制度和现代公司制度都是从18世纪的授产契约公司(the deed of settlement company)发展演变而来的,由于当时英国刚刚经过南海泡沫事件,英国政府对设立公司采取一种限制的态度,而当时授产契约公司是未取得政府特许状的公司,依当时英国的法律,这种团体是不具备法律主体资格,不能以自己的名义拥有财产、起诉和应诉,因而,在授产契约公司中就引入了信托制度,以达到让公司的所有成员共同持有财产的目的。可见,这种授产契约公司实际上已是当时社会经济生活中的一个商业主体,只不过是由于当时的政策限制其不具备独立的法律人格。④ 后来,在20世纪初期,在英美等国对非公司团体持有财产的限制已逐步被取消了,这种团体可以自己的名义持有财产,起诉和应诉,因而,这种非公司

---

① 在此我们应注意,商业信托(Business trust)并不等于营业信托(此信托为某营利事业的业务),也不等于商业化的信托(以信托为工具应用于商业活动),而是一种特别形态的信托,其是一个为了就信托财产享有受益权的凭证持有人的利益,以契约成立的非公司的企业经营组织,其财产由受托人持有并管理。由于其适合应用于商业投资活动,因此称为商业信托。商业信托虽然披着信托的外衣,但其本质上是一种企业的经营组织。见谢哲胜:《从商业信托的概念论投资信托法律架构》,载《月旦法学》2002年第3期,第56—57页。

② 如1988年特拉华商业信托法就成了一部公司类的法。它所规定的商业信托具有商事公司的基本特征,如1. 法律人格以及2. 分离出一部分独立的财产——即信托财产作为特定的债权人的担保(the pattern of creditors' right)。See Henry Hansman & Ugo Mattei, The Functions of Trust Law: A Comparative Legal and Economic Analysis, N.Y.U.L. Rev., Vol. 73, May 1998, pp.472—475。

③ Community Blood Bank v. Federal Trade Commission, 405 F 2d 1011 (1969), 转引自谢哲胜:《从商业信托的概念论投资信托法律架构》,载《月旦法学》2002年第3期,第57页。

④ 本章第二节对该问题将作详细的论述。

团体也就成为一个具有法律人格的实体。①单位信托实际上是由受托人,经理以及单位持有人依据一个单一的多方当事人的合同组成一个团体,当事人组成团体的目的是为了投资,单位持有人提供资本,受托人和经理提供管理服务。单位信托亦是一种非公司的组织体。正因为如此,香港学者何美欢教授直接就将互惠基金和单位信托称为集体投资企业。②

其次,投资基金是具有法人性质的团体。具有法人性质的团体是指某种特定的组织形态,其特征是组织本身相对于成员而言具有高度的独立性。这种独立性表现在下列四个方面:不存在与成员相关的解散事由,诸如某个成员死亡、破产或宣告终止;成员可以更换;对于决议,适用多数票通过原则,而不适用全票通过原则;由机关负责对外代表,机关成员也可以由法人成员以外的人充任(所谓他营机构原则)。③ Henty Hansmann 和 Reinier Kraakman 认为,法律实体的一个核心的特征就是将该组织的资产与组织的所有者与管理者的个人资产分离开来。④在我国亦有学者认为独立财产与独立责任是法人独立人格的两根基本支柱,而独立责任是独立财产的最终体现。⑤ 因而,我们在判断投资基金是否是一个具有独立法律人格的实体时亦可以此作为标准来进行分析。一是基金拥有独立的财产。无论是信托型基金还是公司型基金都形成了独立的基金财产。各国有关投资基金的法律均规定,投资者认购基金单位所缴纳的金钱汇合在一起形成了一个独立的资产集合,这种资产集合独立于基金受托人和基金管理人的资产,亦独立于基金持有人的个人资产,不得归入基金管理人、基金受托人的自有财产。基金管理人、基金托管人因依法解散、被依法撤销或者被依法宣告破产等原因进行终止清算的,基金财产不属于其清算财产。⑥ 基金托管人必须将其托管的基金资产与托

---

① Henty Hansmann & Reinier Kraakman, The Essential Role of Organizational Law, The Yale Law Journal, Vol. 110; 387 2000, p.413, note36.
② 何美欢:《公众公司及其股权证券》(下册),北京大学出版社1999年版,第1181页。
③ 〔德〕迪特尔·梅迪库斯:《德国民法总论》,邵建东译,法律出版社2001年版,第818页。
④ Henty Hansmann & Reinier Kraakman, The Essential Role of Organizational Law, The Yale Law Journal, Vol. 110; 387 2000, p.392.
⑤ 江平主编:《法人制度论》,中国政法大学出版社1994年版,第34页。
⑥ 《中华人民共和国证券投资基金法》第6条。

管人的自有资产严格分开,对不同基金分别设置账户,实行分账管理。二是基金以独立的财产独立清偿其运营过程中发生的全部债务,其能独立承担责任。如基金的债权与不属于基金的债务不得相互抵消,不同基金的债权债务不得相互抵消;① 非因基金本身承担的债务,债权人不得对基金财产主张强制执行。② 此外,投资基金也有独立于其成员的意志。古罗马法学家乌里比安在解释团体时说:团体独立的性质,虽然由于它的成员组成全部改换,也不影响其独立存在。③ 尽管绝大多数投资基金都是采用外部管理的模式,其所有的运营都是通过第三方来进行的,并不像一般的商事公司那样有自己的组织,有自己的雇员,但投资基金亦形成了独立于其成员的意志。如基金持有人通过基金持有人大会对基金运作过程中的重大事项作出决定,并且基金持有人大会通过决议实行多数决的原则;基金持有人的变动不影响基金的存续。在一般的情况下,基金管理人与基金托管人的解散、被撤销、破产不影响基金的存续,基金管理人与基金托管人的变更亦不影响基金的存续。④ 可见,不管是公司型基金还是信托型基金都是一个具有法律人格的实体。

二、投资基金的特征

从经济学的意义上讲,投资基金与商事公司和信托一样,均具有集合投资的功能,因此,我们在讨论投资基金的法律特征时,亦应以公司和信托作为参照系来进行分析。笔者认为与公司和信托这两种集合投资制度相比较,投资基金最为明显的法律特征主要体现在两个方面:即投资基金的基金管理人与受托人分立的架构以及投资基金的高度流动性。

(一)投资基金采用基金管理人与基金受托人(托管人)的分立的管理架构

信托型基金采取管理人与受托人分立的法律架构,基金管理人

---

① 《中华人民共和国证券投资基金法》第7条。
② 《中华人民共和国证券投资基金法》第8条。
③ 江平主编:《法人制度论》,中国政法大学出版社1994年版,第7页。
④ 只有在原基金管理人、基金托管人退任以后,而无新的管理人与托管人接任的情况下,才会导致基金的终止。见《证券投资基金管理暂行办法》第22条、第28条;而《中华人民共和国证券投资基金法》则将这两种导致投资基金终止的情形删除了。

负责基金资产的管理与运营,基金受托人(或托管人)负责保管基金资产,并对基金管理人进行监督。这是各国投资基金法所作的一个强制性的规定,如果要向社会公开发行基金受益凭证来募集基金,就必须在投资基金内部实行管理人与受托人分立的管理架构。需要指出的是,近年来,各国为了加强对基金管理人的监督,保护投资者的利益,亦在积极探索对信托型基金内部治理结构的改革,其中一个重要的方面就是借鉴公司型基金的独立董事制度,设立一个受托人委员会,以加强对基金管理人的监督制衡力量,但这种改革并未改变基金管理人与基金受托人分立的管理架构。而一些其他信托形式的集合投资制度,如马萨诸塞州信托、依利诺斯州土地信托,尽管也向不特定的投资者募集资金,并对该资金为共同管理及运用,但其通常由专业受托人依信托本旨而管理或处分信托财产,并没有采取管理人与受托人双重经营结构。

公司型基金虽然采用了公司的形式,但是其组织结构依然体现了单位信托的结构。依据 UCITS(Undertakings for Collective Investment in Transferable Securities,可转让证券集体投资企业)指令,在公司型基金中必须存在一个同单位信托的经理人具有同样功能的公司董事,同时也须有一个财产保管人,受托保管计划的所有财产。然而,与一般的商事公司不同,公司型基金并非由其雇员来负责运营,通常依赖于外部的服务提供者,比如基金的投资顾问来负责日常的经营管理。在美国的共同基金运作实务中,投资顾问通常是充当投资公司的发起人,并且由其任命最初的董事会成员。对于大多数的投资公司来说,实际上是投资顾问在经营管理投资公司,基金董事会本身并不负责投资公司的内部管理,与基金日常运营有关的所有活动均由基金管理人负责,董事会仅仅是为了股东的利益对顾问的活动进行监督。[①]董事会通常由两部分成员组成,内部董事和外部独立董事。内部董事通常由来自基金管理人或与基金管理人有密切利害关系的成员(interested persons)组成,主要负责对基金资产的管理运营。独立董事则主要负责对投资顾问的监督,在公司型基金中,独立董事实际上充当了信托型基金受托人(托管人)的角色。因而,公司

---

① Report of the Securities and Exchange Commission on the Public Implication of Investment Company Growth, H.R. Rep. No. 2337, 89th Cong. 2d Sess.(1966).

型基金的这种管理架构实际上与信托型基金架构已非常接近。

(二) 投资基金具有高度流动性

投资基金的流动性主要表现在两个方面,一是基金资产的高度流动性,另一个是基金单位的高度流动性。与一般的商事公司不同,投资基金是以投资为目的,并且主要以股票、债券以及货币市场上的短期有价证券、期货、期权、认股权等等金融资产作为其投资对象,这就使得基金资产具有高度的流动性。投资基金资产高度流动性的这一特征决定了投资基金采用与公司及信托不同的治理结构。一方面,由于其资产的高度流动性决定了投资基金无须像一般商事公司那样采取内部管理的治理结构,为节省组织成本,所有的投资基金都是采用外部管理的形式,另一方面,资产的高度流动性又使得在投资基金领域存在严重利益冲突,因而,对投资基金要实行严格的监管,以保护基金持有人的利益。投资基金资产的高度流动性决定了基金单位的高度流动性。基金单位的流动性主要表现在两个方面,可转让性与可赎回性。封闭式基金本身类似于普通股份公司,其基金单位的交易也与普通上市公司的股票一样可以在证券交易所进行上市交易。可转让性将基金单位与私人信托的受益利益区分开来。可赎回性则将基金单位与公司股份区分开来。开放式基金的管理人负有义务依一定的价格将投资者所持有的基金单位赎回,赎回价格以当日的单位基金资产净值为基础计算。基金管理人基于基金资产净值而赎回单位实际上为投资者提供了除转让以外的另一个变现市场。这与公司的股份存在很大的不同,在一般的情况下商事公司的股份不能够由公司赎回。

随着信息技术的发展,金融创新的步伐加快,在20世纪90年代,在美国产生了一种融合封闭式基金和开放式基金特点的新的基金产品——证券交易所交易基金(exchange traded funds, ETFs)。ETFs为投资者同时提供了两种不同的交易模式,分别类似于传统的封闭式基金和开放式基金的交易方式。一方面,投资者可以在一级市场上交易ETFs,即进行申购和赎回;另一方面,投资者可以在二级市场交易ETFs,即在交易所交易。ETFs进一步增强了基金的流动性。基金管理人赎回或回购单位的义务在开放式基金中占据了中心的地位。它是形成投资基金框架的核心（essence or machinery）。①

三、投资基金的种类

对于投资基金可以依据不同的标准进行不同的分类,如依据投资对象的不同,可分为股票基金、债券基金、货币市场基金、混合基金等;依投资目的的不同,可以分为收入型基金、成长收入型基金、平衡型基金、积极成长型基金、新兴成长型基金等;依资金来源地域的不同可以划分为海外基金和国内基金;依投资范围的不同,可以划分为区域基金和环球基金等。但是,就其与投资基金的治理结构的关联度来说,最为重要的分类有两种,即按照投资基金的组织形式可分为信托型基金和公司型基金;按照基金单位是否可以赎回可分为封闭式基金和开放式基金。

（一）信托型基金与公司型基金

1. 信托型基金。又称契约型基金,其主要采用商业信托作为投资基金的组织形式。它通常是由基金管理人和基金受托人（或托管人）订立基金契约,由基金管理人负责发起组织基金并按照基金契约来运用基金资产进行投资,基金受托人按照基金契约的规定负责保管基金资产和相关的会计核算等事宜,基金投资者通过认购基金单位而加入到基金契约并按照基金契约的规定享有投资收益。信托型基金筹集资金的方式一般是发行基金受益券或者基金单位,基金单位不仅是对信托基金本身所享有的利益,还包括参与基金重大事务的决策以及对基金剩余资产所享有的权利。其是由合同权利、信托权利以及法定权利所构成的权利的集合（权利束）,该权利集合拥有其自己的赎回与转让的模式。②信托型基金是一种历史最为悠久的投资基金,英国的单位信托,日本以及我国台湾地区的证券投资信托,我国香港地区的单位信托以及我国内地的投资基金多为信托型基金。

2. 公司型基金。它是依据公司法、投资基金法和基金章程的规定,采用公司的形式设立的投资基金。公司型基金通过发行股票的

---

① 对此问题的详细论述,请参阅本章第三节的相关部分。
② Kam Fan Sin, The Legal Nature of the Unit Trust, Clarendon Press, Oxford, 1997, p.324.

方式筹集资金,公司的股东就是受益人,基金管理人(基金管理公司)在与投资基金订立管理契约后,既要办理一切管理事务并收取报酬,又要为基金充当投资顾问,提供调查资料和服务。基金托管人(保管公司)一般由投资基金指定的信托公司或银行充当,在与基金签订保管契约之后,托管人负责保管投资的证券,办理每日每股资产净值的核算,配发股息及办理过户手续等。尽管投资基金采用公司的形式,但是,其在许多方面不同于一般的商事公司,有学者将公司型基金不同于一般的商事公司的特点归纳为以下十个方面:(1)资本结构限于有投票权的股票,这些股票在投票、股息和赎回等方面享受平等的权利。(2)在满足法定的条件下,可以持续地向社会公众销售股份。(3)基于基金的资产净值对发行在外的股票进行持续的赎回。(4)定期地分配盈利给股东。(5)根据股东批准的合同,基金的经营管理功能和责任被授予其他的公司和个人。(6)基金须有一个董事会,其大多数成员须与提供外部经营管理的公司无利害关系,或与基金进行交易的公司无利害关系,包括承销商、经纪商、银行和投资银行。(7)禁止与关联人士的主要交易,对关联人士涉及代理和经纪业务的佣金进行限制。(8)现金和证券必须由银行托管,只有雇员和职员被授权支取这些证券和现金。(9)对基金借款和贷款的限制。(10)关于委托书征集、对股东的报告以及独立公共会计师的任命和选举方面的特别要求。[①]

(二)封闭式基金与开放式基金

根据基金单位是否可以申购和赎回,投资基金又可以分为封闭式基金与开放式基金。

1. 封闭式基金。是指事先确定发行总额,在封闭期间内基金单位总数不变,基金上市后投资者可以通过证券市场转让、买卖基金单位的一种基金。封闭式基金单位的价格主要是由基金单位资产净值、基金市场的活跃程度、银行利率以及封闭期的长短等因素决定的,在上述诸因素中,基金资产净值起着核心的作用,封闭式基金初始发行后,其基金单位在二级市场上往往以低于基金资产净值的价格交易,而不像股票的价格一样会偏离公司的资产净值那么大。

[①] See Leland E. Modesitt, The Mutual Fund—A Corporate Anomaly, UCLA Law Rev., Vol. 14:1252 1967, pp.1256—1257.

2. 开放式基金。是指基金发行总额不固定,基金单位总数随时增减,投资者可以按基金的报价在规定的营业场所申购或者赎回基金单位的一种基金。基金管理人应当按照招股说明书上的规定,随时准备以按基金净资产值计算的价格向投资者出售或赎回基金单位。开放式基金的投资目标比较灵活,这就要求投资市场的规模大,便于基金迅速地调整投资结构和投资品种。此外,由于基金发行股份的数量不受限制且可以随时赎回,因此,基金的总额经常发生变动。基金管理人为了应付投资者的赎回请求,必须从基金总额中提取一定比例的现金资产,以满足随时变现的需要,而这不可避免地会对投资基金总体的盈利水平产生一定的影响。因而,基金管理人在基金持有人申请赎回时一般要求其支付一定的赎回费,以限制他们过于频繁赎回其所持有的基金单位。

封闭式基金与开放式基金相比更适合于发展水平较低的发展中国家的金融市场。美英等国早期的投资基金多数为封闭式基金,而且数量大大超过开放式基金。但自从1940年《投资公司法》颁布以后,开放式基金变得越来越普遍,并逐渐成为世界基金业的主流。其主要原因就是投资者可以净资产价值赎回开放式基金的股份,而封闭式基金却不能。但是,自从20世纪80年代后期以来,封闭式基金在美国又产生了新的吸引力。其原因在于,开放式基金由于要满足基金持有人赎回的要求,法律对开放式基金有着较高的流动性标准要求,如规定开放式基金的资产至少85%必须投资到流动性证券,这些证券有随时可用的市场价格。这样就限制了它对流动性较差的证券的投资,例如外国证券、风险资产等。而封闭式基金无需赎回基金单位,对其没有流动性的标准,如果发起人希望将基金资产主要投资于那些流动性较低的证券则只能选择封闭式的基金。①

从某种意义上说,开放式基金和封闭式基金实际上是基金产品系列的两个极端,随着信息技术的发展,金融创新的加快,通过对这两种方式的基金进行变通,可以发展出许多半开放式、半封闭式、开放式封闭式的混合等不同形式的基金产品。如可以允许封闭式基金在一定情形下以净资产价值回购其股份,建立回购式封闭式基金(半

---

① 李仲翔、李仲飞、汪寿阳:《以风险为基础的基金监管现代化》,清华大学出版社2002年版,第56—57页。

封闭式基金);对开放式基金作出一定的变通,可以建立有限赎回的开放式基金(半开放式基金);对开放式基金作进一步的发展,可以创立交易所实时交易的开放式基金(ETFs);在同一类型的基金里建立不同类型的股份以分化出不同的子类型。①

第二节 对投资基金制度的历史考察

投资基金作为一种集合投资制度产生于英国,其在英国得到广泛的运用,并为其他国家广为借鉴。由于投资基金在其发展初期多为采用商业信托的组织形式,英国的单位信托作为典型的信托型基金,为许多国家所效仿,因而,本节主要以英国的单位信托制度为例对投资基金制度的演变过程作一粗略的梳理。

一、英国单位信托制度的产生

在论及投资基金制度的发展源流时,英国著名的公司法专家Gower教授曾十分精辟地指出,有限公司是信托和公司(corporation)结合的产物,而单位信托又是信托和有限公司(limited company)两种制度结合的产物。②因此,我们要对投资基金的性质有一个准确的把握,就必须对其前身——信托和公司这两种制度的相互融合的过程进行考察。

我们知道,任何集合投资工具的一个重要特征就是投资者在投资过程中充当被动的角色。因而在制度设计上就要将提供资本的人和实际管理资本的人分离开来。由于信托具有所有权、管理权和受益权分离的特点,因而自然容易成为组织集合投资的一种制度安排。同样,在公司内部也实行所有权和经营权的分离,股东的有限责任极大地限制了投资者的投资风险,使公司能够在较短的时间内迅速地筹集大量资本,因而公司亦为集合投资提供了另类制度设计(alternative form)。从历史上看,信托起源于中古时期的用益设计,而公司起源于殖民扩张时期的贸易垄断。从这个意义上说,信托和公司似乎

---

① 李仲翔、李仲飞、汪寿阳:《以风险为基础的基金监管现代化》,清华大学出版社2002年版,第61—67页。

② Gower, The principles of Modern Company Law, 1954, 3rd edition, p.229.

是两种起源不同而又存在竞争的制度。然而在此后一个相当长的历史发展过程中,公司和信托这两个概念一直相互交织在一起。

在公司发展的早期,信托充当一种使公司能持有财产的制度设计(device)。众所周知,最早的公司是规制公司(regulated company),这是行会原则在对外贸易领域里的扩展,每一个公司的成员在遵守公司的规则的前提下,以其自己的存货和自己单独的账户从事贸易,而且在经营过程中,公司成员独立于公司及其他成员而独立承担责任,因而在此时并不需要组建成立公司(Incorporation)。公司取得特许状主要是为了取得对外贸易的垄断权。随后,以共同的账户进行经营的合伙观念渗入规制公司,公司亦因此而成为一个联合经营的商业企业(joint commercial enterprise),而不再是一个贸易保护协会。在十七世纪下半期,已经存在两种不同的公司类型,即合股公司和依据特许状成立的公司。而合股观念是一种在对外贸易过程中共同分享风险和收益的观念。在合股公司阶段,有两个现象值得人们注意:一是商人团体本身所具有的冒险精神刺激其在公司领域进行大胆的探索和实践,而这时的法律理论则远远滞后于商业实践。在商人团体中,对公司及其股份的性质并未真正地理解,也未对公司及非公司团体作出明确的区分。不论是对公司还是非公司的团体,可适用的规则是十分有限的。[1]在这一时期的另一个值得注意的现象则是,衡平法院取得对公司和合伙的管辖权。长期以来,公司和合伙事务一直是属于普通法院管辖的事项,然而普通法规定的许多权利却无法得到法院的实施,有违法律的公正。因而,衡平法院介入公司和合伙事务。而确认衡平法院对公司事务的管辖权就意味着信托的观念已成为处理公司内部关系的一个主要原则,这对公司制度以及随后的单位信托制度的发展起到了非常重要的作用。[2]

英国 18 世纪初期是一个公司不断设立及股份投机十分频繁的时期,其结果是直接导致了英国的金融崩溃(financial crash)。金融崩溃的后果是出现了许多有关公司的诉讼。由于信托法在 18 世纪是一个得到充分发展的法学领域,当法院在处理有关公司成员的权利的纠

---

[1] Kam Fan Sin, The Legal Nature of the Unit Trust, Clarendon Press, Oxford, 1997, p.11.

[2] Id., pp.11—12.

纷时,自然求助于信托法的原则。[①]与此同时,1720年通过的"泡沫法"将未取得特许状而以公司的名义从事活动以及发行可转让股份视为非法[②]。而在南海泡沫破灭以后,英国政府由于视公司为"金融稳定的骚扰者"(disturbers of financial peace),对商人申请特许状又反映十分冷漠。其结果便是在此后相当长的一段时期内在英国要通过取得特许状而设立公司变得十分困难。这就直接导致授产契约公司(the deed of settlement company)作为一种商业工具而出现。而授产契约公司是运用信托制度成立的公司而无需英王或议会的批准。

授产契约公司起初是作为一种规避法律的工具而出现的,其目的在于成立一家拥有可转让股份的公司而不违反泡沫法的规定。授产契约是公司的组织章程,其任命公司董事、经理、审计员及其他高级管理人员,并对股份的数量,股份转让的方法和限制,召集财产所有权人会议的方式及其在会议上的权利,仲裁的程序以及内部事务管理的规则等事项作出规定,而以信托的方式持有财产的规定在契约中仅占一两个条款。董事由于负责公司日常经营决策而在授产契约中处于核心的地位,因为许多条款都直接涉及到他们的权力、义务和责任。而在授产契约公司中受托人的角色则十分消极。受托人仅仅是以信托的方式代公司持有财产,并为了公司的利益,按照董事会的命令或指示来运用或处分财产,但受托人并不实际参与经营决策。因此,在授产契约公司中,信托仅仅是作为一种财产持有设计,以使公司可以拥有动产和不动产以及有助于就公司的财产提起诉讼和应诉。

可见,授产契约公司是合股公司与信托制度相结合的一个产物。而且,授产契约公司是公司制度和信托制度发展史上的一个极其重要的阶段。因为它既是公司章程的前身,同时又是19世纪60年代后期出现的单位信托的信托契约的原型。

---

① Kam Fan Sin, The Legal Nature of the Unit Trust, Clarendon Press, Oxford, 1997, p.12.

② 在当时的英国,公司必须通过下列四种方式中的一种设立,即依普通法(by the common law);依议会的权威(by authority of parliament);依国王的特许状(by the king's charter)以及依命令(by prescription)。Fisher, The Collected Paper of F.W. Maitland, Vol. III Cambridge UP. 1911, see Kam Fan Sin, The Legal Nature of the Unit Trust, Clarendon Press, Oxford, 1997, p.13, note34。

二、英国单位信托制度的发展

泡沫法在 1825 年被废弃。1844 年《合股公司登记与管理法》使公司仅仅凭登记即可成立,这样大大方便了公司的设立。1855 年《有限责任法》又赋予这些公司以有限责任。由于有限公司的这些特征上的进步,其似乎可以替代授产契约公司及信托成为一种集合、组织并有效管理大规模资金的工具。然而,信托在 1868 年又重新被用作集合投资的工具。① 究其原因或许在于这时市场参与者的队伍扩大以及由于公司滥设所导致的公司大量清算。

1844 年合股公司法虽然奠定了英国现代公司法发展的立法模式与框架,但是由于该法并未授予投资者以有限责任,因而投资者的风险依然较大。这一时期较为重要的一类投资者是那些缺乏商业知识和参与公司经营管理愿望的工人阶级(working people)。他们不愿意承担其所投资公司的经营活动的责任。因为 40 年代发生的储蓄银行的欺诈被认为是对工人阶级(labouring classes)的威胁,因而必须为这些勤劳节俭的工人阶级(the frugal and industrious of the humble classes)的储蓄提供一个出路。合股公司本可以为他们的剩余资本提供一个投资渠道,但是合股公司的股东要承担无限责任,这样就限制了资本和技能的结合。1855 年《有限责任法》通过,该法将有限责任扩展到合股公司,这使得这些小额投资者投资于股票成为可能。

随着有限责任问题的解决,登记公司成为一种非常有吸引力的集合投资工具。与此同时,英格兰在 19 世纪 60 年代经历了公司成立暴雨般的十年。公司的大量设立加快了随后到来的经济混乱。自 1844 年共成立了 7056 家公司,到 1866 年只剩下 2967 家。②有限责任由于加重了这场混乱而突然间变得不受欢迎。正是基于这种背景,在两年以后,即 1868 年,外国及殖民地信托成立。这一时期的投资信托均许诺投资者以固定的利息回报。因为就投资者的感情来说,固定利息意味着投资者远离了有限责任、合股、股票上的利润给他们所

---

① 即海外及殖民地信托,此类投资信托基于授产契约。See Kam Fan Sin, The Legal Nature of the Unit Trust, Clarendon Press, Oxford, 1997, p19。

② Kam Fan Sin, The Legal Nature of the Unit Trust, Clarendon Press, Oxford, 1997, p.23.

带来的风险。应当指出的是,正是因为当时存在着对有限责任概念的误解,因而确实存在着一种寻找另类集合投资工具(an alternative form of vehicle for collective investment)的需求,人们自然就借助于信托制度作为商业组织创新的工具,因而才导致了第一家单位信托的出现。①

就这一时期的单位信托,有下列几点值得注意:首先,在第一家单位信托成立以前,公司已经作为一种集合投资工具。但是,当时人们普通认为公司具有高风险。而风险分散化正是当时外国殖民地和政府信托所宣传的一个目标。其次,如果信托作为公司的另类投资工具,授产契约自然也就成为信托契约的模式。大量的判例也确认了单位信托同授产契约公司的相似性。第三,单位信托契约采取互助契约的形式(The unit trust deed took the form of mutual covenant)。信托契约由受托人与所有的单位持有人订立,而受托人与单位持有人之间构成合同关系。单位信托构成以营利为目的的未依法组成公司的团体。第四,受托人负责信托财产的经营管理,但受托人的权限受到限制,只有在特殊情况下有权力出卖组合资产。因而,在此时的单位信托并没有必要存在一个类似于董事会那样的专门负责经营管理的机构。第五,单位在许多方面被作为股份对待。它们以与股份相同的方式向社会公众发行,并在交易所进行交易。但是在单位信托契约中一般规定,单位将逐步赎回。尽管在初始阶段,单位赎回的程序十分复杂,但是它毕竟将单位信托与合股公司区别开来。②

三、英国现代单位信托制度的成型

1931年4月22日,英国设立了第一家固定信托。从法律的角度来分析,英国第一家固定信托已经偏离上世纪的投资信托。也是通

---

① Kam Fan Sin, The Legal Nature of the Unit Trust, Clarendon Press, Oxford, 1997, p.24. 从深层的社会经济根源来看,1868年海外及殖民地信托的成立是因为当时英国经过第一次产业革命之后,社会生产力得到极大的发展,工商业极其发达,国内的大量剩余资本需要转移到劳动力价格低廉的海外投资市场,以谋求资本的最大增值。然而,当时人们不选择公司的形式而选择信托制度来组织海外投资则是由于1855年《有限责任法》赋予公司股东以有限责任后,人们利用公司制度进行大量的投机活动,从而加速经济的崩溃,因而,人们普遍存在着对公司的误解。

② Kam Fan Sin, The Legal Nature of the Unit Trust, Clarendon Press, Oxford, 1997, p.25.

过专业经理人员和受托人之间的合同而成立的第一家信托。这种合同已不同于授产契约,因为授产契约是受托人和代表所有凭证持有者的某一持有人之间的契约。进一步说,该类单位信托的持有人可以其所持的某一单位去交换信托的基础资产。与此形成鲜明对比的是,这一时期的法院判例倾向于认为授产契约公司的成员对公司的财产不拥有任何利益,该类公司的股份属于动产。在该信托成立后的一段时期内,固定信托发展较为缓慢,到1932年1月,还没有其他新的单位信托在英国成立。不久,人们意识到此类信托限制了经理公司为应对市场变化而改变信托资产组合的权力,另一方面,经理公司的管理也为单位信托创造了较好的信誉,投资公司也开始习惯于单位信托的原则。灵活信托在美国产生以后,英国也于1935年12月设立了the Municipal and General Securities Co. Ltd.,该基金成为现代英国单位信托所采用的标准运营方式,即基金是由基金管理人与受托人订立契约而设立的。在短短5年的时间内,单位信托就发展为其现代的形态。促使其快速发展的主要原因在于单位信托所具有的独特结构填补了公司制度所无法提供的一个空缺——高度流动性。单位信托的单位具有可转让性和可赎回性,而公司的股份在一般的情况下则只具有可转让性,而不能由公司赎回。[1]

1936年3月英国成立了一个贸易委员会的部门委员会(The Department Committee of the Board of Trade)负责全方位调查固定信托和灵活信托,并将这两类信托统称为单位信托。该委员会于1936年7月作了一个调查报告。正是基于该报告,英国在1939年通过了防止诈欺(投资)法,并于1958年进行了修订。1958年的这部法律非常重要,因为根据该法的规定,如果要向社会公众公开发售投资单位,必须获得贸工部的授权(authorization)。而在单位信托中建立经理人和受托人的双重经营结构是贸易部批准的一个条件。由于贸易部的批准是向公众销售信托的一个必要的条件,因而该法将30年代引入的单位信托的结构进一步具体化了。而其他形式的集合投资,如马萨诸塞州信托和其他契约型的计划,如有限合伙,之所以不能向社会公众销售,其原因即在于其不具备贸易部规定的这种经理人和受托

---

[1] Kam Fan Sin, The Legal Nature of the Unit Trust, Clarendon Press, Oxford, 1997, p.32.

人双重经营结构。另一个重要的条件就是单位信托应具有高度的流动性。根据贸易部的解释,已批准的单位信托须将其信托资产投资于那些容易在二级市场上变现的证券,对于那些投资于非证券的财产信托则不能获得授权。这是因为,一旦经理面临大规模的赎回请求,可以通过在二级市场迅速抛售基金的组合资产以满足回赎的要求。[①]1986年《金融服务法》有关单位信托的授权制度继承了1958年的《防止欺诈(投资)法》的有关规定。

尽管信托作为一种集合投资的方式在英美等国家已得到广泛的运用。然而,信托在欧洲大陆并不是一个容易理解的概念。一家在英国成立的单位信托要想在欧洲大陆上发起募集基金的话,将会遇到很大的困难。如果计划的管理人想避开信托这个概念,而是利用公司的形式作为集合投资工具,从理论上说,可以依据1985年《公司法》的规定组成一家公司,因而它也就不属于1986年《金融服务法》的集合投资计划而不受该法调整。这也就意味着投资公司——通常被称为投资信托,只能通过证券交易所的上市交易来为投资者提供流动性,而无法为投资者提供经常性赎回股份服务了。因而英国政府引入开放型的投资公司作为一种集合投资工具。

尽管开放型投资公司采取公司的形式,但是其组织结构依然体现了单位信托的结构。依据 UCITS 指令,在公司中必须存在一个同单位信托的经理人具有同样功能的公司董事,同时也须有一个财产保管人,其受托保管计划的所有财产。显然,财产保管人是以信托的形式代公司保管财产。可见,信托原则被认为是一个能够被用于帮助公司作为一种集合投资工具的法律制度。

任何一种制度都是人之行动而"非人之设计的结果",是人们在遵循一定的规则的前提下对其所处的环境的回应,[②] 是利用现有的制度知识而不断试错、不断实践的产物。投资基金产生、发展的历史充分地证明了这一点。由于在历史上信托是一种发展成熟并极具灵活性及极富弹性的制度设计,因而,其被广泛运用于社会经济生活的各个领域。当政府对公司设立实行严格管制,使大多数人难以利用

---

① Kam Fan Sin, The Legal Nature of the Unit Trust, Clarendon Press, Oxford, 1997, p.34.

② 周业安:《中国制度变迁的演进论解释》,载《经济研究》2000年第5期,第5页。

这种商业工具,以及由于公司滥设,导致人们不愿使用这种商业工具时,信托自然就替代公司成为人们组织商业交易的工具。因而在相当长的一段时期,信托和公司都是相互竞争的两种集合投资工具,而且这两种制度的原则也是相互渗透和相互借鉴的。投资基金就是这两种商业工具长期融合的结果。从历史的角度来看,投资基金直接来源于18世纪的授产契约公司。从性质上来讲,授产契约公司是未依法组成公司的团体,其内部的组织架构是董事会与受托人的双重结构,而受托人只是负有为公司成员集体持有财产的职责,以规避当时普通法禁止未依法组成公司的团体持有财产的规定。与授产契约公司一样,投资基金亦是作为一个法律实体而存在,基金的各方当事方——受托人,经理以及所有的单位持有人都借助于单位信托契约而组合成为一个以投资为目的的团体。尽管投资基金利用了信托原理来组织交易,但投资基金本身不应定位于一种信托关系,它应是一个具有独立人格的法律主体。

第三节 投资基金中的信托

目前,我国学者和业界的大部分人士在对投资基金进行定位时,均认为证券投资基金的法律性质为信托,并且多从明示信托[①] 的角度来阐述投资基金当事人之间的法律关系,并由此形成了法律关系的分离论和统一论两种不同的主张。[②] 而对投资基金中的信托与传统私人信托有何不同,则并未作进一步的探讨,其原因在于长期以来,人们一直将投资基金作为传统私人信托在商业领域中的扩张,因此不需要对其进行新的概念分析。[③] 然而用传统的私人明示信托的概

---

① 在普通法系,信托的种类很多,依据不同的标准可以对其进行不同的分类。依信托成立方式,信托可以分为明示信托和默示信托。由于法律传统和文化背景不同,大陆法系国家在引入信托制度时,主要是引入明示信托,在制订《信托法》时亦主要以明示信托作为参照系,而归纳出信托的主要特征。因此,本书在分析投资基金中的信托的特征时亦主要以明示信托作为参照系。

② 中国证券协会基金公会于2001年11月28—29日组织召开了"基金监管法规体系研讨会",与会代表绝大多数均认为投资基金的性质是信托,并从信托的角度来对基金当事人之间的法律关系进行定位。相关论文可参见:中国证券业协会基金公会编:《证券投资基金法规体系研究》,中国法制出版社2002年版。

③ Kam Fan Sin, The Legal Nature of the Unit Trust, Clarendon Press, Oxford, 1997, p.3.

念又很难对投资基金当事人之间的法律关系作出一个合理的解释。事实上,投资基金是运用商业信托的原理来组织相关的交易,而商业信托与一般的私人明示信托已经有很大的不同。① 商业信托虽然利用了信托的原理,但其本质上是一种企业的组织形式,而且这种组织形式主要用于集合投资的目的,从功能上讲,这种商业信托已与公司非常接近,而与私人信托相距较远,多数国家的信托法对其并不加以规定。因而,我们要对投资基金当事人之间的法律关系有一个准确的把握,我们首先就要认识到投资基金中的信托与私人明示信托有何不同。本节主要以单位信托或契约型基金为例来分析投资基金中的信托的特点。

依传统信托法理,设立明示信托的核心要素是三个确定性的要求,即设立信托的意图的确定性,信托包含的财产的确定性以及受益人的确定性。② 从信托的三个确定性来看,投资基金运作过程中的信托与私人信托存在着明显差异。

一、设立信托的意图

在普通法国家,信托被广泛运用于许多领域。然而,明示信托的主要规则是从其用于处置、移转财产的机制发展、演变而来。根据衡平法的理论,要设立一项信托必须有创设信托的意图。它包括赠与的意图和通过信托来实现赠与的意图,两者缺一不可。如果委托人选择将财产移转给受托人以信托的方式持有,其意图是受让人拥有财产的所有权并且为受益人的利益持有和管理财产。由于私人信托所具有的赠与性质,委托人的地位就显得很重要。在私人信托中,委托人是信托的设立人,并且正是他的单方意图决定了信托的存在。信托契约条款主要是委托人的授权(mandate from the settlor)。受

---

① 有学者将商业信托与一般民事信托的不同之处归纳为以下几个方面:(1)商业信托是经营企业的工具,而传统的信托(民事信托)是为了保存和保护财产。(2)在创设方式上,传统的民事信托大多是他益信托的情形,受益人的权利来自于信托委托人的捐赠,受益人和受托人的信托关系并非基于合意的契约而成立。而商业信托的成立则是基于投资者(其同时又是委托人与受益人)与受托人的合意而成立的。(3)商业信托的受益权可以转让,这也是商业信托的一个基本特征上,如果受益凭证不能转让,那么就不能被视为商业信托。此外商业信托在存续期间、受益权的追及力等方面亦与民事信托存在差异。见谢哲胜:《从商业信托的概念论投资信托法律架构》,载《月旦法学》2002年第3期,第58—59页。
② 何宝玉:《英国信托法原理与判例》,法律出版社2001年版,第65页。

人的意图与信托的成立是无关的,因为即使受托人不愿意充当受托人,衡平法院也将执行信托。

但是,在单位信托并不存在委托人,信托是由基金管理人和托管人通过签订基金契约创设的,① 而基金持有人则是通过认购基金受益凭证而加入到基金契约中。基金管理人与托管人签订基金契约创立投资基金的意图就是基金管理人充当基金的管理人,负责对投资基金资产的管理和运作,而托管人充当基金的受托人,负责持有基金资产,并对基金的运作进行监督,他们并没有充当委托人的意图。同样,投资者通过认购基金单位或受让基金单位而加入到基金契约中,也没有充当委托人创立信托的意图。投资者从其他基金持有人处受让基金单位,其意图一般仅是取得信托上的利益,并没有充当委托人设立信托的意图;投资者从基金管理人处认购基金单位,亦没有以其自己为受益人创立信托的意图,而仅有增加现有的信托财产② 及基于相同的信托条款而将其财产置于共同的职业经理管理的意图。实际上,在单位信托,每个投资者的基本意图是相同的:即将其个人财产同其他投资者的财产一起聚合起来,并基于相同的条款将其资产置于共同的职业经理经营管理。因而,与传统私人明示信托不同,在单位信托,创设信托或参加信托的意图一直就是当事人之间的合意。从商业的角度来看,基金管理人和基金托管人在订立基金契约时其意图均为通过创设一个投资基金来为投资者提供专业服务,以获取服务费。这就意味着单位信托不单纯是一种有关财产的信托安排,以信托的方式持有基金资产仅是基金契约所规定的众多事项中的一项。当事人在基金契约中往往要就除财产信托之外的许多其他方面的事项达成协议,例如在基金契约中,双方当事人要对投资基金的基本结构作出规定,还要规定投资基金的投资理念、投资政策、受托人及基金管理人所履行的服务、他们的报酬、单位的定价、单位信托基础资产的估价、赎回程序、单位持有人的权利以及单位持有人会议

---

① 在我国基金契约是由基金发起人、基金管理人和基金托管人三方作为当事人签订的。由于实践中,基金管理人往往同时又是主发起人,为分析方便我们在此仍将基金管理人与基金托管人作为基金契约的当事人。

② 本书认为,投资基金的信托是基金管理人与基金托管人通过签订基金契约的方式创立的,因此,基金持有人通过认购基金单位的行为实际上可以被认为是将其财产移转给信托的行为,而不被认为是创立信托。

等。单位信托中的意图是信托意图和当事人通过合意创设投资基金这样一个集合投资工具的意图的结合,以信托方式持有财产仅是基金管理人和基金保管人创设投资基金的契约安排的一部分。①

二、标的物的确定性

依信托法理,标的物的确定性有两层含义:即信托财产的确定性和受益人的受益权的确定性。② 首先,信托财产确定性意味着哪些财产纳入信托财产必须特别标识出来或能够识别。如委托人未标识信托财产,信托就并未创设。其次,受益人的受益权也必须是确定的,以便受托人能够确切地知道每一位受益人有权获得什么财产,获得多少财产。如信托财产标识出来,但受益人的受益利益并未确定,那么这些利益不成立,受托人将为委托人以归复信托的方式持有财产。标的物确定的要求实际上也是信托用作家庭内部财产赠与方式的规则。③

与私人信托财产不同,单位信托基金并非由委托人通过赠与而累积起来的。它们由单位持有人以投资为目的缴纳的,投资本质上又是以营利为目的而运用资本,而不管此种营利是以资本增值的形式还是获取收入的形式来获取。因而,投资基金的信托资金具有类似于公司资本的性质。④ 单位信托在其成立时,其所拥有的基金也是可以确定的,但与私人信托不同,这种确定性并非体现委托人的单方面的意志,而是由基金当事人通过基金契约确定的。基金管理人与基金托管人订立基金契约时通常要对基金的规模作出约定,即使在开放式基金的情况下,在基金成立时不能确定将要发行的基金单位具体的数额,但在基金契约中通常会对基金的募集期限、投资者的认购原则、认购费用、认购份数的计算、投资者申购与赎回的原则、程序

---

① Kam Fan Sin, The Legal Nature of the Unit Trust, Clarendon Press, Oxford, 1997, p.59.
② 何宝玉:《英国信托法原理与判例》,法律出版社 2001 年版,第 70 页。
③ 标的物的确定性实际上是信托主要作为家庭内部财产赠与机制的逻辑结果。如果要赠与礼物,自然要为人们所周知。如果赠与人并未使用清晰的语言确认所赠礼物及对其所拥有的份额,这就有必要探究其是否真正打算赠与该礼物。Kam Fan Sin, The Legal Nature of the Unit Trust, Clarendon Press, Oxford, 1997, p.61.
④ 应该说,这两者的差异主要是形式上的。由于公司将其组织机构完全内部化,在公司的情况下,资本由公司作为一个主体拥有,并由公司内部的组织机构依职权负责管理和运作。然而,由于投资基金将其组织机构外部化,尽管投资基金作为一个主体拥有财产不存在问题,但其却是由基金托管人持有基金财产。

等作出规定,根据基金契约中所确定的这些原则,在具体的时点上单位信托的基金规模也是可以确定的。需要指出的是,当事人设立或参与投资基金更多的是出于商业上的考虑,而商业交易在性质上是契约性的,在投资基金中这种确定性亦体现了合意的性质。比如在投资基金的运作过程中,在对基金的规模作出任何调整时,基金管理人和托管人在行使基金契约所规定的权利,而基金契约中所规定的这种权利本身又是具有合意性质。

同样,在单位信托领域,单位持有人的权利也是通过基金契约来确定的。当投资者认购单位时,其所认购的单位实际上确定了投资者对单位信托基金拥有权利的数量,基金契约通常要对基金资产估值的方法、程序、基金收益的构成、分配原则、分配方式、基金的终止和清算程序事项等作出明确的规定,依据这些条款实际上可以确定每个持有人拥有基金权益的数量。因此,基金持有人在基金中的受益利益是通过当事人的合意确定的。

然而,我们同样需要指出的是,在投资基金中,信托财产尽管不具有私人信托那样作为赠与标的的实质性功能,但其仍然具有其一些独特的功能,如作为证据上的功能,以将信托关系与其他的契约关系区别开来;利用信托财产变化的性质使投资者投资于不同风险特征的组合资产,从而实现投资者集合投资和分散投资风险的媒介功能。[①]

三、受益对象的确定性

在意图和标的物存在确定性的情况下,只有当信托的受益人具有充分的确定性时,信托才有效。确定受益人的重要性,体现在两个方面:一是如果没有受益人,受托人就无法实施信托。二是没有受益人,在受托人不履行责任的情况下,就没有人要求强制实施信托。[②] 在判断确定性是否得到满足时,取决于信托是固定信托还是自由裁量信托。在固定信托的场合,受益人确定性的检验标准是必须能够列出一份受益人的清单,如果不能列出清单,信托就是无效的。在自由裁量信托,只要能确定地说某人属于或不属于受益人的范围,那么

[①] Kam Fan Sin, The Legal Nature of the Unit Trust, Clarendon Press, Oxford, 1997, p.66.

[②] 何宝玉:《英国信托法原理与判例》,法律出版社 2001 年版,第 70 页。

信托就是有效的。①

单位信托的一个特征就是其受益人是一个不断变动的集体,因为单位持有人可以在任何时候认购或赎回其单位。而且单位持有人从其拥有单位时起就按比例拥有对资本及信托基金收益的权利。因此,单位信托是固定信托,适用的标准是广泛清单标准。而当我们在运用广泛清单标准时,需考虑的基准时间是单位信托设立的时间而非投资者认购单位的时间。这是因为确定性规则主要是判断信托是否有效设立的规则。

从理论上讲,在单位信托创立时,列出受益人的清单并不存在任何问题。在创设单位信托时,信托是基金管理人和受托人所订立的基金契约的一部分。基金契约不仅对现存的受益人的退出作出了规定,而且也规定了新的受益人加入的有关事项。因此,在单位信托,受益人借助于认购单位的合同是完全可以确定的。我们在理解单位信托中的信托时,对此一规则进行解释的适当的方法并非是要求在信托创设时列出一个广泛的清单,而是存在一个列出受益人名单的可能性。因为,在任何时点均可列出一个具体的受益人的名单。实际上,单位信托在受益对象确定性方面与私人明示信托的上述差异表明,单位持有人并非受托人的对信托财产处分权的对象,而是作为基金契约的一个独立缔约方而存在的。

从上述分析可以看出,在传统私人信托中,三个确定性的核心是委托人的意图,信托的成立取决于委托人单方面的意图,而受托人主要是按照委托人的意愿来管理或处分信托财产。私人信托的这一特点非常清楚地表明信托起源于历史上英国拥有土地的阶层赠与土地的一种机制。如果我们同样将意图作为单位信托的核心,由于在单位信托中不存在私人信托意义上的委托人,信托是投资管理人和托管人通过协议设立的,单位信托的意图基本上是一种带有合意性质

---

① Kam Fan Sin, The Legal Nature of the Unit Trust, Clarendon Press, Oxford, 1997, p. 67.

的意图,单位信托中的三个确定性是通过基金契约来界定的。① 因而,传统的私人信托不能合理地解释单位信托中三方当事人之间的关系。单纯地从私人信托的角度难于对单位信托的三方当事人之间的关系、权利、义务进行合理的解释,合同制度为理解各方当事人之间的法律关系提供了一个更好的分析框架。在单位信托,信托与合同是可以并存的两种法律制度,信托是创设单位信托契约的一部分。② 在投资基金中,利用信托作为一种组织交易的工具主要是利用信托所具有的所有与经营分离的功能、信托在设计内部治理机制方面的灵活性以及信托所创立的债权人模式——即将信托财产独立于各方当事人,并不受各方当事人债权人的追索制度。③ 尤其是信托所创立的债权人模式,是通过其他制度,如合同制度,而难于达成的,或者是即使能够达成其交易成本亦很高。

第四节 投资基金制度的经济学分析

一、从私人信托到投资基金——交易成本的视角

信托作为一种财产移转及管理的设计,起源于中世纪末期在英国实施的"用益"制度,其目的在于规避当时英国封建制度特别是该制度下限制土地转让的政策。这时的受托人只是单纯的持有财产者,其本身拥有很少的权力和责任管理信托财产。信托只是作为一

---

① 近年来,我国学者多运用信托原理对当事人之间法律关系进行分析,并形成了投资基金结构的"二元论"与"一元论"两大流派,对基金管理人的法律地位则形成了形式上的委托人,实质上的受托人以及共同受托人等几种观点,但不管何种观点,在理论上均难于自圆其说,本书第二章第二节对此有专门论述。有学者认为,在某种意义上讲,就三个确定性来对单位信托进行分析就像将一个正方形楔入圆形之中。但是,这一楔入揭示了单独就信托法来对商业现象进行整体分析的不充分性。Kam Fan Sin, The Legal Nature of the Unit Trust, Clarendon Press, Oxford, 1997, p.70。

② 正因为难于用传统私人明示信托的观念来解释单位信托中的信托,有学者据此发出了单位信托中的信托是否还是信托,或者单位信托是否是贴上信托标签的其他类型的关系的疑问。Id., p.47。

③ John H. Langbein 认为,在商业领域利用信托作为组织交易的工具,主要是因为信托与其他制度相比,具有四个方面的特征:(1) 在受托人破产时对受益人利益的保护;(2) 信托提供一个有利的税收通道;(3) 信托受托人法(trust fiduciary law)所提供的保护机制;(4) 信托有内部治理机制及对受益利益的安排上所具有的灵活性。John H. Langbein, The Secret Life of The Trust: as an Instrument of Commerce, The Yale L.J, Vol. 107:165 1997, p.179。

种移转和持有不动产所有权的方式。从 16 世纪末期开始,对土地的限制措施已逐渐废除,但是信托依然作为一种制度被保存下来,同时随着现代社会经济的发展,受托人的角色功能也由消极的持有财产转变为积极的管理财产,以使财产增值。因此,积极信托正取代消极信托主导现代信托的发展。①

随着社会经济的发展,人们对"授予他人管理财产"的需求日益迫切,因而希望通过增加被授权人的管理权限来获取专业化分工所带来的经济上便利。而信托作为一种富有弹性空间的制度设计,极其适应这种托人理财的需求,信托交易也因此而开始盛行,其适用的范围也开始扩大。近年来,在欧美国家被广泛地用于各种商业交易,如在美国,以信托形式所持有的各种资产中超过 90% 是以商业信托的形式而存在的。②与传统的私人信托相比较,商业信托具有组织化的特征。而投资基金正是这种组织化的商业信托的一种重要形式。

那么为什么传统的私人信托会向商业信托乃至投资基金发展,抑或是,为什么信托交易要由契约化向组织化发展,其内在的动力又是什么? 新制度经济学的一些基本理论为我们探讨这些问题提供了一个独特的视角。科斯在《企业的性质》一文中认为,市场的运行是有成本的,通过形成一个组织,就能节约某些市场运行的成本。而企业的存在正是为了节约市场的交易成本,即用成本较低的组织体内的权威体系来取代依市场进行交易的制度。其后,著名经济学家威廉森进一步以交易成本的观念来解释市场上各种商业组织存在的原因,他认为商业组织存在的主要目的就是:它可以组成一个治理机制(governance mechanism)以减少市场交易成本。因而,传统私人信托向组织化的商业信托发展的动力亦可以解释为是为了节约交易成本。

就传统私人信托来说,由于其是一次性的设定信托,所涉及的投

---

① 周小明:《信托制度的比较法研究》,法律出版社 1996 年版,第 86 页。
② John. H. Langbein: The Secret Life of the Trust, The Yale Law Journal Vol. 107 (1997) p.165.

资公众也较少,因而在信托当事人之间更多地体现为契约的品格①。而与一般的契约不同的是,信托是一种不完全的契约。从理论上说,即使没有信托制度,当事人之间通过合同的方法亦可以构建一个类似信托的安排:委托人将管理财产的所有权转让给受托人,同时与受托人签订一份合同,根据该合同,受托人同意为第三人的利益管理该财产。此外,在类似信托安排的领域里,诸如实际履行和对第三人受益人的保护等都可以在合同中作出规定。因此,从当事人之间的法律关系来讲,信托在历史上起着第三人利益合同的作用。信托法的规定相当于为当事人提供一套标准条款,它减少了当事人缔结合同的时间,同时保证当事人在缔约时不遗漏重要的条款。②然而,信托法的重要贡献主要不在于其规范信托当事人之间关系的功能,而在于其规范信托当事人与交易第三方之间的关系方面的功能。而正是后一种关系,由于过高的交易成本,是无法通过契约的方式而轻易达成。③就各当事人与其债权人之间的外部关系来说,当事人希望就其有关信托财产的管理与处分等事项对当事人以外的债权人产生一定的对世效力,而要通过合同法和代理法来达到该目的,不是阻碍难行就是交易成本过高。而信托法的作用是信托的主要当事人——委托人、受托人和受益人可以借助于信托制度非常便利地组织他们与大量的交易第三方之间的合同关系,而通过其他的方式是非常难于达到这个目的。④根据信托法的原理,三方当事人分离出一部分独立的财产,该部分财产是信托的财产,而非三方主要当事人的财产,信托财产只用于信托交易本身的担保,而不受三方当事人的债权人的追索。而就其将信托财产同当事人的其他财产分离开来,以作为信托本

---

① 对于这种信托关系究竟应该如何定位依然存在争议。尤其是在我国这样一个大陆法系国家,信托关系很难纳入传统的法律分析框架。在英美法系国家,信托习惯上被认为是财产法的一个分支,如美国《信托法重述》(Restatement of Trust 2nd)就将信托关系定义为因财产而产生的一种信赖关系(a fiduciary relationship with respect to property)。然而近年来,亦有一些学者主张信托关系的本质即为契约。根据这些学者的观点,在信托关系中,存在合同的因素。而从19世纪下半期开始的信托的性质和功能的变化则加强了信托的合同基础。John H. Langbein, The Contractarian Basis of the Law of Trust, The Yale Law Journal, Vol. 105(1995), pp. 628—629。

② Henry Hansman & Ugo Mattei, The Functions of Trust Law: A Comparative Legal and Economic Analysis, N.Y.U.L. Rev., Vol. 73, May 1998, p.446.

③ Id.

④ Id., p.470.

身交易的担保来说,信托实际上已经成为一个组织体。因而,有学者据此认为信托实际上属于法律所提供的简单的企业组织形式之一。①

自19世纪中叶以后,由于工商经济的发展,财富形式日益多元化,社会财富的主要形式由土地转向股票债券等金融资产,社会上中产阶级的队伍进一步扩大。而这些广大的中小投资者不仅缺乏投资经验,而且又无充分的资金分散投资于不同地域、不同事业以及不同证券,以降低投资风险。因而,具有相同需求与困难的许多中小投资者便将其资产交由专业化的具有投资经验并为他们所信任的人代为运作。在这种情况下,如采用契约或传统私人信托的方式来进行此类交易,其交易成本非常高昂。而通过商业信托乃至投资基金,便可以为这些广大的中小投资者提供一个低成本的投资管道。尽管投资基金依然采取信托的形式,但与传统私人信托不同的是,其组织体的品格得到进一步的强化。由于向社会公众提供一种专业化的信托服务,因而传统的私人信托中的受托人与受益人之间的关系在商业信托领域中发生了实质性的变化。与传统私人信托不同的是,商业信托具有更为广泛的受益人。而这些受益人要求对信托人进行监控以及在改变信托契约时发表自己的意见。因而,在商业信托领域需要一种集体决策机制,通过这样一种机制将各受益人的意思转换成一种集体的意思。从这个意义上说,商业信托以及投资基金已经不同于传统的私人信托而更接近于公司。②如果说传统的私人信托在当事人之间相当于第三人利益合同的话,那么,现代商业社会的信托已发展成为一个独立于三方当事人的实体。这一趋势亦得到立法的肯定。《美国信托法重述》(第三版)规定,现代普通法及成文法的概念和术语不公开地承认信托作为一个法律实体,该实体由信托财产和受托人和受益人之间的信托关系所组成。③1988年特拉华州颁布了新的《商业信托法》,该法赋予了在特拉华州成立的商业信托某些商事公司的基本特征,包括商业信托具有独立的法律人格,以及信托经理

---

① Henry Hansman & Ugo Mattei, The Functions of Trust Law: A Comparative Legal and Economic Analysis, N.Y.U.L. Rev., Vol. 73, May 1998, p.475.

② Tamar Frankel, The Delaware Business Trust Act Failure As The New Corporate Law, Cardozo Law Rev. Vol. 23:1 2001. From. http://www.bu.edu/law/facult/papers.

③ John. H. Langbein, The Secret Life of the Trust, The Yale Law Journal Vol. 107 (1997) p.180.

和受益人的有限责任。同时该法还授权对信托经营管理的控制和对收益的分配根据信托文件的规定作出灵活的安排。① 因此,依据该法所组成的实体拥有商事公司的全部特征。商业信托和公司在组织商业交易活动时,是存在相互竞争同时又是两种最为接近的可以相互替代的商业工具,尤其是在共同基金领域,这两种形式目前均被广泛采用。②

二、投资基金内部治理结构之经济学分析

投资基金作为一种特定形式的商业信托,不管是采用信托型还是公司型,都同商事公司一样是具有独立法律人格的主体。然而,我们同时也必须看到,同样是作为一种具有独立人格的主体,投资基金在内部的治理结构上又明显不同于一般的商事公司。即使是公司型的投资基金,虽然具有一般商事公司的外观,但由于投资顾问公司多在幕后掌握投资基金的运作,包括发起设立投资基金,选任投资基金的董事等,然后再与投资基金签订投资顾问契约以负责投资基金的实际操作。因而公司型投资基金与一般的商事公司的法律架构并不相同。因此有学者将投资基金的法律架构比喻成"公司的变体"(corporate anomaly)。③

同样是作为具有独立法律人格的经济组织,为什么投资基金要采用和一般的商事公司不同的组织架构,其内在的原因是什么?这

---

① Henry Hansman & Ugo Mattei, The Functions of Trust Law: A Comparative Legal and Economic Analysis, N.Y.U.L. Rev., Vol. 73, May 1998, p.475.

② 事实上,在美国经常发生商业信托和公司形式相互转换的事例。如在1996年9月,Van Kampen American Capital Fund建议将两家得克萨斯州共同基金由马里兰州公司转为特拉华州商业信托。在其proxy statement中提出了两个理由解释其为什么要将其在特拉华州的马里兰基金重组为商业信托。首先,是要利用特拉华州法律有关商业信托的某些优惠的规定。其次,是减少每年由马里兰基金所支付的得克萨斯州特许税。特拉华州法规定,特拉华州商业信托的受托人可以授权发行数量无限制的股票。马里兰州公司法规定,马里兰州公司章程必须规定可授权发行的股份的数量。另外,特拉华州所制订的有关商业信托的法律适应投资公司在治理机制方面的特别需要,并且其政策赋予了当事人商业信托契约签订最大的自由。马里兰州公司法尽管包括了许多专门适用于投资公司的规定,更少为投资公司所采用。每一个马里兰州基金均须交纳得克萨斯州特许税,而特拉华州商业信托却无须交纳该税。结果是,将马里兰公司重组成特拉华商业信托就可以避免交纳得克萨斯州特许税。John H. Langbein, The Secret Life of The Trust: as an Instrument of Commerce, The Yale L.J, Vol. 107:165 1997, p187, note 133.

③ See Leland E. Modesitt, The Mutual Fund—A Corporate Anomaly, UCLA Law Rev., Vol. 14:1252 1967, pp.1256.

些不同对各自的内部治理机制又会产生何种影响?

对于现实经济生活中经济组织的多样性,威廉森认为可以用不同的交易在特征上存在差异这一事实来说明。由于在交易特征上存在差异,因而可以一种区别对待的方式,把属性各不相同的交易与成本、效能各不相同的治理结构对应起来。① 针对各种不同的交易所选择的治理结构也不相同,以满足效率的目的。② 根据威廉森的观点,决定各种交易在特征上差异的因素主要有资产专用性、不确定性和交易的次数。在分析中威廉森假定在经济中存在足够强的不确定性以说明个人或企业的适应性和连续性决策过程的合理性。为回答企业如何组织其交易关系这一问题,他把资产专用性和交易次数作为影响选择的主要因素。他认为,在没有交易专用性资产投资或者交易并非经常发生而只是偶尔进行的情况下,市场作为一种治理结构具有经济上的合理性。因为在这种情形下,交易双方的身份并不重要,交易的实质内容通过正式的合同条款即可以确定。通过这种连续生产阶段间的自主性合同就可以很好地发挥其节约生产成本和经营成本的作用,因而在这种情况下经济组织根本上不会产生。当投资具有交易专用性时,交易双方的具体身份就显得非常重要,容易形成双边依赖,增加所有各种治理形式的交易成本,并引起更多的缔约风险。这是因为如果把这样专门化的资产重新进行配置,其价值就会遭受损失。在这种情况下,具有有限理性的交易各方会通过谈判为其关系找到一个各方皆可接受的合适的组织形式。当资产专用性程度低时,内部组织的治理成本代价也为正,通过市场采购有规模经济和治理优势。当资产专用性很强时,市场治理有风险,而垂直一体化是对自主交易者间出现的基本合同问题的治理反映。不同类型的资产专用性要求有不同类型的垂直一体化反应。③

投资基金的组织一体化的程度较一般的商事公司为弱,其原因即在于由于专业分工导致其资产专用性的程度较一般的商事公司为低。一般的商事公司主要投资于实业,其拥有厂房、机器设备、原材

---

① 〔美〕奥利弗·E.威廉森:《治理机制》,王健、方世建等译,中国社会科学出版社2001年版,第51页。
② 〔美〕奥利弗·E.威廉森:《治理的经济学分析:框架和意义》,载埃利克·G.菲吕博顿、鲁道夫·瑞切特编:《新制度经济学》,孙经纬译,上海财经大学出版社1998年版,第68页。
③ 同上书,第93页。

料、员工以及无形财产等各种复杂的资产,由于其资产具有高度的专用性,而采取市场合约的方式进行治理具有较高成本和较大的风险。因而,在这种情况下组成一个完全一体化的组织,同时将企业的所有权①配置给那些为企业提供初始资本的人便是这些商事公司最好的治理结构。②

而投资基金主要投资于各种有价证券,其所持有的资产大多是流动性非常高的金融资产,如在美国,投资公司的资产主要由现金、

---

① 在经济学文献中,企业所有权指对企业的剩余索取权和剩余控制权。剩余索取权是相对于合同收益权而言的,指的是对企业收入在扣除所有固定的合同支付(如原材料成本、固定工资、利息等)之后的余额(利润)的要求权。企业的剩余索取者也即是企业的风险承担者,因为剩余是不确定的、没有保证的,在固定合同中合同索取被支付之前,剩余索取者是什么也得不到的。剩余控制权指的是契约中没有特别规定的活动的决策权。参阅张维迎:《所有制、治理结构与委托代理关系》,载梁能主编:《公司治理结构:中国的实践与美国的经验》,中国人民大学出版社2000年版,第17页。

② 新制度经济学将企业看成是一系列合同的共同签署人,这些合同包括与原材料提供商或服务提供商的供应合同,与向企业提供劳动力服务的个人订立的雇用合同,与债券持有人、银行及其他资本供应方订立的借贷合同,以及与企业产品的买方订立的销售合同。一般来说,企业既可以通过与某一类客户订立普通的商业合同来获取所需的生产要素,亦可以选择让交易的对方成为企业的所有人的方式来取得各种资源。在一般的商事公司,企业与为其提供资本的客户之间进行的交易是以所有权的形式完成的,而与雇员、其他生产要素供应商的交易则是通过市场以合同的方式实现的。其原因在于这种所有权形式效率最高,相反,如果将商事公司的所有权配置给企业的其他客户,如经营者、雇员以及产品的购买者,而通过市场以负债的形式来取得企业经营所需要的全部资本,那么投资者极易受到所有人的机会主义行为的损害。如企业的所有人可以通过内部交易或者为自己支付过高的薪水或红利的方式来侵占公司的财产。此外,所有人还可能将借入的资金投资于高风险的项目,而这些项目一旦失败,受损害最大的无疑是债权人,而股东的风险却不会因此而加大。对于债权人来说,要求所有人在贷款时提供担保在一定程度上可以遏阻他们从事以上的投机行为。但是,对于一般的商事公司来说,其举债的目的一般是为了购买具有企业特质的财产,如厂房、企业的专用设备以及原材料等,因而这些资产并非是一个十分理想的抵押品,因为一旦企业违约,债权人要变卖这些物品需要付出较高的交易成本。一个变通的办法是让企业的所有人以个人的财产抵押或质押公司的债权人,但对于大型的商事公司来说,这种做法可能会因为太麻烦而无法实现。另一个办法是在贷款合同中设计特别条款,以限制企业投资于高风险的项目和向所有人任意分配利润,但在实践中恐怕很难设计出一个这样可行的条款,既能充分地保护债权人的利益而又不损及企业有效经营所必需的灵活性。如果允许债权人随便从企业中撤资,固然是一个保护债权人利益的较好的办法,但由于企业通常必须在某些特质资产上作长期的投资,因而以短期的贷款支持企业的长期投资会使企业因持续的重复融资而形成巨额的交易成本,同时还会使各债权人陷入一个多角的囚徒困境。而把企业贷款的期限与以贷款购买特质资产的使用寿命联系起来,在客观上又容易使债权陷入锁定的困境,反而使他们更容易受到所有人的机会主义行为的侵害。见〔美〕亨利·汉斯曼:《企业所有权论》,于静译,中国政法大学出版社2001年第1版,第76—79页。

具有流动转让性的证券(securities which generally are liquid and mobile and readily negotiable)以及在某种情况下包括商品期货和期权。①而且投资基金可以定期计算其净资产价值,一方面供投资者评估基金的绩效,另一方面作为计算投资顾问报酬的依据,因而,投资基金有一个客观可靠的评价标准对投资顾问的操作进行监督,投资者与基金管理人之间信息不对称的问题亦不如一般商事公司那么严重。同样正由于投资基金以有价证券作为其投资对象,通常不需像一般商事公司那样拥有特质资产,特别是开放式投资基金赋予投资者赎回权,其资产的流动性比一般公司上市的股份公司更强,投资者随时可以选择"用脚投票",通过市场本身可以对基金管理人产生较强的约束,因而,对于投资基金的投资者来说拥有像商事公司股东那样的集体决策权也就没有必要,在投资基金内部不需要设置专门性的监控机构。另外,对于投资基金来说,其对基金资产的经营管理仅限于对证券的分析,并根据分析的结果作出买卖证券的建议。因而从效率的角度来说,并无必要在基金内部设立一个类似于商事公司董事会和经理的专职经营阶层,其一般是通过合约委托外部的投资顾问对所投资的证券进行分析并作出投资建议,即使是在公司型的基金中设立了董事会,其成员也多半不是公司的雇员,其只不过是为了股东的利益对顾问的活动进行监督。②相反,如果在投资基金业中采用像一般商事公司那样的完全一体化组织,即基金持有人作为股东参与股东大会,通过股东大会选举董事组成董事会,由董事会聘任经理组成公司的日常经营机构,并由监事会作为公司的日常监督机构。那么,其在节约市场交易成本的同时必然增加大量的组织成本。因为对于基金持有人来讲,如果赋予其与商事公司股东相同的所有权,那么其就须面对三方面的成本:管理人员的监控成本,集体决策的成本和风险承担的成本。其中前两项成本与对公司的控制权这一权能相联系,后一项成本则直接与剩余索取权有关。对于基金持有人来说,他们可以通过分散投资来降低风险承担的费用。而市场机制以及政府的监管在对基金管理人员的监控方面完全可以发挥比其在对

---

① Thomas Lee Hazen, The law of Securities Regulation, 2ed, p.834.
② Report of the Securities and Exchange Commission on the Public Implication of Investment Company Growth, H.R. Rep. No. 2337, 89th Cong. 2d Sess. (1966).

商事公司董事的监控方面更大的作用,因而,在这种情况下赋予基金持有人像股东对公司那样的控制权亦属多余。

总之,传统私人信托向投资基金发展的动力可以解释为是为了节约交易成本,即通过组成一个组织,以节约通过市场进行交易的成本。投资基金通过规模运营,减少了交易费用和信息搜寻费用。同时,又通过专家理财提高了收益,通过组合投资分散了风险。而且,由于投资基金主要投资于各种流动性较高的有价证券,尤其是开放式的投资基金为投资者提供赎回服务,这又增加了基金资产的流动性。这就决定了所有的投资基金都是外部管理的(externally managed),他们并不像一般商事公司那样拥有自己的雇员。对基金持有人的保护也无须配置类似商事公司股东的对公司的控制权,其对基金管理人的监控主要是通过市场机制以及政府对基金管理人和托管人的严格管理来实现的。投资基金之所以采用这种法律架构,其动力正在于节约企业的组织成本。正如亨利·汉斯曼所指出的:当某一种所有权形式在某一个行业中处于统治地位时,就说明在这个行业中这种所有权形式要比任何其他所有权形式都更能节约成本。①

---

① 〔美〕亨利·汉斯曼:《企业所有权论》,于静译,中国政法大学出版社 2001 年版,第 30 页。

第二章 基金管理人的信赖义务研究(一)

第一节 信赖义务概述

基金管理人为投资基金的发起人和管理人,是投资基金的核心主体。基金持有人将资产交由基金管理人管理,同时依靠受托人对其利益进行监护。在投资基金领域,剩余控制权与剩余索取权不匹配是投资基金合约的本质特征,基金管理人拥有对基金资产的剩余控制权,而不享受基金剩余收入的索取权;基金投资者承担基金运作过程中的所有风险,但不拥有对基金的控制。国内外投资基金发展的实践也表明,基金的内部治理结构存在着严重的制度缺陷,即基金管理人在基金运营中一方面要为基金持有人谋取最大的利益,另一方面又要为其自身的股东谋取最大利益,这样就形成了基金管理人对基金持有人和其自身股东利益同时负有双重责任,但是,又缺乏有效的机制以防止基金管理人因自身利益而侵害基金持有人利益。从目前西方发达国家的实践来看,其主要是从两个方面着手来改善基金的治理结构:一方面,将强化基金管理人的信赖义务作为改善基金治理结构的基础。通过立法或法院的判例确立基金管理人对基金持有人负有信赖义务,并将基金持有人利益的惟一性和优先性作为基金管理人处理利益冲突问题的准则。另一方面,在管理架构上,通过基金托管人或基金董事会对基金管理人进行监督,并充分发挥独立董事的作用。本节主要对基金管理人的信赖义务的基本问题作一个比较全面的探讨。

一、受信人、信赖关系与信赖义务的概念

基金管理人作为为他人的利益而拥有权力、行使权力的人,在履行其职责时,其行为必须符合特定的标准,而这种特定的标准在英美普通法上通常称为信赖义务(fiduciary duty)。信赖义务及其派生概念受信人(fiduciary,亦称受依赖人)、信赖关系(fiduciary relation)源自衡平法的创造,近年来在英美法系国家得到广泛的引用,并且广泛应

用于公司法、代理法、合伙法以及合同法等商业法律领域。

从语源学的角度来考察,英文中的 fiduciary 一词来自于拉丁文中的"fides",其含义是诚信(faith)或信任(confidence)。[①] 至于 fiduciary 的含义,根据美国信托法权威 Austin W. Scott 的解释,受信赖人是指一个允诺为了他人的利益而行为的人,而不管这种允诺是否采用合同的形式,也不管这种允诺是否有偿。[②]《布莱克法律词典》也对 fiduciary 一词作出了一个比较权威的解释,其作为名词是指一个具有受托人特性或类似于受托人特性的人,该特性包含信赖和信任(trust and confidence),而这种信赖与信任要求其做到审慎的善意与诚实(scrupulous good faith and candor)。在西方国家,受信赖人以多种形式而存在,如代理人、合伙人、公司董事及管理人员、受托人、监护人、遗嘱执行人和遗产管理人、破产事务官等。而对信赖关系,有关的文献则将其解释为一个极为宽泛的概念,既包括严格法律意义上的狭义的受信任关系,又包括任何存在于一方信任或仰赖另一方的非正式关系,如受托人和本人之间、代理人和本人之间、律师和客户之间、监护人和被监护人之间、遗嘱执行人和遗产继承人之间的关系均属于信赖关系。对于被信任者身份(fiduciary capacity),《布莱克法律词典》解释认为,该术语并非适用于严格法律意义上的或明示的信托,而是适用于包括诸如律师、监护人、经纪人、公司董事以及政府官员等。最后,笔者认为**信赖义务**是为他人之利益将个人利益置于该他人利益控制之下的义务,这是法律所旨意的最高标准的义务。一般来说,只要当事人之间存在信赖关系,受信赖方就对另一方负有信赖义务。

学理上通常将信赖义务分为忠实义务和注意义务。注意义务是要求受信人在作出某项决策时,其行为标准必须为了委托人的利益,以适当的方式并尽合理的注意履行职责。忠实义务则要求受信人在行使其权力履行其职责时,其自身利益与委托人的利益一旦存在冲突,受信人则必须以委托人的最佳利益为重,不得将自身利益置于委托人的利益之上。对于基金管理人来说,注意义务实际上是对基金

---

① 张开平:《英美公司董事法律制度研究》,法律出版社1998年版,第150页。
② Austin W. Scott, The Fiduciary Principle, 37 California Law Review 539 (1949), p.540.

管理人称职的要求,而忠实义务则是对基金管理人道德的要求。①

二、信赖义务与信托义务的关系

信托关系也是一种信赖关系,不过这种信赖关系主要是涉及财产的移转与管理。英美国家的权威学者一般将信托界定为一种涉及财产的信任,持有财产者负有为他人利益管理处分该财产之衡平法上义务。或将信托定义为关于特定财产之一种信任关系,受托人系为他人之利益拥有该特定财产的法律上的所有权;而他人即为受益人,享有该特定财产衡平法上之所有权。②对于受托人(trustee),《布莱克法律词典》解释为是为他人利益而对财产持有普通法上的所有权的人。由于传统信托主要是作为一种家庭内部的财产移转的方式,受托人大多是作为世袭土地的保管人,因而受托人的积极的权力十分有限,其职责主要是持有和转让土地而无需进行其他的交易。在传统私人信托中,受托人的权力主要来源于委托人的授权,委托人在设立信托时通常在信托文书中详细地列举受托人的权力。

从上面的论述可以看出,信赖关系和信赖义务与信托关系和信托义务是两组既密切相关但是又存在差异的概念。一般来说,信托关系是信赖关系的一种。从起源来说两者都源于衡平法的创造,信赖关系本质上是信托制度在其他领域的扩张的结果,同样,信赖义务也是信托义务在非信托关系或类似信托关系的扩展或移植,因而,可以说信赖义务在精神实质上与信托义务是一致的。③需要指出的,由于信赖关系是信托关系从财产移转与管理领域向其他领域扩张的结果,因而,信赖关系所包括的范围要比信托关系广泛得多。信赖义务也不完全等同于信托义务,一般来说,信托义务由于适用于信托法的规定,而且由于信托关系主要是一种财产管理关系,因而受托人负有依信托目的管理信托财产的信托义务,其中主要是受托人不能利用信托为自己谋取私利,不能使自己处于受托人职责与个人利益相冲突的地位。④而信赖关系发生的领域较为广泛,而在不同的领域中,

---

① 王苏生:《证券投资基金管理人的责任》,北京大学出版社2001年版,第33页。
② 方嘉麟:《信托法之理论与实务》,台湾月旦图书出版公司1996年版,第41—42页。
③ 同注①书,第2页。
④ 何宝玉:《英国信托法原理与判例》,法律出版社2001年版,第184页。

委托人的授权及其遭受受信人滥用权力所受损害的程度也不一样，因而在不同类型的信赖关系中，受信人所应负的信赖义务的内容也不一样，在有的信赖关系中，如公司与董事、基金管理人与受益人之间，受信人还负有运用财产为委托人谋取利益的积极义务，因而信赖义务涵盖的范围要比信托义务要广泛得多，受信人的义务内容要视具体的信赖关系而确定，本身并无统一的标准。一般情况下，受信赖人所独立行使的权力越大，其所应负的信赖义务也就越重。比如信托受托人就比一个仅享有有限权限的代理人或仅作为董事会成员的公司董事或在一家新的公司中仅代表投资者的发起人负有更加严格的忠诚义务。所有这些人都是受信赖人，并且都负有忠诚的信赖义务，但是其所负义务的程度是不一样的。①

在现代社会，由于人们之间的商业交往日益密切，社会分工日益细化，专业化分工和集合投资在社会经济生活中起着越来越重要的作用。而这种由于专业化分工和集合投资(specialization and pooling)而发生的关系通常被归类为信赖关系。从某种意义上讲，现代社会正成为一个立基于信赖关系的社会。②正如 Mr. Justice Stone 在一个关于律师的公共影响(the Public Influence of Bar)的演讲中所指出的：如果要记载刚刚结束的金融世纪的历史的话，最大的错误或许在于未能给予信赖原则以应有的重视……任何一个理性的人都难于置

---

① Austin W. Scott, The Fiduciary Principle, 37 California Law Review 539 (1949), p.540.
② Tamar Franket 认为，依据各个时期占支配地位的社会关系和法律关系的不同，人类社会的发展实际遵循了一条从身份关系到契约关系再到信赖关系的发展的轨迹。在身份关系中，权力拥有者(power bearer)支配依附者(dependent)，而且依附者为维持其自身的生存，其自由是受到限制的，但是，权力拥有者为实现其自身的需要，在行使权力时亦要防止其权力被滥用。而在契约关系中，契约当事人为满足其自身的需要有许多的选择权，他们决定其自己的需要，并通过交换实现这些需要，法律为当事人提供平等的自由以使其就契约的内容作出独立的决策。信赖关系将契约关系的自由磋商与身份关系中的依赖性和权力的有限形式结合起来，委托人由于依赖受信赖人提供的特定服务而成为依赖他人生活的人(dependant)，然而，同合同的当事人一样，委托人可以在众多的受信赖人之间作出选择，同时可以就关系的条款进行磋商，受信赖人对委托人的需要几乎没有控制权。而且，与合同关系和身份关系不同的是，信赖关系的建立并不是为了满足双方当事人的需要，而是单纯地为了满足委托人的需要，因而委托人除遵守合同条款的规定以及法定的身份义务(legally fixed status duties)外并不因为该关系的存在而对受信赖人负有任何义务。Tamar Franket, Fiduciary Law, California Law Review, [Vol.71:795 1983] pp.799—802.

信,缺乏对这一原则的忠诚,立基于商业基础之上的经济能够持续发展。①一个信赖社会强调的并非是人们之间的利益冲突以及一个人对另外一个人的支配,而是强调人们之间的合作以及人们依据一个可接受并且强制性的标准而追求的共同的利益。

三、信赖义务的法律价值

任何一项法律制度都是以公正与效率作为其价值目标。信赖义务的价值亦体现在公平与效率这两个方面。

(一)公平

信赖义务源自衡平法的创造。而衡平法的首要价值目标就是追求公平与正义。与其他关系如合同关系不同,信赖关系实质上是指特定当事人之间的一种不对等的法律关系。即受信人处于一种相对优势的地位,而委托人则处于一种弱势的地位。从结构来看,信赖关系具有两个核心特征:一是受信人代替委托人,并为委托人提供服务;另一个核心特征是受信人从委托人或其他第三人处获得授权,且这种授权并非为了受信人自己的利益,而是为了使其更加有效地履行其作为受信人的职能。②信赖关系的本质是一方当事人即委托人依赖于另一方当事人即受信人提供特殊的服务。信赖关系的这两个核心特征都提出了一个基本问题:当受信人为履行其职能而必须授予其权力时,其在利用权力为委托人谋取利益的同时,亦为其创造了滥用权力并损害委托人利益的风险。因此,为保护委托人的利益,防止受信赖人滥用权力,法律就必须介入信赖关系,要求受信赖人对委托人负有信赖义务。

同法律对其他关系的规制不同,在信赖关系中,法律主要集中规制受信赖人行使其代理权,以防止其滥用代理权。而在不同的信赖关系中,受信赖人可能滥用权力的程度又各不相同,因而对不同的信赖关系亦应适用不同的规则,对受信赖人课以不同程度的信赖义务。如信托的受益人不能控制受托人而且被锁定在这种信托关系中,因而容易受到受托人滥权的损害。而在公司领域,一旦公司股东对董

---

① Austin W. Scott, The Fiduciary Principle, 37 California Law Review 539 (1949), p.555.
② Tamar Franket, Fiduciary Law, California Law Review, [Vol.71:795 1983] p.809.

事的行为不满,可以通过辞退公司董事或者出售其所持有公司的股份来规避损害,因而信托受益人比公司股东更容易受到受信人滥用权力的危害,相应地,信托受托人应该负有比公司董事更为严格的信赖义务。①可见,赋予受信人以信赖义务是为了矫正由于双方的地位不对等而造成的不公平的结果,以实现实质正义,因而从这个意义上讲,信赖法以及信赖义务奠基于浓厚的道德基础之上,其首要的价值是为了追求公平与正义,而且,这种道德要求比一般的商业道德要高。正如 Cardozo 大法官所说:在现实世界中,那些允许正常商业活动参加者所从事的某些行为,对于那些受信赖关系约束的人来说却是禁止的,受信赖人受到比市场道德更加严格的约束。他们的行为标准不单是诚实,还包括在最敏感的细节上也必须谨小慎微。②

(二) 效率

受信赖人的一个专门功能是就他人财产的管理或投资作出决策,由于在管理财产过程中,要求决策人对不确定性、未决的问题灵活地作出判断,因而难于为其行为设置详细的标准和准则。另一方面,委托人之所以将财产委托给受信人管理,是因为信任受信人的能力,因而,为了能从受信人的服务中获取利益,委托人必须授予受信人以自由裁量权,并尽可能避免招致因对受信人的过度监控所导致的过高的交易费用。相应地,受信人亦可能有更大机会去滥用权力及从事欺骗活动。

另外,在信赖关系中,委托人亦不像一般商事合同交易的当事人那样清楚地知道什么是其最佳利益,其在相当大的程度上须仰赖受信人来确定什么是他们的最佳利益。由于双方在专业知识上存在差异,因此,委托人亦难于起草一份详细的合同以确定受信人的义务,或者即使能够,其所需的交易费用亦是十分昂贵的。信赖义务只要简单规定,受信人负有义务为受益人的最佳利益服务并且限制自我交易即可降低交易成本。因而,信赖义务实际上相当于为当事人提供了一套标准化的合同条款以及对受信人的服务提供了一套强制性

---

① Tamar Franket, Fiduciary Law, California Law Review, [Vol. 71:795 1983] pp.824—825.

② Meinhard v. Salmon, 249 N.Y. 458 at 464, 164 N.E.545at 546. See Austin W. Scott, The Fiduciary Principle, 37 California Law Review 539 (1949), p.555.

的质量标准,将委托人在信息充分的情况下的合理期待法典化,以减少交易各方的缔约成本,提高交易的效率。①

总之,信赖义务体现了效率与公正两种价值的协调。由于该规则替代了成本较高的合同规则,因而是有效率的,说它是公正的,是因为其在某种程度上限制了受信赖人滥用权力及败德行为的发生。

第二节 基金管理人的法律地位

投资基金在结构上乃由基金管理人、托管人与受益人三方共同组成。在这个三位一体的结构中,基金管理人处于核心地位,全面负责基金资产的管理和运营。因而如何界定基金管理人的法律地位对确定其权利和义务具有十分重要的意义。

基金管理人有广义与狭义之分。广义的基金管理人的功能是负责开发、销售和管理基金,主要业务包括发起设立基金、销售基金、基金投资组合管理、基金的日常事务管理等。狭义的基金管理人是指基金投资组合管理人,主要负责基金资产的运用,包括投资决策和投资策略的制定和实施。在基金产业的发展初期,一般是由投资组合管理人发起设立基金,并负责基金销售、基金投资组合管理以及基金的日常事务管理等,即自己发起的基金自己销售、自己管理。随着金融市场的发展,投资组合管理业务呈现出越来越专业化发展态势,基金开发、销售与投资管理的功能也开始发生分化,原来单一的基金管理人(广义的基金管理人)就分解为基金的开发商、销售商和投资顾问商(负责投资组合管理,亦即狭义的基金管理人)三个功能性实体。本书所研究的基金管理人主要是指狭义的基金管理人。

基金管理人的法律地位实际上可以从两层面来界定,一是从投资基金作为法律主体的角度来界定,二是从基金管理人与基金托管人和基金持有人之间的关系的角度来理解。由于投资基金一般都是通过外部的专业服务提供者来进行管理的,因而,后者对于准确地界

---

① 信赖原则作为一种选择提供了详尽的允诺和额外的监控,它以事后的阻吓代替了事前的监控。信赖原则最接近投资者和经理在无交易成本的情况下所达成的交易。这些规则保留了从经营管理与风险负担分离所产生的利益,同时限制了经理将其自身的个人利益置于投资者利益之上的能力。Frank H. Easerbrook & Daniel R. Fischel, The Economic Structure of Corporate Law, Harvard University Press 1991, pp.92—93.

定基金管理人的权利和义务更为重要。

首先,从投资基金作为一个具有独立人格的法律主体这个层面来说,基金管理人无疑是作为投资基金这一主体的管理机构。需要指出的是,实务中,基金管理人通常作为投资基金的创立者,从事发起设立投资基金的活动,如制定有关法律文件并向主管机关提出设立基金的申请,并且须认购或持有一定数量的基金单位。[①] 因而,基金管理人同时又具有发起人的身份,其地位实际上相当于设立中的机关,负有与公司发起人相类似的权利和义务。如果基金设立成功,那么因发起人发起设立基金行为所引起的权利与义务则由投资基金来承担;如果发起设立基金失败,发起人由于其发起设立基金行为所产生的义务和责任则由其自己承担。根据我国《证券投资基金法》的规定,在基金募集期届满,所募基金份额不能达到法定规模的,基金管理人须以其固有财产承担因募集行为而产生的债务和费用,在基金募集期限届满后30日内返还投资人已缴纳的款项,并加计银行同期存款利息。[②] 英国的有关判例亦认为,单位信托的经理亦是发起人,并且,作为发起人其属于基于身份的受信人。因而,经理对单位持有人负有信赖义务。[③]应该强调的是,这种受信人的地位只限于其从事与基金的发起设立有关的活动,如发行招募说明书或者计划细则以及代表投资基金购买财产等等。当基金正式成立以后,基金管理人负责基金资产的管理和运营,实际上相当于基金的管理机关。

其次,从基金管理人作为基金契约的订约方与托管人与基金持有人的关系来考察基金管理人的法律地位。尤其是在信托型投资基金,基金管理人、基金托管人与基金持有人通过基金契约组成了三位一体结构,在这一结构中,如何来界定基金管理人的法律地位?换言之,基金管理人的法律地位是在信托关系之中,还是在信托关系之外?如果在信托关系之外,那么又如何确定其与基金托管人之间的关系?如何确定其与受益人之间的关系?如果是在信托关系之内对

---

① 在我国可以作为投资基金发起人的组织比较广泛,但作为主要发起人的只能是按照国家有关规定设立的证券公司、信托投资公司、基金管理公司。

② 《中华人民共和国证券投资基金法》第46条第2款;《证券投资基金管理暂行办法》第13条第2款。

③ Elders Trustee and Executor Co. Ltd. v. EG Reeves Pty. Ltd., See Kam Fan Sin, The Legal Nature of the Unit Trust, Clarendon Press, Oxford, 1997, p.70.

基金管理人进行定位,那么其究竟是委托人还是受托人抑或是受益人? 因为基金管理人是与托管人和受益人并列为单位信托结构中的三方主体。如果在信托关系之外对基金管理人进行定位,则又如何解释基金管理人又是基金契约的签约主体,而基金契约是单位信托得以设立的一个不可或缺的法律文件?

在实务中,基金契约通常由基金管理人和基金托管人订立,① 投资者通过认购基金受益凭证而加入到基金契约中来。② 从这个意义上讲,基金契约是基金管理人、托管人以及基金持有人等各方就投资基金的设立和运作事务而作的一种规范性和长期性的安排,各方当事人亦通过一个基金契约组合在一起,基金契约实际上类似于一般商事公司的章程③。基金管理人管理和运作基金资产的权利、义务和

---

① 在我国有关投资基金规范性文件中,亦将基金发起人作为基金契约的一方当事人。《证券投资基金管理暂行办法实施准则》第1号〈证券投资基金契约的内容与格式(试行)〉第2条规定凡在中华人民共和国境内申请设立证券投资基金(以下简称基金),基金发起人或者由基金发起人委托的基金主要发起人应当按照本准则的要求与基金管理人、基金托管人订立证券投资基金契约(以下简称基金契约)。并将基金发起人列入基金契约当事人一项,而且基金发起人亦须在基金契约上签章。然而,从法理上来分析,上述规范性文件的做法确实值得进一步推敲。首先,从功能上讲,发起人相当于设立中的基金机关,其活动主要是在基金成立之前,其权利与义务也主要集中在基金成立之前,在基金正式成立之后,发起人就退出了基金的运作。尽管在实务中,大多数基金发起人同时由基金管理人兼任或者由基金管理人作为主要发起人。但是,并不能因此就说基金发起人就是基金管理人。其次,从各国的作法来看,基金发起人的权利与义务基本上是通过发起人协议来约定的,很少有将基金契约与发起人协议合而为一的,事实上我国的《证券投资基金管理暂行办法》亦要求基金发起人订立发起人协议,因此,认为不将基金发起人作为基金契约的当事人就无法约束其行为,赋予其义务的担心是多余的。再次,基金发起人与基金当事人所应承担的责任的范围是不同的。依据一般的法理,基金发起人之间的关系一般为合伙关系,在基金不能成立时,每个发起人对设立基金行为所造成的后果须承担无限连带法律责任。而基金契约当事人通常依照基金契约的规定来承担责任,并不承担连带责任。

② 实务中,我国基金契约通常均规定有如下的条款:基金投资者购买本基金单位的行为即视为对本基金契约的承认与接受,基金投资者自取得依基金契约而发行的基金单位,即成为基金持有人和本基金契约的当事人。基金持有人作为当事人并不以在本基金契约上书面签章为必要条件。可参见《华夏成长证券投资基金契约》第3条。

③ 对于公司章程的性质在学术界存在分歧,部分学者认为章程具有契约性质,多数学者认为章程应属公司依法制定的自治法规或规章。笔者赞同这样一种观点,即自治规则是公司章程的本质属性,但公司章程同时亦兼有契约性质。对此论述,请参阅范健、蒋大兴:《公司法论》,南京大学出版社1997年版,第218页。笔者认为,基金契约同样具有投资基金自治规章与契约的双重属性。从基金契约一经订立,不仅对参与订立基金契约的发起人、基金管理人与基金托管人具有约束力,而且对以后加入基金契约的人和特定条件下的第三人也有约束力这点来看,其效力不仅限于制订基金契约的当事人之间,其性质应属于投资基金的自治规章。然而,基金契约毕竟是由基金发起人与基金管理人、基金托管人订立的,体现了各方的合意。实务中,在基金契约中通常亦对基金当事人的违约责任作出规定。因而,基金契约同时又具有某些契约的属性。

责任亦来自基金契约的规定。

一、基金管理人是否为信托受托人

日本、我国台湾地区以及近年中国内地的一些学者多在信托关系中对基金管理人进行定位,并且形成了投资基金信托结构的"二元论"(即分离论)与"一元论"(即非分离论)的两大流派,对基金管理人的法律地位则形成了形式上的委托人,实质上的受托人抑或共同受托人等几种观点[①]。不管是哪种学说,其目的都是为了解决基金管理人对基金持有人负有信赖义务的问题。然而,从信托原理来说,又很难说基金管理人就是受托人。首先在基金管理人、托管人和基金持有人之间是否存在双重信托,是值得怀疑的。因为,不管是投资基金前身——授产契约公司还是单位信托都是通过信托契约(在投资基金中称之为基金契约)而将三方当事人结合在一起,信托只是该契约的一部分。即使在我国基金管理人与基金托管人之间签订一个托管协议,也只不过是对基金契约中有关基金资产的保管条款作出补充,事实上完全可以把托管协议的内容包含在基金契约中,而无须由基金管理人与基金托管人另行签订这样一个协议。其次,依信托法理,信托关系的核心为信托财产。从大陆法国家对信托的理解来看,委托人移转财产于受托人是信托成立与生效的一个必备的要素,信托财产不再存在,信托关系亦自消灭。基金管理人虽然负责基金资产的管理和运营,但是其并不持有基金资产,因而,基金管理人是实质上的受托人亦不符合信托法理。从英美等国的学说和判例来看,基金管理人并不被认为是受托人,但由于基金管理人拥有管理基金资产的权力,而权力产生信赖义务。究其原因,在于衡平法除了有信托法以外,还在信托法的基础上发展了受信任者法,在司法实践中通过受信任者法赋予基金管理人以信赖义务而无须将其认定为受托人。然而,由于法律传统不同,大陆法国家在引入信托制度时不可能同时引入受信任者法,因而在学理上希望通过将基金管理人解释成形式上的委托人与实质上的受托人,使当事人之间的关系既符合大陆法

[①] 陈春山:《证券投资信托契约论》,台湾五南图书出版公司1987年版,第96—98页;中国证券业协会基金公会编:《证券投资基金法规体系研究》,中国法制出版社2002年版,第96—100页。

信托关系的特征,同时又能赋予基金管理人信赖义务,以达到保护投资者利益的目的。然而,从投资基金内部的架构来看,这种解释又确实比较牵强,显然,基金管理人的法律地位不可能在信托关系中进行定位。

二、基金管理人与基金托管人之间的关系分析

在投资基金的管理和运作中,基金管理人和基金托管人作为投资基金的管理机关分别行使管理和保管基金资产的职能。这是法律为保护基金资产的安全而对投资基金内部组织构架的一个强行的规定。我国新颁布的《证券投资基金法》对基金管理人和基金托管人的分设及两者的权力和职责作出了规定。但是,与一般商事公司的内部结构不同,投资基金并未像一般商事公司那样将其中管理机构"内部化",而是通过委托外部的专业服务提供者来进行管理,因而,基金管理人与基金托管人尽管作为投资基金的管理机关,但其并未完全内化为商事公司董事会与监事会那样的组织机构,其本身依然是作为独立的实体而存在的。在此我们要分析的是,在投资基金的设立与运营过程中,作为外部机构的基金管理人与基金托管人之间究竟是什么关系呢?

尤其是在投资基金的设立阶段,由于我国的基金托管人都不参与基金的发起设立,因而,基金托管人与基金管理人显然并非作为共同发起人。然而,基金管理人与基金托管人订立基金契约又是投资基金设立必不可少的一道法律程序,实践中,根据我国《证券投资基金管理暂行办法》的规定,基金管理人和托管人除作为基金契约的两个独立缔约方外,还须另行签订托管协议。并且《证券投资基金托管协议的格式与内容》明确规定了订立托管协议的依据是《证券投资基金管理暂行办法》、基金契约和其他有关规定。基金托管人和基金管理人订立基金契约和托管协议的目的就是为了设立投资基金。从商业运作的角度来看,其设立投资基金的目的主要又是为了通过提供专业服务,以获取服务费。在基金契约中,他们要对基金设立和运营过程中重大事宜作出约定,这些约定构成了基金设立与运作的基本法律框架,包括基金的募集与设立,基金的申购、销售与赎回,基金的注册登记,基金的投资目标、策略、范围及限制,基金的信息披露,基金资产的估值与收费,基金的收益及分配政策,基金当事人及其各自

的权利与义务等。此外,基金管理人还要与基金托管人签订一个基金托管协议,对基金持有人名册的登记、基金资产的保管、管理和运作及基金管理人与托管人相互监督等相关事宜中的权利、义务及职责作出具体的约定,保护基金持有人的合法权益。因而,基金管理人与基金托管人作为基金契约的独立缔约方,在他们之间显然存在一种合同关系,旨在建立一个有利于各当事人的利益共同体。

三、基金管理人与基金持有人之间的关系

如前所述,在基金单位的认购和转让时的合同意图已经表现得很明显。投资者申购单位可以构成要约,基金管理人发行基金单位则构成承诺,而正是投资者的这一意思表示行为使其成为基金契约的当事人。如果投资者通过转让而获取单位,受让人向基金管理人或其代理人申请基金单位转让的注册以及权利凭证的发行在基金管理人和受让人之间形成了一个合同。在基金管理人和基金持有人之间不难发现存在一个合同关系。[①]

那么基金管理人与基金持有人之间是什么类型的合同关系?由于基金管理人主要进行投资决策,而不持有信托财产,因而难于将基金管理人与基金持有人之间的关系定位于信托关系,基金管理人与基金持有人之间的关系显然是一种委托关系,这从我国现行基金契约中对基金管理人的权利和义务的规定中大体可以得出如此的结论。如在我国基金契约一般都要规定:基金管理人接受基金发起人及其他基金持有人的委托,为基金持有人的利益管理和运用基金资产,必须恪尽职守,履行法律、法规和中国证监会及基金契约规定的义务。基金管理人自基金成立之日起,依法独立运用基金资产并独

[①] 值得注意的是《〈证券投资基金管理暂行办法实施准则〉第 1 号〈证券投资基金契约的内容与格式(试行)〉》列出了基金发起人、管理人和托管人作为基金契约的三方当事人,不包括基金持有人。对此,多数学者提出批评,认为不能以基金持有人未参加基金契约的订立而将基金持有人排除在基金当事人之外。因为基金投资者自取得依基金契约而发行的基金证券,便依基金契约及其他有关规定享有权利、承担义务,其持有基金单位的行为本身即表明其对基金契约的承认与接受。作出这一安排的原因是因为基金投资者人数众多而且经常处于变动之中,不可能由每一个投资者都参与基金契约的订立。这类似于股份公司的情形,投资者认购了公司股票的行为本身即表明其对公司章程的承认与接受。吴弘主编:《中国证券市场发展的法律调控》,法律出版社 2001 年版,第 223—230 页;叶俊英:《略论证券投资基金若干基本法律问题》,载中国证券业协会基金公会编:《证券投资基金法规体系研究》中国法制出版社 2002 年版,第 120—134 页。

立决定其投资方向和投资策略。基金管理人可以代表基金对所投资公司行使股东权利。

既然基金管理人与基金持有人是一种委托关系,那么基金管理人自然应依委托合同的法理、有关基金的法律法规及基金契约的规定负有信赖义务。由于基金管理人是提供资产管理服务的专业机构,其理应负一个专业人士所应负的更高标准的信赖义务,而无须为赋予其信赖义务而强行将其定位于信托关系的受托人。

第三节 基金管理人的注意义务

一、注意义务的概念

注意义务是指民事主体在从事各种民事活动时,应以诚实、善意的态度行使其权利、履行其义务,在处理当事人之间的利益关系时,要尊重他人的利益,以对待自己事务的注意对待他人事务。在行使自己的权利、履行自己的义务时,不对他人的利益造成损害。注意义务是诚实信用原则的内在要求。

注意义务要求行为人在已经或应该预见到自己的行为已违反法律或道德的要求、且将对他人造成损害后果时,应该合理地排除此种危险状态。注意义务必要的标准包括两种不同的品质因素:一种是积极主动和努力的因素,另一种是技能和判断的因素。[①]在具体情况下行为人所负的注意义务的标准随着当事人之间法律关系性质的不同而发生变化。一般来说,注意义务包括一般注意义务和特殊注意义务。[②] 一般注意义务是指法律规定不得侵犯他人的财产和人身的注意义务。特殊注意义务是指在当事人之间存在某种特定关系时,当事人应负的特殊的注意义务。如道路车辆驾驶人员应该谨慎行车以免伤害行人;医生、律师和其他专门职业者有义务慎重对待自己的病人、当事人和其他服务对象。特殊的注意义务存在于当事人的实际关系之中,并不依赖于任何合同而独立存在。[③]

[①] George G. Bogert & Dallin H. Okas, Cases and text on the law of Trusts, fifth ed. The Foundation Press, Inc. 1978, p.313.
[②] 王利明主编:《民法·侵权行为法》,中国人民大学出版社 1993 年版,第 157 页。
[③] 王家福主编:《中国民法学·民法债权》,法律出版社 1991 年版,第 469 页。

在民法领域,同过失的概念相对应,通常存在三种程度不同的注意义务,即轻微的注意(slight care)、普通的注意(ordinary care)和重大注意(great care)。[①]轻微的注意是一个普通谨慎之人在处理其自己的轻微的事情(of slight importance)时所运用的注意。普通的注意是一个普通注意和谨慎之人,在相同或类似情况下习惯运用的注意。或者是这样一种程度的注意,即一个普通谨慎之人处于当事人情形下所合理期待的注意,亦即合理的注意(reasonable care)。合理的注意是这样一种程度的注意、小心和勤勉,即在考虑行为或标的物的性质以及交易所处的环境后,会公平或合理地期待或要求的注意、小心或谨慎。重大注意是一个普通谨慎之人在处理自己的重大事情时所运用的注意。

基金管理人作为受人之托、代人理财的投资专家,亦应负有积极的勤勉和注意义务。我们知道,投资者将资金托付给基金管理人是基于对其拥有专业的投资知识的信赖,并希望通过运用其专业技能为投资者带来丰厚的投资回报。基金管理人的一个专门职能是就他人财产的管理或投资作出决策,而这种决策极具自由裁量权的性质。而当基金管理人行使其自由裁量权时,对于委托人来说存在两方面的风险,一是基金管理人滥用权力并损害委托人利益的风险,另一种是基金管理人怠于勤勉尽职的风险。因而必须对基金管理人的权力进行规制。忠实义务实际上是对基金管理人的道德方面的要求,是其道德义务的法律化。而注意义务是对基金管理人的称职方面的要求,是保证基金管理人充分施展其专业技能,为投资者谋取最大的投资回报的前提。

不管是通过忠实义务还是注意义务对基金管理人进行规制,其目的都是要在限制基金管理人滥用权力以防止对委托人产生损害,和赋予基金管理人自由裁量权以给基金持有人创造更大福利这两种需求之间求得平衡。需要指出的是,基金管理人违反注意义务的后果与受托人违反忠实义务的后果不同。基金管理人违反忠实义务的情况下,即使基金管理人没有给基金资产造成损失,依然应该承担责任。但是在基金管理人违反注意义务的情况下,只须因其过失而给基金财产造成损害,才承担责任。

---

① Black's Law Dictionary, West Publishing Co., 1979 Fifth ed., p.193.

二、注意义务在英美法上的变迁

如前所述,在大陆法系国家引入投资基金制度时并没有同时引入受信赖人法,因而在分析基金法律关系时,往往将投资基金尤其是信托型的投资基金定性为信托,基金管理人也理所当然地被定位于受托人,并以此为前提对其所应负的义务进行解释。就忠实义务来说,基金管理人和受托人相差不大,但在注意、勤勉义务方面,二者之间则存在较大的差异。

从英美国家受信赖人法的发展情况来看,受信赖人的信赖义务在英美国家的发展经历了一个从普通法、衡平法所确定的信赖义务到由成文法直接规定的过程。之所以会发生这样的变化,是由于商业的发展需要赋予受信赖人以更大的自由裁量权,为保护投资者的利益需要对受信赖人的这种权力以适当的制约,而通过成文法的规定可以进一步强化受信赖人的义务,以防止受信赖人滥用其自由裁量权。注意义务也同样经历这样一个变化发展的过程。

由于传统信托主要是作为一种家庭内部的财产移转的方式,受托人的职责主要是持有和转让土地而无需进行其他的交易,因而其积极的权力十分有限。相应地,受托人所负的注意义务的程度也较低。其主要义务是为受益人的利益消极地持有财产,即使需要对信托财产进行管理也只要行使一个普通谨慎和勤勉之人在管理其自身事务时所应有的谨慎和注意,其对信托资金的运用则主要限制在信托契约允许的范围,并且应尽可能避免那些容易招致风险的投资。① 与此相适应,委托人或受益人对私人受托人的要求,也主要是较注重受托人的诚信品格,而非其能力,这也是与保存信托资金比信托资产增值更为重要的传统信条联系在一起的。② 对于传统的私人信托受托人来说,其责任通常只是谨慎地保有和维护其控制的资产,并避免信托资金遭受各种风险,如果他们用信托资产去从事投机性的事业,那就可能被撤销资格。③ 可见,对于私人信托的受托人来说,其所负的

---

① Kam Fan Sin, The Legal Nature of the Unit Trust, Clarendon Press, Oxford, 1997, p. 206, note 100.
② Id., p. 207.
③ 〔美〕罗伯特·W.汉密尔顿:《公司法概要》,李存棒译,中国社会科学出版社 1999 年版,第 249 页。

是一种消极的防止信托财产遭受损失的注意义务。

随着公司作为一种商业工具广泛运用于经济生活中,注意义务的性质和内容也发生了变化。1844年以前,由于当时的大多数合股公司都不是依照公司法的规定正式组建的公司(unincorporated company),公司的效力依赖于授产契约(a deed of settlement),授产契约将公司的财产委托给受托人。通常董事就是公司的受托人,甚至当被动受托人与经营董事已作明确区分的情况下,就其处理信托财产的权力来说,衡平法院仍然将其看成是受托人。[1]因而,当时的学者在论述董事的地位时将其看作是公司的受托人,并且亦以此为基础对其所应负的义务进行解释也就是顺理成章的事情。

对于那些依照公司法的规定组建的公司(incorporated company)来说,尽管将董事看成是公司的受托人并不恰当,但是在当时法院处理有关公司的争议时,通过类比的方式将其看成是受托人并运用信托法的法理来界定其地位、权利和义务又是再自然不过的事情。从董事的信赖义务的结构来看,其忠实义务和善意义务(the duty of good faith)类似于私人受托人(trustee of will or settlement)所负的义务。但将其所应负的注意和勤勉义务类比为受托人却比较勉强。因为私人受托人所需要的谨慎是为避免信托资金遭受各种风险。而商业公司的董事们在履行其职务时则必须冒一定的风险以为其公司或公司成员创造尽可能多的利润,因而,公司董事又须负有积极注意和勤勉义务。随着商业的发展,公司经营的领域不断扩大,公司董事在经营管理方面的自由裁量权亦得到进一步的扩张,其所负的注意义务也经历了一个从主观标准到客观标准,从较低的标准到较高的标准的演变过程[2]。

基金管理人作为受信赖人应负有比私人受托人更高的注意义务。这是因为投资者投资于基金的目的在于利用基金管理人的专业知识获取比其自己亲自投资更高的投资回报,而且基金管理人不同于传统的私人受托人的是基金管理人是提供投资管理专业服务,并以此向投资者收取报酬的专业服务机构。同私人受托人相比较,基

---

[1] Gower's Principles of Modern Company Law, Sixth ed., by Paul L. Davies, London, Sweet & Maxwell, 1997, p.558.

[2] Id., p.641.

金管理人拥有资金、信息、研究等资源优势,亦有能力提供较高的专业服务。因而对基金管理人来讲应负更高的注意义务,否则投资者的目的就会落空。另一方面,由于投资基金的运作机制决定了基金管理人拥有比私人受托人甚至一般商事公司董事更大的自由裁量权,这也决定了必须赋予基金管理人以更高的注意义务标准,以在激励基金管理人勤勉尽职和防止基金管理人滥用权力之间求得平衡。因而对基金管理人注意义务应采用客观的标准,这也和英美国家判例法注意义务的发展趋势相一致。

三、基金管理人注意义务的一般标准

一般来说,基金管理人注意义务的客观标准应是一个投资专家的标准。杰克逊和鲍威尔在《职业过失》(Profession Negligence)一书中认为专家应具有如下四个特征:其一,工作性质属于高度的专门性,其中心不是体力工作而是精神的、判断的工作;其二,重视高度的职业道德和与顾客的信赖关系;其三,大都要求一定的资格,并由专家集团维持一定的业务水平;其四,具有较高的社会地位。[①] 基金管理人无疑具有上述专家的特征。由于基金管理人主要是运用其专业知识从事证券市场的投资业务,其工作内容具有高度的专门化,这就要求其具有较高的专门化的技能,并且不能以其能力、技能不足作为免责理由,因而,其所应具备的能力、技能和注意义务的标准有客观化的趋势。

从各国基金法规的规定来看,一般都在审批基金管理人的资格时设定一些资格和条件,以保证基金管理人拥有从事基金管理业务最基本的能力和技能。如我国《证券投资基金管理暂行办法》第24条除了对设立基金管理公司的一般条件作出规定外,还规定基金管理公司必须有明确的管理计划,必须有合格的管理人才。《证券投资基金法》第9条规定,基金从业人员应当依法取得基金从业资格。中国证监会颁发的《基金从业人员资格管理暂行办法》第7条规定,基金从业人员申请基金从业资格,应当具有大学财经、法律等证券相关专业专科以上学历;或具有其他专业本科以上学历,并有从事二年以上证券业务或三年以上其他金融业务的工作经历,具备证券、金融、法律

---

① 〔日〕能见善久:《论专家的民事责任》,梁慧星译,载梁慧星主编:《民商法论丛》(第五卷),法律出版社1996年版,第504—505页。

等专业知识,并且还要通过中国证监会或其授权的机构组织的基金从业资格考试。如基金管理人及其从业人员符合这些条件实际上就保证了基金管理人在从事基金业务时具备最基本的技能和能力。此外,各国基金监管机关为保证基金管理公司稳健、有效运行,都注意通过指引或指导意见的形式,为基金管理公司建立一整套内部控制制度,包括风险控制制度、投资管理制度、基金会计制度、信息披露制度、公司财务制度等,基金管理人在管理和运作基金资产时遵循了这一系列的制度,亦就履行了必要的勤勉与谨慎的义务。如中国证监会制订的《基金管理公司内部控制指导意见》第24条规定基金管理公司投资决策业务控制主要包括:(1)投资决策应当严格遵守法律法规的有关规定,符合基金契约所规定的投资目标、投资范围、投资策略、投资组合和投资限制等要求。(2)健全投资决策授权制度,明确界定投资权限,严格遵守投资限制,防止越权决策。(3)投资决策应当有充分的投资依据,重要投资要有详细的研究报告和风险分析支持。(4)建立投资风险评估与管理制度,在设定的风险权限额度内进行投资决策。(5)建立科学的投资管理业绩评价体系。因而,基金管理人在投资决策时是否履行了必要的注意义务亦须以其是否遵循了这样一个决策程序来进行判断。

四、现代投资理论对基金管理人注意义务的影响

基金管理人的主要职责是利用其专业知识管理运作基金资产为投资者带来最大的投资回报。而在不同的发展阶段,由于社会经济背景不同,投资者的投资目标各异,与此相适应的投资理念也存在重大差异,因而基金管理人注意义务的实质内涵亦各不相同。

(一)法定投资列表制

法定投资列表起源于英国。依照英国衡平法,受托人的权力来源于委托人的授权或法律的规定。由于传统受托人的职责主要是持有和转让土地而无需进行其他的交易,其积极的权力十分有限,其仅拥有信托文书明确授予的权力。受托人应严格依照信托文书中的授权来进行投资,如信托文书授权范围不明,受托人也可以请求衡平法院进行解释,随后立法机关通过成文法开列允许受托人投资的清单,如英国1925年《受托人法》第2条具体地将该法允许的全部投资分为两个部分:较窄范围的投资和较宽范围的投资,并且通过附表列出了

具体的投资项目或对象。因而,受托人的职责是在信托文书或者该法许可的范围内进行投资。只要其是诚实行事,具有一般的谨慎,并且其投资没有超出规定的投资范围,即使信托财产因此而遭受损失,受托人也不承担责任,而应由财产的实际所有者即信托受益人来承担损失。① 美国后来亦借鉴英国的规定,以成文法的形式开列受托人必须或可以进行的投资种类,如美国法律和法院规则一直认为信托资金投资于政府发行和担保的债,如国库券或住房所有人贷款公司债。州法允许投资于其本州发行的债②。

法定投资列表的缺陷主要表现在两个方面:

一是投资方法僵化。受托人或其他受信赖人一般须将其投资限制于这些列表限定的种类,不能超出列表的范围,否则就须对此承担责任。如果措辞是许可性的,受托人则"可以"超出列表的范围进行投资,但是,如果他进行了该项投资,则须证明其在进行该项投资时尽了一个谨慎的人为了信托的目的本应从事的投资。③可见,法定投资列表在减少受托人的自由裁量权的同时亦减轻了受托人注意义务。

二是投资标的的保守性。只允许受托人投资于较高等级的债券,如政府债券、公用事业债券、第一不动产抵押债券等,一般不允许投资于公司普通股等股权性证券。

法定列表制度是与土地作为社会财富的重心以及信托主要是作为一种家庭内部的财产移转的方式相适应的。随着社会经济的发展,投资条件的变化,金融工具的不断创新,社会财富的重心由土地转变为各种金融资产,各种金融资产也成为信托的主要资产,这就使得信托的受托人不再像以前那样仅仅是消极地持有信托财产,而要求其积极地履行一系列的投资和管理的职能以适应市场的变化,传统信托法限制受托人权力的那一套体制便日渐不合时宜。因而从1940年开始,美国的大多数州都摒弃了法定投资列表制度而采取谨慎投资者规则。它们通过所谓的"谨慎人"规则来规制基金管理人的

---

① 何宝玉:《英国信托法原理与判例》,法律出版社 2001 年版,第 266 页。
② George G. Bogert & Dallin H. Okas, Cases and text on the law of Trusts, fifth ed. The Foundation Press, Inc. 1978, p.324.
③ Id., p.323.

投资行为。

（二）谨慎投资人规则

谨慎投资人规则要求受托人或受信赖人在管理运作信托资产时负有运用通常谨慎的人在处理自己财产时所应有的谨慎和技能的义务，如果受信赖人拥有高于通常谨慎人的技能，或者表明其具有特殊的技能，则应负有上述更高标准的注意义务。基金管理人作为专业受托人，其应比一般受托人负有更高标准的注意义务，以最大限度地追求投资的效率。

一般来说，谨慎投资人规则应包括三个方面的内容[①]：

注意的需要：即基金管理人在投资前，应以合理的注意对投资对象的安全性与收益性进行调查，必要时还得征求各方面专家的意见，以供参考。

技能的需要：包括(1) 客观标准，即基金管理人应具备与所从事的投资行为相适应的技能；(2) 主观标准，即基金管理人应竭尽全力，最大限度地发挥才能。

谨慎的需要：基金管理人应谨慎行事，以合理的方式获得合理的收入，尽量避免投机性行为。

70年代以后，各国放松金融管制，金融创新的速度加快，资本市场得到迅速的发展，谨慎投资人规则在实践中也受到越来越多的质疑。因为依谨慎投资人规则，如果受托人在作出每一项投资决策之前没有证实其合理性，那么他就可能对由此而导致的不佳效果负责，而不管有价证券组合的业绩如何出色。这种方法的不利后果主要表现在三个方面[②]：

首先，依谨慎人规则，基金管理人须对每一笔投资的合理性负责，因而基金管理人就须花费大量的时间和精力去不断地发现那些有投资价值的股票，同时对已构成组合资产的证券进行充分的调查，以判断其市场价格是否超过实际价值，并决定是否出售，而基金管理人花在这方面的成本往往会超过这些证券为组合资产带来的收益。

---

① 何孝元：《信托法之研究》，载《中兴法学》第10期，转引自陈春山：《证券投资信托契约论》，台湾五南图书出版公司1987年版，第181—182页。

② 〔美〕理查德·A.波斯纳：《法律的经济分析》(下册)，蒋兆康译，中国大百科全书出版社1997年版，第574页。

其次,仅仅由于发行有价证券的公司的收益前景不佳,受托人无法对完全合适的证券进行投资。即使是不景气甚至是濒临破产的公司,其股票也未必就完全无投资价值,因为企业的经营不佳或出现重大亏损,其股票价值往往下跌的幅度很大,在这种情况下,这类企业的股票往往会低于其实际价值。如能以较低的价格投资于这些企业的股票,也有可能为投资者带来收益。但依谨慎人规则基金管理人如投资于这类企业的股票则通常会被认为是不审慎的。

最后,将谨慎人规则应用于循环投资会使受托人持有的有价证券组合多样化不足。这是因为,如果基金管理人要调查他想购买的每一种股票并在购买后密切关注它,那么由于时间和精力的限制,他在其有价证券组合中能持有的不同的股票种类将会是有限的。而有价证券组合中多样化不足会使投资者遭受无法补偿的风险,而这种风险本来是可以通过低成本的分散化投资而消除的。

(三) 现代组合投资理论对基金管理人注意义务的影响

近年来,现代投资组合理论的发展对传统谨慎人规则提出严重的挑战。根据该理论,证券市场上不同的有价证券之间其风险性和预期收益各不相同。通过有价证券的组合设计可以改变证券被单独考虑时的风险状况。由于在包括许多种不同普通股的有价证券组合中,随机分布的有价证券风险最终是趋于相互抵消的,所以这就会产生一种无风险的有价证券的组合。① 某些个别的投机性投资,可促成投资的多样化,只要其不使投资组合变化过大,就不会对整体投资产生过大的风险。因而,该理论对传统谨慎人规则限制受托人投资权力的做法提出了强烈的批评,极力主张受托人在选择投资上应有更大的自由。

同传统的谨慎投资人规则相比,现代投资组合理论更为强调的不是对个别证券的评估,而是有价证券组合的成果和多样化的义务。亦即判断基金管理人在管理运作基金资产的过程中是否善尽注意义务时,着重考察该笔投资在整个投资组合中的关系,而不是就该笔投资的风险而孤立地作出判断。即使单个投资的风险极高,但是如果它能够分散或降低全部投资组合的风险,那么对基金管理人来说亦

---

① 〔美〕理查德·A.波斯纳:《法律的经济分析》(下册),蒋兆康译,中国大百科全书出版社 1997 年版,第 562—563 页。

履行了注意义务。①

美国劳动部关于《雇员退休收入保障法案》(Employee Retirement Income Security Act of 1974)基金管理人投资义务的管制完全是以现代资本市场理论来解释其中的审慎人规则,强调有价证券组合的设计和多样化,而并不要求基金管理人关注有价证券组合中的每一种证券。②基金管理人在做成投资决定时如已考虑与该投资之相关事实,即符合其义务。其应该予以考虑的因素通常包括,(1)投资组合之分散情形;(2)相对于预期计划现金流量需要,投资组合之流动性与当期收益;(3)投资组合预期投资收益相对于计划之资金目标。③其他国家投资基金法在规定基金管理人的注意义务时也都接受了现代投资组合理论的基本观点,对基金资产组合的分散性作了明确的强制性的规定。

五、基金管理人注意义务的具体标准

现代投资理论的发展加深了人们对投资活动客观规律的进一步理解,从而使人们对基金管理人的注意义务的一般标准也有了更为深刻的认识。然而,基金管理人注意义务的一般标准未免过于空泛抽象,只有将这些抽象的一般标准转化为具体的法律规范才有助于基金管理人注意义务的明确化、具体化。

(一)分散投资方面的义务

组合投资是投资基金制度的一个重要特征。基金组合投资在各类投资品种中合理配置是基金资产管理工作的核心,是影响投资基金长期收益的主要因素。国外的实证研究表明,能够对投资收益起到广泛正面影响的因素是合理的资产配置,大约有90%以上的机构

---

① 美国《信托法重述(3)》第227条确立受托人谨慎投资的一般规则时,也接受了现代投资组合理论。该条规定在下述两个方面改变了传统的谨慎人规则:第一,判断一笔投资是否谨慎应以该笔投资在整个投资组合中的关系作为判断依据,而不应就该笔投资的风险而孤立地作出判断。即使单个投资的风险极高,但是如果它能够分散或降低全部投资组合的风险,那么其亦符合谨慎人规则。第二,传统的谨慎人规则在信托条款没有作出特殊规定的情况下,一般要求采用保守的、低风险的投资政策,而该条所确立的规则则允许受托人在投资策略为合理时,采纳包含风险更高的投资策略。

② 〔美〕理查德·A.波斯纳:《法律的经济分析》(下册),蒋兆康译,中国大百科全书出版社1997年版,第576页。

③ 余雪明:《比较退休基金法》,中国政法大学出版社2003年版,第95页。

投资组合收益差别来源于资产配置的不同,而仅有10%的投资收益差别可由市场时机掌握和证券选择不同来解释。[①]另外,在对基金资产进行配置时,如将其过分集中于单一类资产容易给整个投资组合带来巨大的风险,而分散化投资为机构投资者提供了一种强有力的风险管理手段。现代组合投资理论认为,分散化投资可以在不牺牲给定收益的情况下,使风险水平得以降低。通过分散化投资,可以把市场因素反应各不相同的各个资产类别结合起来,从而形成一个更加有效的投资组合,并能产生比未充分分散化的投资组合更高的投资收益。赋予基金管理人分散投资的义务旨在分散投资风险、以保障基金资产的安全和投资人与受益人的利益。此类义务要求基金管理人在法律允许的投资品种和投资经营范围内进行投资经营时,应当做到投资品种和具体项目多样化以及保持各项投资与基金资产之间的一定比例。这就要求基金管理人尽量将投资分散于不同种类的证券。

美国1940年《投资公司法》将共同基金分为两类:分散型(diversified management company)和非分散型(non-diversified management company)。第五节(b)(1)规定分散型管理公司总资产75%以上须为现金及现金项目(包括应收账款)、政府债券、其他投资公司之证券,而每种证券的投资不得超过投资公司资产之5%,也不得超过该被投资公司已发行有表决权股份总数的10%。

英国1991年《金融服务规章》(规制的计划)第5.10.2规定,证券基金投资于某一发行人所发行的可转让证券不得超过计划资产价值的5%。在第5.14条中规定,计划持有一个公司法人的有表决权的股份(指公司法人的股东大会上在任何情况下拥有超过10%以上的投票权)及集合投资计划的单位不得超过其总数的10%。

日本法对基金管理人分散投资义务的规定主要表现在两个方面:(1)对取得同一企业发行之股票的限制。一家委托公司将其运用下的投资基金用于认购同一企业发行的股票时,其取得数量不得超过该企业已发行股票总数的10%,(《行为准则》第2条,第3条)(2)

[①] 加里·布林森、布雷恩·辛格、吉尔·比伯尔:《投资业绩的决定因素》(1991年的研究报告),转引自〔美〕大卫·史文森:《机构投资与基金管理的创新》,中国人民大学出版社2002年版,第47页。

对一支投资基金投资于同一牌名股票的限制。这并不是法律上的明文限制,一般各公司都以10%作为上限。

我国台湾地区的《证券投资信托基金管理办法》第15条第1款第7项、第8项规定,证券投资信托事业运用证券投资信托基金,投资于任一上市或上柜股票之总金额,不得超过该证券投资信托基金净资产价值之10%;运用每证券投资信托基金,投资于任一上市或上柜公司股票之股份总额,不得超过该公司已发行股份总数之10%。

我国香港地区的《单位信托及共同基金守则》对该义务的规定有许多条款。主要有:集合投资计划如果持有任何单一发行人发行的证券,则该计划所持有的该证券的价值,不可超逾该计划的总资产净值10%(第7.1条);集合投资计划如果持有任何单一发行人发行的任何类别的证券,则其所持数量不可超逾该类别证券的数量的10%(第7.2条);集合投资计划最多可将其总资产净值的30%投资于同一种发行类别的政府及其他公共证券之上(第7.4条);如果卖空会引致集合投资计划有责任交付价值超逾其总资产净值10%的证券,则不可进行卖空(第7.16条)等等。

我国《证券投资基金管理暂行办法》第33条对基金投资组合的限制作出了规定:一个基金投资于股票、债券的比例不得低于该基金资产总值的80%;一个基金持有一家上市公司的股票,不得超过该基金资产净值的10%;同一基金管理人管理的全部基金持有一家公司发行的证券不得超过该证券的10%;一个基金投资于国债的比例,不得低于该基金资产净值的20%。其之所以作出这样的规定,是为了实现以下三项目标:首先,可以避免集中投资的风险;其次,可以防止基金控制上市公司,因为基金投资是以获得资本利得和股利为目的,而不是以获得和影响投资对象的经营权为目的;再次,有助于稳定市场,因为以巨额资金投资于单一股票,可以影响此股票的价格,甚至对股价进行不当操纵,使股市不稳,所以应限制对单一股票的投资比例。因而,基金管理人必须遵守有关基金资产投资分散化的注意义务。在满足上述基本法定投资比例限制的前提下,基金管理人有充分的权利来决定投资分散化的程度。

(二)保持基金资产流动性方面的注意义务

流动性是指金融机构以适当的价格获取可用资金以应付客户提存和满足随时可能发生的资金需要的能力。流动性是金融机构经营管理的三大原则之一。开放式投资基金由于要满足持有人赎回基金的要求,因而,各国法律都对投资基金投资组合规定了相应的流动性标准。

美国 SEC 通过对非流动性资产的界定确立了流动性的标准。根据美国 SEC 的见解,所谓非流动性资产是符合下列性质的资产:在正常的商业流程中,该项资产不能在 7 天以近似于基金账面估值的价格出售或处置。流动性要求主要是针对开放式基金而言,根据 1940 年《投资公司法》第 22 节(e)的规定,在一般条件下,一家已注册的投资公司在按照可赎回证券的条件赎回证券时暂停持有人的求偿权或推迟付款或清偿的时间不得超过持有人向公司或其证券赎回代理人退回证券要求偿还之后的 7 天。[①] 1940 年《投资公司法》并无明示的流动性限制条款,但在实际运作过程中为了满足赎回要求,基金必须保持基金组合较高程度的流动性。SEC 曾对开放式共同基金流动性作出谨慎限制:其持有的非流动性证券不得超过基金总资产的 10%,1992 年发布的表格 N—1A 将上述比例扩大到 15%(但不适用货币市场基金)。此次修正的目的在于允许基金投资于小企业非流动性证券时更具弹性,为小企业资本构成清除不必要的障碍,并为小企业进入资本市场提供更好的条件。

实践中,各国的立法通常是通过限制基金资产投资于各种限制证券和不动产的比例来保证基金资产的流动性。

1. 对限制证券的投资

限制证券亦称非公募证券。在美国,限制证券是指没有依 1933 年《证券法》登记而对公众发行的证券。[②] 通常这类证券的公开信息不多,这为投资管理人通过积极管理,发掘与价值相关的一些重要资料来获取收益创造了机会,因而,这类证券的投资回报通常较一般的公开发行的证券高。然而,这类证券的高收益又是以其所承担的高风险为代价的,由于这种证券并未面向社会公众公开发行,致使此类证券交易较公开发行证券受到限制,因而降低了投资公司资产的流

[①] Inv. Co. Act Rel. No. 14,983(March 12, 1986),转引自王苏生:《证券投资基金管理人的责任》,北京大学出版社 2001 年版,第 143 页。

[②] Rule 144(a)(3)of the Securities Act of 1933. 转引自王苏生:《证券投资基金管理人的责任》,北京大学出版社 2001 年版,第 144 页。

动性,不利于开放式基金投资人之赎回,而且由于此类证券缺乏一个公开交易竞价,如基金资产过多地投资于此类证券,其净资产价值也难于准确地计算,故 SEC 制定命令,规定开放式基金取得之限制证券不得超过其资产之 10%。对于私募债券,由于其影响共同基金赎回,故 SEC 亦认为,就该等证券之投资,不得超过其资产的 10%。①

英国《金融服务法》乃将各种集合性投资归之于集合投资计划(CIS),在 CIS 架构下,不同种类基金,有不同的投资范围及限制,CIS 主要基金品种有:证券基金、货币市场基金、期货及选择权基金、不动产基金、认股权证基金、基金之基金及雨伞型基金。以证券基金为例,对可转让但非于公开市场交易之证券,其投资不得超过资产之 10%。②

我国香港地区《单位信托与互惠基金守则》根据投资范围的不同,将基金分为一般投资基金与特殊投资基金,就一般投资基金来说,集合投资计划如果持有并非在市场上市或挂牌的证券,则其所持有的该等证券的价值,不可超逾该计划的总资产净值的 15%(第 7.3 条);第 7.19 条规定集合投资计划不可取得任何可能使其承担无限责任的资产。

我国台湾地区《证券投资信托管理办法》第 15 条第 1 款第 1、3、6 项规定的证券投资信托不得投资于未上市、未上柜股票或其他证券投资信托基金之受益凭证。

2. 对不动产的投资

不动产在机构投资组合中具有特殊的作用。不动产投资具有债券和股权投资的综合属性以及分散性的特点,可以使持有人免受通货膨胀的损失,与市场其他投资品种相比,不动产成为战胜通货膨胀的最为有利的工具。因而,国外机构投资者在其组合资产中配置一定比例的不动产。但不动产投资最大的弱点就是其流动性不足,因此,各国对基金资产投资于不动产又往往要设置一些比例限制。

美国 1940 年《投资公司法》对投资公司的不动产投资,除要求其于公开说明书及登记文件注明外,如其改变投资策略而投资于不动

---

① Guidelines for the Preparation of Form N-8B-1, item4, Ic-221(1972), 转引自王苏生:《证券投资基金管理人的责任》,北京大学出版社 2001 年版,第 144 页。

② The Financial Services (Regulated Schemes) Regulations 1991, Reissued text, part5.

产时,须经股东同意。SEC 于 1972 年及 1979 年分别发布有关基金登记申请的表格,阐明 SEC 对投资公司不动产投资的立场:(1) 为应付投资者赎回,投资公司投资于不动产,应不得高于其净资产价值之 10%;(2) 就有关不动产的具有流动性权利的投资,例如对不动产投资信托的投资,则不受上述限制。①

我国香港地区《单位信托及共同基金守则》第 7.15 条规定,集合投资计划不可投资于任何类别的地产(包括楼宇)或地产权益(包括期权或权利,但不包括地产公司的股份);

我国《证券投资基金管理暂行办法》第 34 条第(10)、(11)项禁止以基金资产进行房地产投资和从事可能使基金资产承担无限责任的投资。从我国现阶段的情况来看,基金管理人投资于房地产风险较大,易使基金资产发生流动性困难,因而禁止基金资产投资于房地产是符合我国实际情况的。至于私募证券,我国现行法实际上将其排除在基金的可投资品种之外。根据《证券投资基金法》第 58 条的规定,基金财产应当投资上市交易的股票、债券以及国务院证券监督管理机构规定的其他证券品种。其原因可能在于,非上市的公司股票流通性较差,并且非公开上市公司的信息披露亦远不如公开上市公司充分,如果允许基金资产过多地投资于此类股票其风险过大。另外,由于我国证券市场是一个社会公众股、国家股、法人股、A 股、B 股并存的特殊市场,不同种类的股票其流通性差异较大,如国家股、法人股的流通性远低于社会公众股,其转让要受到诸多的政策限制,如果允许基金资产大量投资于此两类股票,那么基金资产的流动性亦要受到很大的影响,而且基金买入此类证券后总资产净值也不易计算,尤其是开放式基金如大量投资于这类股票,当投资者大量申请赎回时,就会因这类证券变现困难而陷入流动性的风险之中。因此,对基金投资于非上市公司的股票完全不加限制显然不合理。但是,由于私募证券所具有高风险和高回报并存的特点,不分基金类别完全禁止基金资产投资于私募证券的做法亦不可取。笔者认为,我国应当分别封闭式基金和开放式基金而作出不同的规定,由于开放式基金随时要应付持有人赎回基金单位的要求,其资产组合具有很强的流动性要求,应明确规定开放式基金资产不得投资于非上市公司的

① 王苏生:《证券投资基金管理人的责任》,北京大学出版社 2001 年版,第 145 页。

股票,而对于国家股和法人股,可以借鉴美国 SEC 命令对限制证券的规定,即开放式投资公司取得之"限制证券"不得超过其资产之 10%。对于封闭式基金,由于其不存在赎回的压力,因而可以允许其将更多的资产投资于到此类非完全流动性的证券。

(三)基金管理人亲自经营管理和运作基金方面的义务

从理论上来说,投资者将资金交给基金管理人是信赖其能力和品格。基于这个前提,在一般的情况下基金管理人应该亲自管理和运作基金资产而不得将其管理权委托给其他的第三人。然而,在现代金融市场条件下,专业分工越来越细,尽管基金管理人是拥有各种投资专家、及各种投资分析技能和手段的专业机构,基金管理人亦不可能做到无所不知,无所不能,为谋求基金持有人利益的最大化,基金管理人亦有可能将其管理基金资产的部分权力转委托给其他专业机构行使。

从英美国家信托法的发展来看,受托人是否必须亲自管理信托财产经历了一个变迁的过程。1925 年以前的英国普通法规则是,受托人必须亲自管理信托财产,而不能将其自身的责任转移给其他人。但是法院同时也承认,在特殊的情况下,受托人可以委任一个具有专门技能的代理人。1925 年《受托人法》第 23 条规定了一项新原则,使受托人不管是否在必要的情况下,都可以委托他人代理行事。随后,在 Re Vickery(1931)一案中,Maugham J. 解释了这一概念的适用范围。他指出:就雇用代理人而言,这一规定是对受托人或遗嘱执行人的地位所作的一次彻底的改革。法律不再要求他亲自采取任何行动,他可以雇用一位律师或其他代理人,不管雇用他们是不是存在实际的需要。但是受托人必须委托代理人去从事其营业范围内的事情。[①] 可见,在 1925 年《受托人法》颁布以后,受托人可以将信托事务委托他人代理行事。依 1991 年《金融服务规章(规制的计划)》的规定,基金管理人可以将其管理基金的所有职能委托给任何人,包括受托人。如果基金管理人将其管理基金资产的任何职能委托给他人,基金管理人仍需要对该受托人的行为或过失承担责任。如果基金管理人能够证明其委托代理人履行该职能是合理的,代理人能力能够胜任该职能,而且基金管理人采取合理注意保证代理人以一种胜任

---

① 何宝玉:《英国信托法原理与判例》,法律出版社 2001 年版,第 218 页。

的方式(in a competent manner)履行该职能①。

在美国,基金管理人经营管理基金财产的权力能否委托给他人行使,须分别权力是属于信赖权力(fiduciary power)还是为其自己利益的受益权力(beneficial power)而有所不同。Scott 以及美国信托法重述在讨论私人受托人时,对这两种权力作了清楚的区分。②如果特定的基金管理人的权力在性质上被认为是信赖权力,其后果是法院将赋予其信赖义务,在缺乏明示的授权时,基金管理人无权将其投资决策权委托给他人行使。如果这种权力是受益性质的权力,即使没有任何明示条款,也可以委托给他人行使。

总的来说,从本世纪初期开始,传统的受托人(受信赖人)必须亲自履行管理信托事务的规则得到修改,也就是说,受托人(受信赖人)有义务评估其能力,以决定是否需要将其作为受托人(受信赖人)的权力再次委托给其他专业人士,以最大限度地追求信托财产的效率。

我国《证券投资基金管理暂行办法》对基金管理人是否可以将管理基金事务委托给他人行使未作规定。《证券投资基金法》规定基金管理人应当履行运用基金资产进行证券投资的职责,③ 对基金管理人是否可以将基金事务管理的权力委托给他人行使亦未作规定。《证券投资基金管理暂行办法实施准则(第1号)——证券投资基金契约的内容与格式(试行)》关于基金管理人义务的第4项规定基金管理人不得委托第三人运作基金资产。然而,笔者对此一限制的合理性表示质疑。如前所述,在证券市场日益发达,专业化分工日趋细致的今天,即便基金管理人拥有大量的专业人才和各种投资分析技术,亦很难做到无所不知,无所不能,况且,即使基金管理人具备这种能力,

---

① The Financial Services (Regulated Schemes) Regulations 1991, Reissued text, Section 7.15.

② 信赖权力是受托人基于其受信赖人的地位为了委托人的利益而行使的权力,而受益权力则是为了受托人自身的利益而行使的权力。在实践中,此种区分有时并非很容易作出。比如,并不能很容易地判断基金管理人运用其所管理某一单位信托的资产对其所管理人的另一单位信托进行投资的明示权力是受益权力还是信赖权力。因为当基金管理人出售所投资的单位信托的单位时,它可以使基金管理人产生收入,并且也因为交叉投资能扩大基金管理人所管理的基金的规模和其在行业中的信誉,因而它是一种受益权力。与此同时,这种权力在性质上又可以认定是一种信赖权力,因为所有的投资的权力又都是为单位持有人的利益来行使的。Kam Fan Sin, The Legal Nature of the Unit Trust, Clarendon Press, Oxford, 1997, p.225.

③ 《中华人民共和国证券投资基金法》第19条之(3)。

将基金管理和运作过程中的所有事务完全限定必须由基金管理人亲自执行,有时也是不效率的,反而有违投资者投资于基金的宗旨。如《证券投资基金法》规定的基金管理人须保存基金的会计账册、记录,计算并公告基金资产净值及每一基金单位资产净值等纯粹为一些事务性职能,对于这样一些事项,基金管理人完全可以委托给其他的中介机构来履行。因而,我国应借鉴英美等国的规定,完善相关的规定。笔者认为,在立法政策上,我国应允许基金管理人以有效管理基金资产为目的而将其一项或多项投资和管理的权力委托给他人行使,但不允许基金管理公司将其管理基金资产的全部职能委托给他人,从而使自己变为一个空壳。在具体制度设计上,可考虑规定只有在基金契约明确规定基金管理人可以委托他人行使其部分职能的情况下,并且表明委托他人代理行使基金管理的某些职能是合理的,符合基金持有人的利益时,才能将其职能委托给其他人来行使,而且委托对象须限定在相关领域里的专业机构或专业人士,如保存基金的会计账册、记录可委托相关的会计师,代表基金处理与第三人的纠纷只能委托律师等一些专业人士。基金管理人可以对代理人作出新指令,或为投资人的利益随时撤销授权委托,同时基金管理人在选择代理人、设计代理条款以及监控代理人时负有注意、技能和谨慎的义务,基金管理人应对代理人的行为负有连带责任,以最大限度地发挥委托的优势,并尽可能地降低转委托给投资者带来的风险。

(四) 有效管理资产方面的注意义务

证券市场是一个高风险的市场。在投资基金的产生、创立和发展过程中,减少和分散投资风险并使基金资产保值、增值,始终是基金管理人及其监管者所追求的一个基本目标。从总体上来说,证券市场的风险主要有两类,一类是市场上所有的证券都会遇到的各种各样的风险,亦称系统风险,包括政策法规方面的风险、宏观经济方面的风险,如利率、汇率方面的风险等,系统风险是无法通过分散投资来消除或减少的。另一种风险是因所投资公司的个体因素导致的风险,亦称为非系统风险,这种与作为一个整体的证券市场风险无关联的风险,可以通过有效的资产管理得以减少甚至消除。因而基金管理人的注意义务要求其运用基金资产进行投资时,应在既定的收益率下最大限度地降低风险,或者在既定风险值下追求收益最大化。

1. 信用交易

信用交易是指投资者在自有资金或证券不足又需要买进证券或者卖出证券时,向券商借款买进或者借券卖出的交易。信用交易的基本原理就是根据价格变化的走势,利用借来的资金或者证券进行交易,牟取价格变化前后的差价。信用交易主要有两种形式:一是融资交易。融资交易在美国称为按金交易(margin purchases),当投资者看好某个券种,希望买进,但手头又没有足够的资金,因而通过交纳一定数量的保证金作为抵押,借入资金用来买进证券,待买进的证券价格上涨后高价卖出,然后归还所借入的资金,获取其中的差价。另一种是融券交易。融券交易又称卖空(short sales),当投资者看好某个券种,自己又没有该证券,便通过开设保证金账户交纳一定数量的保证金后,借入此种证券,并趁价位较高时卖出此种证券。如果预期准确,借入的证券卖出后,该证券价格果然下跌,投资者再指令其经纪人以低于借入价格买回该证券,以偿还所借的股票。其差价就是投资者所获取的利润。信用交易本身具有两面性,适度的信用交易对于投资者来说具有资产保值增值的效果;同时,信用交易也包含着投机性、破坏性和风险性的一面。因而,各国证券法对信用交易都进行严格的规范,以防范风险。

基金管理人作为运用基金资产投资于证券市场上的各种有价证券的专业投资机构,为谋求自身利益的最大化,极易从事各种信用交易,从而使基金资产过度地暴露于风险之中。因而,各国基金法规对于投资基金的信用交易都进行严格的规制。美国1940年《投资公司法》第12节(a)对基金管理人从事信用交易进行严格限制,严格禁止在违背SEC的有关保护公共利益和投资者权益的条例或指令的情况下从事信用交易,但下列两种情况除外:(1)这种短期保证金业务是交易清算所必需时;(2)因参与证券的包销团而从事的信用交易。Sec18(f)规定如果一家已注册的开放式投资公司获准从银行借款,在借款之后,资产担保率不得低于300%,并且如果资产担保率降到300%以下,这家公司将在此后的3天之内或在委员会规定的更长的时间内减少其借款数额,直到借款的资产担保率回升至300%时为止,那么这家公司可以发行或销售优先证券。

日本法规定基金一般不得融资,只有在下述特定情况下才允许办理:股东名义转换中的股票、转换公司债转换手续中的股票、分割手续中的股票等状况。①

英国1991年《金融服务规章(规制的计划)》规定,基金受托人征得基金经理的同意,可以向合资格的金融机构取得临时性的借款,但是借款将来必须从基金资产中归还,且借款的时间不得超过3个月。而且,经理须务必保证基金的借款不要超过基金资产价值的10%。②

我国香港地区《单位信托与互惠基金守则》规定基金在必要时可以向银行借款,但比例有所限制,资本市场基金的借款不得超过资产的10%,其他基金的借款不得超过资产的25%。就融券而言,由此所生债务不得超过净资产的10%。③

从上述各国和地区的法律规定看,对于信用交易都不是采取绝对禁止的态度,但都对基金的融资融券交易设定一些较为严格的限制。从立法政策来看一般都是允许基金管理人为有效管理基金资产的目的而进行融资,而不允许基金管理人通过融资融券而进行投机性的交易,而且各国和地区都对基金融资的数额设定一定的限额。我国相关法律及规章对基金管理人在运用基金资产从事信用交易、融资交易方面的规定不尽相同。《证券投资基金管理暂行办法》对基金管理人进行融资交易实际上是采取禁止的态度。依第34条的规定,基金管理人不得从事资金拆借业务;不得动用银行信贷资金从事基金投资;不得将基金资产用于抵押、担保、资金拆借或者贷款;不得从事证券信用交易。《证券投资基金法》草案二审稿第54条均规定:"根据开放式基金运营的需要,基金管理人可以按照中国人民银行规定的条件为基金向商业银行申请短期融资。"在其正式通过时,则删除了该条,④ 并规定基金财产不得用于向他人贷款或者提供担保

---

① 大藏省:《投资信托改革概要》,《证券业报》,平成六年十二月(1995年12月),第八页。
② The Financial Services (Regulated Schemes) Regulations 1991, Reissued text, Section 5.62, 5.63.
③ 香港《单位信托与互惠基金守则》第7.16条、第7.22条。
④ 删除该条的理由是我国对证券业、银行业、保险业、信托业实行分业经营、分业监管。如果允许基金管理人为基金申请短期融资,将可能会导致银行资金违规入市,从而带来金融风险。另外,对于可能出现的赎回压力,基金管理公司作为专家理财的公司,理应有充分的财务准备和应对措施。如果基金连支付赎回的能力都没有了,说明经营情况已经非常糟糕,这时候通过银行融资来支撑,对银行来说风险非常大。所以,不应当允许为开放式基金申请短期融资,开放式基金应该主动避免大量赎回时的资金安排困难,防止基金公司利用融资进行非审慎经营行为,而且必须防止银行资金进入证券市场,引发系统性风险。见董华春:《〈证券投资基金法〉立法特点评价及主要问题分析(上)》,http://www.iolaw.org.cn/shownews.asp,访问日期,2004年7月30日。

的。① 而《开放式证券投资基金试点办法》第 23 条规定,基金管理人可以根据开放式基金运营的需要,按照中国人民银行规定的条件,向商业银行申请短期融资。但并未规定基金管理人在什么情况下可以向商业银行申请短期贷款,亦未设定借款的数量限制,对基金管理人借款的用途亦未作规定。1999 年 8 月由中国人民银行发布的《基金管理公司进入银行间同业市场管理规定》则允许基金管理公司可以在银行同业市场通过国债回购的方式进行融资②。在实践中多次发生基金管理人为获取高额利润大量运用银行信贷资金从事投机性的交易的情况。如在 2001 年 12 月 6 日,深高速事件中多数基金就运用大量银行信贷资金申购深高速股票,由此引发了"基金巨额申购"事件,③ 使基金资产暴露于巨大的风险之中。因而,我国在相关法规中应完善有关基金信用交易的规定。

笔者认为,在立法政策上,我国应在原则上禁止基金从事信用交易,即不得利用银行信贷资金从事基金投资。但是应允许开放式基金为改善基金资产管理的目的并且在满足一定条件下向商业银行

---

① 《中华人民共和国证券投资基金法》第 59 条之(2)。
② 《基金管理公司进入银行间同业市场管理规定》第 7 条规定,进入全国银行间同业市场的基金管理公司的债券回购最长期限为 1 年,债券回购到期后不得展期。第 8 条规定,进入全国银行间同业市场的基金管理公司进行债券回购的资金余额不得超过基金净资产的 40%。
③ 2001 年 12 月 6 日,深圳高速公司股份有限公司在上海证券交易所正常交易时间上网发行申购缴款。当时正逢股市低迷,深高速顿时成为各基金争抢的一块"肥肉":一时间竟吸引了 47 只基金前来认购,由此而引发"基金巨额申购"事件。根据 12 月 12 日深高速公告显示,深高速最终增发 1.65 亿股,每股发行价 3.66 元。但令人吃惊的是有 47 家基金参与了网下申购,总计申报数量达到 288.65 亿股,折合资金逾 1056 亿元。而数据资料显示,到 11 月 23 日这些基金的周末的净资值总计尚不足 780 亿元。如果严格按净资产值 10% 申报,这些所有的基金合计的最大申报量限为 21.3 亿股,而这些基金们报出了 288 亿多股,一下扩大了约 13.5 倍。在 47 家基金中,仅基金泰和、通宝、通乾按净资产值的 10% 申报,其余皆超过净资产值 10% 的限制。而且,有 8 只基金申购该股的数量超过了 10 亿股,由此计算的这些基金申报认购新股金额超过了基金资产规模。我国证券市场上的两只开放式基金也更有"杰出表现":华安创新基金报出了 40.98 亿股,申报资金规模近 150 亿元,是其自身规模的 3 倍;而南方稳健成长基金的申报规模也近 80 亿元,是其自身规模的 2 倍多。该事件发生后,中国证监会于 2002 年 3 月 12 日发布《关于证券投资基金参与股票发行申购有关问题的通知》,规定基金管理公司应当运用基金资产参与股票发行申购,且单只基金所申报的金额不得超过该基金的总资产,单只基金所申报的股票数量不得超过拟发行股票公司本次的股票发售总量。基金管理公司应采取切实有效的措施,保证基金申购股票后,单只基金持有 1 家公司发行的股票,不得超过该基金资产净值的 10%;同一基金管理公司管理的全部基金持有 1 家公司发行的股票,不得超过该公司总股本的 10%。

融资,如开放式基金为满足基金持有人的赎回申请,但通过出售基金组合资产又可能会对投资者的利益造成损失时,比如证券市场的行情低迷,那么在这种情况下,基金管理人可以向商业银行申请短期贷款来满足投资者的赎回要求。但是,向银行的借款不得超过基金资产的一定比例(如 10%),而且借款的期限必须是短期的,并且要以自身的资金提供相应的担保,所借款项不得用于从事投机性的交易等。

2. 衍生金融工具交易

衍生产品是英文 Derivatives 的中文意译。其原意是派生物、衍生物的意思。金融衍生产品通常是指从原生资产(underlying assets)派生出来的金融工具。1994 年 8 月,国际互换和衍生协会(International Swaps and Derivatives Association, ISDA)在一份报告中对金融衍生品做了如下描述:"衍生品是有关互换现金流量和旨在为交易者转移风险的双边合约。合约到期时,交易者所欠对方的金额由基础商品、证券或指数的价格决定。"由于许多金融衍生产品交易在资产负债表上没有相应科目,因而也被称为"资产负债表外交易(简称表外交易)"。国际上金融衍生产品种类繁多,活跃的金融创新活动接连不断地推出新的衍生产品。按照金融工程学的观点,基本的金融衍生品包括四种:远期(forward)、期货(future)、期权(option)、互换(swap)。金融衍生产品的共同特征是保证金交易,即只要支付一定比例的保证金就可进行全额交易,不需实际上的本金转移,合约的结算一般也采用现金差价结算的方式进行,只在到期日以实物交割方式履约的合约才需要买方交足贷款。因此,金融衍生产品交易具有杠杆效应。保证金越低,杠杆效应越大,风险也就越大。金融衍生工具一方面可以作为套期保值的工具,另一方面,由于其杠杆作用,衍生工具又加大基金投资的风险。因而,一些国家对金融衍生工具的交易都是采取严格管制的政策,以达到扬利抑弊的目的。

美国 1940 年《投资公司法》第 18 节对债务杠杆投资限额进行了规定,即债务杠杆所产生的债务总额在价值上不得超过由现金、美国政府债券所组成的隔离账户,这样通过在基金投资组合中保持低风险资产与高风险资产的适当平衡,从而控制总的投资风险。

英国法规定,基金经理可以为有效管理资产的目的而利用有关可转让证券的技术和工具(techniques and instruments relating to transferable securities）。如果基金管理人是为防止汇率风险的目的亦可以运用上述技术和工具。基金管理人在为有效管理资产的目的而运用上述技术和工具时，须符合三个基本的要求：首先是交易在经济上必须是合适的；其次，风险必须得到充分的担保（fully covered）；第三，交易必须是为了三个特定目的（specific aims）中的一个以上。依有关规章，特定目的是指：(1) 减少风险；(2) 减少费用；(3) 能够为计划产生额外的资本或收入，而又不存在风险或风险在一个可以接受的较低的水平上。①前两项允许基金进行策略性的资产配置，即通过使用衍生交易或货币期货交易，而非买卖基础资产来转移风险。需要指出的是，基金管理人运用衍生性工具及基于货币的技术只能是为了有效地管理资产，其目的是为了控制和管理风险。如果经理采用衍生交易及远期交易的目的是投机性的，那么其就不被认为是为了有效管理资产的目的，因而，这类交易也就不能进行。并且，由于此类交易极易对基金资产产生重大的风险，因而，需要针对该类交易提供保证（cover for transactions under this section）。可用作保证的资产包括可转让证券、现金、准现金（near cash）以及与风险相匹配且在数量上充分的其他财产。②

1994年12月日本证券投资信托协会发表了《关于投资信托制度改革的纲要》，揭开了证券投资基金制度改革的序幕。其中的一项重要内容便是放宽了对基金资产运用的限制，对期货、期权等金融衍生商品的运用不再仅限于回避风险的目的，而可以运用于其他目的。但是，由此所产生的损失额要在基金净资产总额的50%以内。因此，从1995年1月开始，以积极获取高收益为目的而投资于期货的股票基金被大量设立。到1996年9月底，这些属于衍生金融商品类的基金达到153支，净资产总额合计为14,400亿日元。③

我国香港地区《单位信托与互惠基金守则》对一般投资基金投资于衍生工具作了限制：集合投资计划投资在非用作套期保值的认股权证及期权的价值，不可超逾其总资产净值的15%（第7.6条）；提供

---

① The Financial Services（Regulated Schemes）Regulations 1991, Reissued text, section 5.50.2.
② Id., section 5.54.
③ 欧阳卫民：《中外基金市场与管理法规》，法律出版社1998年版，第267页。

证券投资组合的买入期权,以行使价来说,不可超逾集合投资计划的总资产净值的 25%(第 7.8 条);集合投资计划可以并非为套期保值而订立金融期货合约,但就所有未到期的期货合约来说,该等合约价格的净总值,不论是须付予该计划或由该计划支付,连同该计划所持有的实物商品(包括黄金、白银、白金及其他金条)及以商品为基础的投资(从事商品的生产、加工或贸易的公司的股份除外)合计总值,均不可超逾该计划总资产净值的 20%(第 7.10 条、第 7.11 条);

我国《证券投资基金管理暂行办法》并未涉及基金资产是否可以投资衍生金融工具的问题,但从第 34 条规定第(1)项"一个基金投资于股票、债券的比例,不得低于该基金资产总值的 80%"的条文来看,似乎并未禁止基金投资于金融衍生工具,只要满足了基金资产的 80%投资于股票和债券的要求,那么余下的 20%就可以投资于金融衍生工具了。《证券投资基金法》第 58 条规定基金资产应当投资于上市交易的股票、债券以及国务院证券监督管理机构规定的其他证券品种。从条文上推测基金的投资对象似乎应该包含金融衍生工具,而且《证券投资基金法》亦没有禁止基金投资于金融衍生工具的条文。实践中,我国目前设立的证券投资基金在确定其投资对象时多表述为具有良好流动性的金融工具,主要包括国内依法发行、上市的股票、债券以及经中国证监会批准的允许基金投资的其他金融工具,[①] 并未将金融衍生工具包括在内。这可能与现阶段我国金融市场上衍生工具不发达的现状有关,因为到目前为止,我国只有商品期货一种衍生工具,再加上我国金融市场目前很不完善,基金管理人的投资管理水平也较低,在这种情况下,如果允许基金资产大量投资于金融衍生工具,无疑会加大基金资产的风险。但随着我国金融业的进一步发展,金融创新日益加快,各种金融衍生品种也会大量出现,金融衍生工具作为一种套利保值的金融工具的功能亦会进一步为人们所认识。另外,由于我国目前只有股票和国债这两种投资产品,目前成立的基金无论是成长型、价值型、平衡型,还是指数化基金,其投资可选范围为国内 A 股市场上市的 1000 多只股票。排除上市公司各类造假情况,真正有投资价值的上市公司的数量并不多,在这种情

---

① 见《鹏华行业成长证券投资基金契约》重要提示部分,《华夏成长证券投资基金契约》第 18 条。

况下,基金的组合投资对象是非常有限的,这不利于基金产品的创新,同时不利于基金管理人专业理财的优势的发挥。从国外的成熟的金融市场来看,在整个证券市场处于低迷的时候,基金管理人并不一定通过抛出所持股票来规避风险,而是通过指数期货或期权等金融衍生工具来保护基金持有人的利益。因而,我国现行法规中有关规定难于适应实践的需要,有待于进一步完善和细化。具体可借鉴英国、日本等国的做法,明确规定基金可以为规避风险的目的而将其资产投资于期货、期权等衍生工具,但为防止衍生工具给基金资产带来过大的风险,可规定由此产生的损失额须限定在基金净资产总额的一定比例之内。

(五)基金资产投资于其他基金所发行的证券方面的注意义务

从本质上讲,基金单位本身是证券,而且基金单位的价格波动较小、流动性较强。在基金投资组合中持有一定数量的其他基金的单位有利于改善基金资产的流动性,以满足投资者赎回的需要。然而,如果对基金购买其他基金单位的行为不加限制,亦会产生一定的弊端。比如,基金管理人将其管理的全部或大部分资产用于购买其他具有相同或相似投资目的的基金单位,那么其本身就无须作出任何投资决策,逃避其对基金持有人所应负的注意义务。另一方面,允许将基金资产投资于其他基金单位会使投资者负担双重费用,如双重管理费用、销售费用等,违背了经济效率原则。与此同时,这种基金的大量出现,也使得本来高度分散的发行公司投票权高度集中在参股公司手中,参股公司有可能滥用其控制权,对发行公司施加不正当的影响。[①] 另外,如果允许基金大量投资于其他基金的单位,也容易产生基金单位赎回的多米诺效应(亦即,某一基金由于发生难于预计的股东高赎回率,需要大量的现金,在这种情况下,该基金通常会向其他基金请求赎回其基金份额,这又引起该基金亦需要大量的现金,如此等等)。因而各国又都要对基金之间的相互投资进行一定的规制。

美国1940年《投资公司法》第12节(d)(1)对投资公司投资于其他投资公司证券进行了严格限制。一家已注册的投资公司("参股公司")和受它控制的公司不得购买或以其他方式获取另一家投资公司

---

① 王苏生:《证券投资基金管理人的责任》,北京大学出版社2001年版,第152页。

("发行公司")发行的有表决权证券,一家投资公司("参股公司")和受它控制的公司不得购买或以其他方式获取一家已注册投资公司("发行公司")的证券。在收购上述证券之后,参股公司和受它控制的公司一共拥有:(1) 发行公司所有已售出具有投票权的证券的3%以上;(2) 发行公司所发行的超过了参股公司资产总值的5%的证券;(3) 发行公司和所有其他投资公司所发行的(不包括参股公司的库存股票)超过了参股公司资产总值的10%的证券。

英国1991年《金融服务规章(规制的计划)》规定,证券基金可以投资于其他集合性计划的单位,只有当后成立的计划是一个符合为拥有该项权力所必需的各种条件的集合投资计划,而该项条件由UCITS指令所赋予,或者是一个集合投资计划,该计划:a. 符合或被认为符合《金融服务法》第78条(6)的规定(可以基于财产净值的价格赎回的单位);b. 是(i)获得认可的计划,或 (ii)一个在联合王国以外成立的集合投资计划,在该计划中,证券投资基金的投资包括属于批准的证券的单位;c. 专注于投资基金,而该投资基金以可转让证券的形式从社会公众中募集资金;d. 基于风险分散的原则而运营;e. 包括这样的条款,拥有其他集合投资计划的单位不得超过计划资产价值的5%。①

日本证券投资信托的自律规则曾经规定,证券投资信托对其他投资基金受益凭证的组入(封闭式公司型投资基金除外)须在其信托财产净资产总额的5%以内。② 但在1994年12月进行的证券投资基金制度改革时,解除了对投资于其他基金管理公司所管理的基金时投资额只能在本基金净资产额的5%以内的限制。③

我国香港地区法律规定,集合投资计划如果持有其他集合投资计划的单位或股份,其总值不可超逾计划本身的总资产净值的10%(《单位信托与互惠基金守则》第7.12条)。

需要指出的是,20世纪90年代后半期以来,国外基金业蓬勃发展,各种创新的基金产品层出不穷,为迎合基金业日趋成熟的发展趋

---

① The Financial Services (Regulated Schemes) Regulations 1991, Reissued text, section 5.12.
② 《日本投资信托协会自律规则之六:关于运用之事项》第一章第五节。
③ 欧阳卫民:《中外基金市场与管理法规》,法律出版社1998年版,第267页。

势和进一步分散投资风险的要求,在欧美等一些发达的证券市场上出现了专门投资于其他基金的组合基金——基金中的基金(Fund of Funds,FOF)。根据投资公司协会(Investment Company Institute)统计资料,目前已发行的组合基金数达 259 只(至 2002 年 11 月),管理资产规模达 688.1 亿美元(至 2002 年 11 月底)。我国香港地区,至 2002 年 3 月 31 日,获香港 SFC 认可的组合基金有 82 只,占香港市场总的单位信托和互助基金数量的 5%,资产达 22.83 亿美元(至 2001 年 12 月 31 日)。我国台湾地区 2002 年 12 月 24 日正式发文允许组合基金推出,目前已有 6 只组合基金申请募集,其中元大精华组合基金已经成立,预计未来组合基金整体规模将超过 500 亿元新台币以上。① 近年来欧洲、美国、我国香港和台湾地区等对组合基金监管法规的健全或补充,直接推动了组合基金在这些地区及其跨境的发行。基金中的基金的出现,意味着基金产业进入到了专业基金管理的新阶段。

我国《证券投资基金管理暂行办法》第 34 条第 1 项禁止基金之间相互投资。我国《证券投资基金法》对基金是否可以投资于其他基金单位并未作出规定。从我国现行的规定来看,至少存在两个方面的问题:首先是"基金之间相互投资"的含义是什么?是指基金之间的证券交易还是指一基金买卖其他基金所发行的受益凭证?从条文上很难得到一个确切的答案。其次,如果将"相互投资"理解成投资于其他投资基金所发行的基金单位,那么同其他国家的立法相比较,我国的规定更为严格。依多数学者的见解,我国现行立法禁止基金投资于其他基金发行的受益凭证。这种绝对禁止的做法并不利于基金投资组合的多样化。尤其是开放式基金,随时要应付基金持有人的赎回请求,而证券市场其他证券的价格波动又较大,因而,允许基金资产组合中包含一定比例的基金单位有助于改进基金资产的流动性,提高基金资产的多样化,因而,我国现行这种绝对禁止的做法殊不可取。但是,我国在允许基金购买其他基金单位的同时,可借鉴其他国家的做法,将其持有其他基金单位的数量限制在一定的范围之内(如 5%)。

---

① 李清芬:《基金中的基金:资产管理的独特机制》,载《证券市场导报》,2003 年第 12 期。

随着我国国民财富的增长和经济运行机制的市场化，以及国内基金管理公司和基金品种的不断增多，同一基金公司设立、管理基金数量的不断增多，在条件成熟时，再放宽基金持有其他基金的比例限制，并允许采取基金中基金这样一种独特的资产管理机制，以有效地连接广泛的投资者和融资主体，连接私募基金投资者和共同基金市场、风险投资市场，改变当前资产管理（代客理财）业务的风险和收益模式。

（六）行使股权方面的注意义务

1. 投资基金在公司治理中的角色变迁

投资基金制度的功能在于其通过汇集投资人的小额资金，形成资产集合，以证券投资的专业能力，为其受益人提供证券投资的理财活动。投资基金主要是为了获得上市公司长期成长为基金带来的红利及资本利得，而非以参与公司的日常经营管理及支配公司经营权为目的，因此，长期以来，基金在所投资的公司治理中一直扮演相对消极的角色，除了一些关系切身利益的重大决定外，一般不对董事会的决策进行干预。

如美国在 20 世纪 80 年代以前，包括共同基金在内的机构投资者普遍奉行"华尔街准则"的投资策略，即对参与所投资公司的治理结构保持低调，主要通过财务评价以及考察公司的成长业绩等手段来确定投资方向，当出现偏差时就"以脚投票"，通过抛售股票来确保投资利益。

在日本的证券投资信托制度的框架下，信托银行基于证券投资信托契约，接受证券投资信托事业的指示，妥善运用信托财产投资于证券市场，并管理所取得的有价证券。而托管银行在行使其股东权时，对所投资公司的日常经营管理活动通常是采取不干预的态度。当公司召开股东大会时，其通常是以弃权的方式，不行使股东表决权，或是以空白委托书的方式，委托发行公司行使其股东表决权。[①]

在英国，基金经理通常认为，机构投资者在处理其与所投资公司的关系时须围绕这样一个基础，即必须在一定的时期内追求其投资回报的最大化。也就是说通过对公司的干预，其持有公司股份的价

[①] 廖大颖著：《证券市场与股份制度论》，中国政法大学出版社 2002 年 8 月版，第 255 页。

值须得到提高。①然而,许多因素决定机构股东对所投资公司的日常经营管理进行干预可能是一件成本高而效率低的事情,②因而,包括投资基金在内的机构股东对公司的日常经营管理及商业政策也很少进行干预。

然而近十多年来,发端于英美国家、以机构投资者为主力的公司治理运动蓬勃兴起,基金在公司管理中的角色逐渐发生了变化。80年代之后,美国市场掀起一场并购大战,机构投资者开始尝试利用代理投票机制来行使股东权利,争取一定的发言权,由此触发了机构投资者参与公司治理意识的觉醒。同时,由于整个经济形势的变化,企业的成长速度和经营状况受到严重挑战,经理层的管理能力和适应市场的能力日益成为制胜的关键因素,机构投资者以往的投资策略难以再带来稳定收益,甚至是无利可图,这也迫使一些基金经理开始利用股东权利来对经理层进行必要的监督和制约。如美国第一大基金管理公司富达基金的总裁就公开表示:"基金公司再也不打算成为沉默的股票持有者了。"③

近年来,机构投资者积极参与公司治理已经成为英国公司治理制度的一个重要的组成部分,尤其是机构已经成为规制公司,特别是上市公司的一股强有力的力量。④

那么,投资基金究竟应如何参与公司的治理?由谁代表基金来

---

① Paul L. Davies, Institutional Investors as Corporate Monitors in the UK, See Comparative Corporate Governance—Essays and Materials, edited by Klaus J. Hopt and Eddy Wymeersch, Walter de Gruyter, 1997, p.65.

② 决定投资基金等机构股东很少干预所投资公司事务的因素主要表现在以下几个方面:首先,由于流动性和谨慎方面的原因,机构股东已经广泛地分散其投资,以至于一个典型的机构股东已经投资于许多公司,而这远远超过了其进行有效的监控的能力,尤其是在机构股东拥有少量的工作人员的情况下。其次,对公司日常事务进行干预可能会涉及到过高的干预费用,从理论上讲,这些干预费用可以通过机构股东的集体行动得以分散,并且机构股东的这种集体行动能够对现任管理层施加足够的压力。然而,基金经理为争取管理业务相互之间通常存在竞争,而要在潜在的竞争者之间形成有效的集体行动则又是非常不容易的。同时,对于单个的机构股东来说,亦存在免费搭车的诱惑。再次,投资基金在对所投资公司进行干预时亦面临着利益冲突的问题,尤其是在基金经理是某一个金融集团的一个成员时。最后,现任管理层为维护维护其职位通常会采取一些措施以抵制机构股东的干预。Id..

③ 董华春:《浅析机构投资者在改进公司治理结构中的作用》(上),参见 http://article.chinalawinfo.com/article/user/article_display.asp? ArticleID,2002年12月21日访问。

④ Supra note ①, p.50.

行使股东权？其在行使股东权时应遵循何种准则？其是否须对股东大会所决议的每一事项都积极地参与，是否可以像一般的投资者那样在股东大会上自由地行使其表决权？

2. 投资基金股东权行使的主体

投资基金依其组织形式的不同，可分为信托型和公司型，由于大陆法系国家在观念上认为公司型基金为独立法人组织，而信托型基金为不具备法人资格的信托。因而，学者在应由谁代表基金行使股东权这一问题的理解上也有所不同。就公司型基金来说，由于基金本身构成投资公司的资产，而有关公司资产的权利理应由公司来行使，因而作为公司资产——股份的表决权亦应由投资公司来行使。而对于信托型基金(或契约型基金)，应由谁来行使其股份表决权则存在争议。有学者主张应由基金经理公司就如何行使股东权作出指示，而由保管机构行使表决权。[①] 日本《证券投资信托法》第17条之2第1项亦作出类似的规定，信托银行基于证券投资信托契约，接受委托人证券投资信托事业的指示，而行使股东表决权。

笔者认为，不管是公司型基金还是信托型基金都应由基金管理人来行使股份的表决权。首先，就公司型基金来说，尽管其作为一个独立的法人组织是没有任何疑义的，但是公司型基金与一般的商事公司不同，从功能上讲，投资公司是一个壳，一个由证券所组成的资产集合，[②]其本身并没有自己的雇员。对于很多的投资公司来说，实际上是投资顾问在负责管理和运营投资公司的资产，董事会仅仅是为了股东的利益对顾问的活动进行监督，并不从事具体的经营管理活动。因而，作为公司型基金本身来说，其本身是无法行使股份的表决权的，其必须通过外部的基金投资顾问来行使股东权。其次，对于信托型基金来说，本书主张其亦应为具有独立人格的法律主体，实践中，各国法律通常都强制性的规定须为基金开设专门的资金专户和证券专户，因而，基金本身作为一个主体应享有股东权，从这个意义

---

① 对于契约型基金应由谁来代表基金行使股东权大体上有如下几种主张：1. 主张由经理公司来行使表决权；2. 主张由"证券投资信托基金专户"来行使；3. 由受益人来行使；4. 由经理公司指示，而由保管机构行使表决权。陈春山：《证券投资信托契约论》，台湾五南图书出版公司1987年版，第239—244页。

② Zell v. InterCapital Income Securities, Inc., 675 F. 2d 1046 (9th Cir. 1982). See Modesitt, Mutual Fund—A Corporate Anomaly, 14 U. C. L. A. Law. 1252 (1967).

上讲,基金管理人实际上是作为基金的机构代表基金行使股东权。再次,各国法律及基金契约中通常规定基金管理人须按照基金契约的规定运用基金资产投资并管理基金资产,而代表基金行使作为基金资产一部分的股份的表决权理应属于管理基金资产的应有之义。

我国的《证券投资基金管理暂行办法》对由谁代表基金行使股份表决权未作规定,但《证券投资基金法》第 19 条第(9)项规定基金管理人以自己的名义,代表基金份额持有人利益行使诉讼权利或者实施其他法律行为。似乎包括基金管理人以自己的名义代表全体基金持有人行使股权。实践中通常是由基金管理人代表基金对所投资公司行使股东权利。笔者认为,我国的做法值得肯定。

3. 基金管理人在行使股东权时所应遵循的注意标准

从一般的意义上来说,基金管理人通过行使股权参与所投资公司的目的是为确保所持有证券之价值,以维护、增强受益人的利益,而非凭借其股份的大量持有,支配公司的经营。正如美国养老基金协会(Pension Fund Association)在最新修改的投资方针中所规定的:基金经理必须以负责的态度、完全本着受益人的利益,来行使投票权和股东权利,而且必须以文件形式记录其投资行动。①

尽管基金管理人更加积极地参与公司的事务已经成为一种趋势,然而,就对单个公司事务的干预来说,这种干预并未达到对公司日常干预的程度。②由于投资基金持有众多上市公司的股票而且持股又十分分散,因而潜在的干预要转化成实际的行动并不是一件十分容易的事情。对于多数基金管理人来说,其参与公司事务并不完全是采取通常的在股东大会上投票表决的方式,尽管作为股东来说,其对管理层的最终约束就是召开股东大会并辞退现任的管理层,在更多的情况下,基金管理人是通过采取与现任管理层的私人会面来施加其影响,通过这种私人会面,传递在股东大会上采取行动的信息。同时,不管是基金管理人还是公司的现任管理层都有动力以这种方

---

① 董华春:《浅析机构投资者在改进公司治理结构中的作用》(上),http://article.china.awinfo.com/article/user/article-display.asp? ArticleID,2002 年 12 月 21 日访问。

② Paul L. Davies, Institutional Investors as Corporate Monitors in the UK, See Comparative Corporate Governance Essays and Materials, edited by Klaus J. Hopt and Eddy Wymeersch, Walter de Gruyter, 1997, p.50.

式去弥合其分歧,而非通过公开的挑战。① 正如 Black 和 Coffee 教授所描绘的,机构股东和其所投资的公司之间关系的总体图景是"经常的对话,当公司出现麻烦时采用偶然的非正式的干预,以及在极少情况下采取的正式干预"。②

总的来说,尽管基金管理人须通过行使股东权参与所投资公司的事务,但在一般情况下其并不对公司的经营决策进行干预。而只有当公司的某项商业政策明显对小股东的利益造成损害,或公司遇到经营方面的困难,甚至发生危机时,基金管理人才会进行干预以改变公司的商业政策,甚至改组公司的管理层。并且即使在这种情况下,基金管理人进行干预的程度以及干预的时机亦可能受到一些其他方面的因素的影响,如股东针对该危机是否可采用其他替代的补救方法;基金在所投资的公司中拥有股权比例的大小;现任管理层对基金管理人所提议的改革方案的可接受程度等。③

我国《证券投资基金管理暂行办法》对基金管理人在代表基金行使股东权所应遵循的准则未作规定。《证券投资基金法》也只规定基金管理人可以代表基金持有人实施其他法律行为,并未明文赋予基金管理人代表基金行使股权的职责,更未对其行使表决权时所应遵循的准则作出规定。但从《暂行办法》规定的同一基金管理人管理的全部基金不得持有一家上市公司证券的 10% 的条文推测,似乎又包含了避免基金对其所投资的公司持股比例过大,以免对公司的日常经营管理进行过多的干预的立法意图。实践中,多数基金契约中也通常规定有这样的条款,即基金管理人在代表基金行使股东权时,并不谋求对上市公司的控股和直接管理。④ 然而,基金管理人不谋求对上市公司的控股和直接管理,并不意味着其对上市公司的事务完全听任管理层决定,而完全不加以干预,当其所投资的上市公司的管理层作出的某些决策未能够以诚信的原则对待包括基金在内的广大股

---

① Paul L. Davies, Institutional Investors as Corporate Monitors in the UK, See Comparative Corporate Governance—Essays and Materials, edited by Klaus J. Hopt and Eddy Wymeersch, Walter de Gruyter, 1997, p.62.
② Id., p.64.
③ Id.
④ 《〈证券投资基金管理暂行办法〉实施准则第 1 号〈证券投资基金基金契约的内容与格式〉(试行)》第 9 条之(11)。

东的利益时,此时基金管理人就不应再保持其消极的投资者的角色,而应利用其表决权对上市公司的明显有损于股东利益的决策作出积极的反应。实践中,基金管理人在我国上市公司的治理中亦开始发挥积极的作用,当上市公司的管理层作出某些有损小股东利益的决策时,基金管理人亦积极地利用其所持表决权对公司事务进行干预,如近年来在我国证券市场上发生的方正科技事件①、中兴事件②和招行可转债事件③中,基金管理人为保护小股东的利益就发挥了积极的作用。因此,我国在立法政策上应该鼓励基金积极参与公司事务,而非单纯地作为一个消极的投资者,在不干扰公司正常经营管理的前提下,对有关公司重大发展和有可能侵犯股东权益的决策发挥积极的作用。

---

① 如在裕兴电脑和方正集团的股权之争中,基金金鑫作为仅次于北大方正的第二大股东,并未介入到方正集团与裕兴电脑之间的股权之争以及方正科技管理层与方正集团复杂的人事纷争中去,基金金鑫代表基金持有者对公司管理层的议案表明了态度,在方正科技股东大会上投了弃权票,其作法是值得肯定的。

② 在中兴事件中,由于中兴通讯(000063,SZ)是深沪两市赫赫有名的蓝筹股,该公司准备增发H股的消息导致股票从每股24元多暴跌至18元以下,创一年来新低,流通市值为此蒸发12亿元之多。2002年8月20日,尽管遭到众基金和中小股东的强烈反对,中兴通讯临时股东大会以90%以上的赞成票通过了H股发行计划。会场上大股东与流通股股东针锋相对,股东大会在表决时曾一度中断。有机构投资者表示,如果公司以15港元的价格发行H股,他们不能接受,他们的心理价位是30港元。他们认为这是中兴通讯在贱卖公司的财产。以汉唐证券为代表的流通股机构投资者要求进行两次表决:到场所有股东表决和流通股股东表决,但是最终未能成事。虽是大局已定,汉唐证券、申银万国、长盛基金等数十家机构投资者联名上书证监会要求审慎看待中兴通讯发行H股,保护中小投资者的利益。众多的基金公司之所以反对中兴通讯的增发H股方案,是认为该公司增发H股导致现有股东的股东权利全面摊薄,侵害了现有股东的权利。机构投资者的这次发难并不是完全没有效力,中兴通讯新闻发言人曾力坦言中兴这一次感受到的基金经理们的压力之大是前所未有的,中兴不能不考虑他们的态度,希望用股本转增方案补偿此前中兴暴跌给中小股东带来的损失。

③ 招商银行在上市刚满一年时,即推出拟再融资100亿元可转债方案,对于招行的这个再融资方案,众多基金管理公司认为其侵害了流通股东的利益,47家基金联合其他机构投资者向招商银行股东大会提交了《关于否决招商银行发行100亿可转债发行方案的提案》的议案和《关于对招商银行董事会违背公司章程中关于"公平对待所有股东"问题的质询》、《对招商银行本次可转债发行方案合法性的质询》两个质询案。同时还提出,为了保护流通股股东的利益,本次股东大会应依法对流通股和法人股分别表决、分别计票和唱票,当场公布表决结果,并委托律师就招行发行百亿可转债是否合法出具法律意见书。尽管基金联盟的议案未获股东大会通过,但基金联盟的行为却受到人们的普遍肯定。

第三章 基金管理人的信赖义务研究(二)

第一节 忠实义务的概念

根据信托法的规定,忠实义务,即受托人对受益人负有惟一地为受益人利益而管理信托事务义务,严禁于信托管理中为自己或第三人谋利。根据信托法的原理,忠实义务要求受托人必须约束自己的行为,不得利用信托为自己谋取私利,不得使自己处于受托人的职责与个人利益或其所代表的第三人利益相冲突的地位。赋予受托人的忠实义务旨在确保受益人对信托财产的权利,受托人持有信托财产,但必须仅为受益人的利益而运用、管理该财产,除非受托人另外获得授权。忠实义务禁止受托人从事与信托目的相悖的利益冲突交易,其目的在于防范受托人滥用权力:如受托人为其自己利益而处分信托财产,即使其已支付合理的价值,亦有责任对信托回复该利益。

早期信托多为财产转让型信托,信托财产主要是土地等不动产,受托人主要是持有和转让土地而无需交易,其积极的权力非常有限,因而在传统信托法,受托人的信赖义务主要体现为忠实义务,而衡平法上的忠实义务又主要表现为禁止性的义务,即主要规定受托人不应该做什么,而不是应该做什么。其实质是为了对受托人不当行为消极的防范,即当受托人违反这些义务时,衡平法为受益人提供事后的救济。确立受托人忠实义务的一个著名判例是18世纪的Keech v. Sandford(1726)一案。该案确立了一个规则,即受托人不能使自己处于受托人职责与个人利益相冲突的地位,特别是不能购买信托财产或应当归入信托的财产。如果受托人从其地位获得个人利益,衡平法则判定其是为信托持有该利益。忠实义务是受托人对受益人所负的最根本性质的义务,忠实义务最终奠定了受托人其他权力和义务的基础。

随着传统信托法发展为现代信赖法,有关判例亦将上述忠实义务扩大到所有的受信赖人。因而就信赖法而言,受信赖人的忠实义务是指受信人在处理信托事务时必须以受益人的利益为惟一依据,不得考虑自己利益或图利他人,即必须避免与受益人产生利益冲突的情形。① 基金管理人作为基金及基金持有人的受信人,负有与传统信托受托人类似的禁止利益冲突的义务,即基金管理人不得将其置身于基金资产或受益人的利益与其个人利益相冲突的地位。需要指出的是,在从传统信托法向信赖法的发展变化过程中,忠实义务的具体内容亦发生了某些变化,这主要是由于在不同的信赖关系中由于其结构和性质的不同而导致受信人滥用权力的可能性不一样,② 因而在不同的信赖关系中,受信人所负的忠实义务的程度和内容亦应有所不同。

如在私人信托中,信托一经设立,其在委托人、受托人及受益人之间相当于第三人利益合同,委托人或受益人可以依照信托契约或者法律的规定对受托人管理信托事务的情况进行监控。根据信托法的规定,委托人有权了解信托财产的管理运用、处分及收支的情况,并有权要求受托人作出说明。委托人有权查阅、抄录或者复制与其信托财产有关的信托账目以及处理信托事务的其他文件。因设立信托时未能预见的特别事由,致使信托财产的管理方法不利于实现信托目的或者不符合受益人的利益时,委托人有权要求受托人调整该信托财产的管理方法。受托人违反信托目的处分信托财产或者因违背管理职责、处理信托事务不当致使信托财产受到损失的,委托人有权请求人民法院撤销该处分行为,并有权要求受托人恢复信托财产的原状或者予以赔偿;该信托财产的受让人明知是违反信托目的而接受该财产的,应当予以返还或者予以赔偿。受托人违反信托目的处分信托财产或者管理运用、处分信托财产有重大过失的,委托人有权依照信托文件的规定解任受托人,或者申请人民法院解任受托人。③ 而在投资基金,基金持有人对基金管理人的监控显然较私人信托的委托人和受益人对受托人的监控要弱。基金持有人对基金管理

---

① 王苏生:《证券投资基金管理人的责任》,北京大学出版社2001年版,第45页。
② 信赖义务随着受信赖人可能滥用其权力损害委托人的利益的程度不同而发生变化。一般来说,受托人滥用权力的风险程度取决于:(1) 当事人确立信赖关系的目的以及为达成当事人的目的而授予权力的性质;(2) 对受信人授予权力的范围;(3) 为减少权力滥用的可能性所能利用的保护机制。Tamar Franket, Fiduciary Law, California Law Review,〔Vol. 71:795 1983〕p. 810。
③ 《中华人民共和国信托法》第20、21、22、23条。

人的监控是通过基金持有人大会来进行的,如基金持有人可以通过基金持有人大会行使提前终止基金合同、决定基金扩募或者延长基金合同期限、转换基金运作方式、提高基金管理人、基金托管人的报酬标准、更换基金管理人、基金托管人以基金合同约定的其他事项等权利,① 只有代表50%以上基金单位的基金持有人要求基金管理人退任的,基金管理人才必须退任。② 在这种情况下,基金持有人更容易受到基金管理人滥用权力的损害,因而基金管理人对基金及基金持有人应负有比私人信托受托人更为严格的忠实义务的约束,而且主管机关也对基金管理人的设立和运营实行严格的监管,以保护基金持有人的利益。

如在对利益冲突交易的规制方面,各国信托法一般原则规定,受托人不得将其固有财产与信托财产进行交易或者将不同委托人的信托财产进行相互交易,但信托文件另有规定或者经委托人或者受益人同意并以公平的市场价格进行交易的除外。③ 而根据多数国家和地区基金法规的规定,基金管理人则负有不得从事本人交易的义务,在通常情况下不得通过基金契约或者基金持有人会议的决议对基金管理人的这一义务予以排除。可见,基金管理人要比信托的受托人负有更为严格的忠实义务。

同传统信托受托人的忠实义务相类似,基金管理人的忠实义务的主要内容亦是利益冲突禁止规则,包括冲突禁止规则和图利禁止规则。基金管理人违反忠实义务的行为一般表现为基金管理人与基金持有人之间的利益冲突交易。法律之所以禁止基金管理人的利益冲突交易,是因为利益冲突交易的目的具有矛盾性,一方面基金管理人基于其管理和运作基金资产的地位,对基金及基金持有人负有忠实义务,理应为基金持有人谋取最大利益,而另一方面,基金管理人及其关联人士又与基金及其所控股公司之间因交易行为而形成了一种平等主体之间的关系,基金管理人在其与基金的交易中又要谋取自己个人利益的最大化,基金管理人在这两种不同关系中的角色冲突,使得基金及基金持有人的利益难于得到保障。而忠实义务的根

---

① 《中华人民共和国证券投资基金法》第71条。
② 《证券投资基金管理暂行办法》第27条(3)。
③ 《中华人民共和国信托法》第28条。

本目的就是要消除二者之间的现实的或潜在的一切利益冲突。

第二节　基金管理人利益冲突
　　　　交易的规制框架

如前所述,利益冲突交易是基金管理人违反忠实义务的主要表现形式,也是投资基金运作过程中最难解决的问题。这主要是因为投资基金独特的治理结构决定了其比一般的商事公司存在更为严重的利益冲突问题。首先,与一般商事公司的股东相比,基金投资者的投资数量、收益份额、投票权在整个基金中所占的比重很小,他们与基金管理人之间的信息不对称现象更为严重,因而,基金投资者相对更为脆弱。其次,投资基金特殊的治理结构也决定了其难于通过类似于商事公司的制度安排来保护基金持有人的利益。由于大多数基金是由外部的投资顾问来运营和管理的,其并没有自己的雇员,在一些重大事项上,例如基金管理费、投资组合周转率、由投资组合交易产生的手续费的分配、对基金销售的刺激和激励等,基本上是由这些作为外部的服务提供者的基金管理人控制,基金持有人难于对这些重大事项的决策实施有效的监控。尽管基金管理人与基金及基金持有人存在某些共同利益,诸如追求良好的投资绩效(outstanding investment performance)符合双方的共同利益,但两者之间在许多领域也存在严重的利益冲突[①],如基金管理人在基金规模扩大中得到的利益与基金持有人截然不同,前者得到了更多的管理费,而后者能得到最大的投资回报。因而,应通过法律对基金管理人利益冲突交易进行严格的规制。

一般说来,对基金管理人利益冲突交易的规制框架包括对利益冲突交易的主体、利益冲突交易的形态、利益冲突交易的规制政策等方面的内容。

一、利益冲突交易的主体

如何界定利益冲突交易的主体范围,在一定程度上反映了对利

[①] See The Role of Independent Investment Company Directors, Transcription of the Conference on the Role of Independent Directors, p.5.

益冲突交易管制的广度和深度。如对利益冲突交易主体范围界定过于狭窄，那么大量的利益冲突交易难于得到应有的规制，对基金持有人的利益的保护难免不周。而如果主体的范围界定过于宽泛，固然可以对投资者予以较为充分的保护，但同时亦增加了主管机关管制的成本，而且基金可以从事的交易的种类也将受到极大的限制，势必损害基金管理和营运的效率。从各国的立法来看，一般是采用双层结构来界定利益冲突交易的主体范围：即将利益冲突交易的主体限定于基金管理人及其关联人士。① 基金管理人作为管理和营运基金资产的特殊主体，多数国家的立法均毫无例外地禁止其与其所管理的基金之间进行利益冲突交易，而如何确定基金管理人的关联人士的范围各国及地区的立法差别较大。

通常说来，基金管理人的关联人士是指所有与基金管理人存在关联关系的法人或自然人。那么，何谓关联关系？从各国的立法来看，一般以是否存在"控制"因素或"重大影响"作为判断关联关系的标准。如国际会计准则第24号《对关联者的揭示》即规定：关联者，是指在制订财务或经营决策中，如果一方有能力控制另一方，或对另一方施加重大影响，则认为它们是有关联的。我国在《企业会计准则——关联方关系及其交易的披露》中也有类似的规定。至于何谓"控制"或者"重大影响"，各个国家或地区均根据本国的情况作出了不同的规定。就基金管理人而言，基于控制因素的关联人士主要有三种：(1)控制基金管理人的人；(2)被基金管理人所控制的人；(3)与基金管理人共同被第三人所控制的人。而在具体确定关联人士的范围上，各国及地区的相关法律适用上述原则的程度又有所区别。

美国1940年《投资公司法》第二节(a)(2)以列举的方式定义关联人士的概念：所谓的关联人士包括以下几类人士：(A)直接或间接拥有、控制、掌握了某人5%或5%以上的已售出的具有选举权的证券的人士；(B)那些被某人拥有、控制、掌握5%或5%以上的已售出的具有选举权的证券的人士；(C)直接或间接地控制上述两种人士或为其所控制的人士；(D)某人的所有雇员、董事、合伙人与管理人员；(E)如果某人指一家投资公司，那么公司投资的所有投资顾问或顾问委员会的所有成员都是其关联人士，以及(F)如果某人指一家未设立董

---

① 王苏生：《证券投资基金管理人的责任》，北京大学出版社2001年版，第74页。

事会的无限责任投资公司,那么其关联人士指它的保管人。至于何谓"控制",在同节(a)(9)规定,任何人直接拥有或间接控制一家投资公司25%或更多的具有选举权证券,就被视为控制了这家投资公司。

日本《关于证券投资信托之委托公司行为准则的大藏省令》第4条禁止委托公司向受托公司发出交易指令,在信托财产与该委托公司的利益相关人的财产,或信托财产与利益相关人运用或发出运用指令之财产之间,以与通常交易条件相异且有损害交易的公正之嫌的条件进行交易。根据同条的解释,所谓"利益相关人"包括以下三类人士:(1)该法人等的原任高级管理人(系指董事和监查董事(含理事、监事及其他相当此类职务者))或雇员,以及现任高级管理者或雇员担任该委托公司的高级管理人,且持有该委托公司的股票者(仅限附带议决权之股票。下同)(2)委托公司和受托公司的母法人等者。(3)委托公司和受托公司的子法人等者。[①]

我国香港地区的《单位信托及互惠基金守则》第三章第5条亦列举了关联人士的概念。根据该条,关联人士就一家公司来说是指(a)直接或间接实益拥有该公司普通股本20%或以上的人士或公司,或能够直接或间接行使该公司总投票权20%或以上的人士或公司,或(b)符合上述(a)款所述一项或两项规定的人士或公司所控制的人士或公司;或(c)任何与该公司同属一个集团的成员;或(d)任何在(a)、(b)或(c)款所界定的公司及该公司的关联人士的董事或高级人员。

我国台湾地区《证券投资信托基金管理办法》则采用了"利害关系公司"的概念。根据该办法第16条规定,证券投资信托事业不得投资于与本证券投资信托事业有利害关系之公司所发行之证券。至于何谓"利害关系公司",同条将其解释为(1)持有证券投资信托事业已发行股份总数5%以上股份之公司;(2)担任证券投资信托事业董事或监察人之公司。

从上述各国及地区对关联人士的规定来看,其基金法律都是以基金管理人是否与第三人之间存在直接的物质利益关系来作为判断的标准,如基金管理人与第三人之间存在投资关系(基金管理人是否是第三人的股东或第三人是否基金管理人的股东)、管理关系(第三人是否为基金管理人的董事、经理),那么,毫无疑问两者之间存在关

[①] 《关于证券投资信托之委托公司行为准则的大藏省令》第4条(10)。

联关系。另外各国及地区在制定具体的标准时,均根据本国及地区企业的股权结构及市场状况作出了灵活的规定,比较而言,日本、我国台湾等一些东亚国家或地区的法律对关联人士的范围的规定则较为简单,而美国及香港地区对关联人士的范围界定得较为宽泛且严谨。

　　需要指出的是,在日本、我国台湾地区的相关立法中,均是用"利益相关人"或有"利害关系之公司"来指称关联人士,而在美国法中,利害关系人和关联人士则是两类既有密切关系但又不完全相同的法律主体。"利害关系人"的外延已经大大超出关联人士的外延,关联人士仅仅是利害关系人中的一部分,而且只是其中的一小部分。利害关系人主要在确定投资公司的董事会成员是否属于独立董事时具有重要的意义。笔者认为美国法的这种规定是值得借鉴的。因为对于独立董事来说,其职责是负责对基金管理人管理、运营基金资产事务的日常监控,保护投资者的利益,这种角色要求其与被监督对象不能存在任何实质性的联系,这种联系既包括各种直接的物质利益关系,也包括各种情感方面的联系,限制担任独立董事职位的利害关系人的主体范围显然应该大于关联人士的范围。而对于利益冲突的交易主体,如果采用利害关系人的外延,则显然扩大了禁止交易的范围,反而对基金及基金持有人不利。

二、利益冲突交易的形态

　　根据基金管理人及其关联人士在交易中所处的地位的不同,利益冲突交易可以分为以下三种形态:一种是本人交易(principle transaction),在此类交易中,基金管理人及其关联人士与基金互为交易的对方,并且基金管理人在交易中是作为本人出现的。本章将在后面对本人交易作专门的探讨。

　　第二种利益冲突交易形态是共同交易(joint transaction),在此类交易中,基金管理人也是以本人的身份出现,但其与基金是处于交易的同一方而不是对方。对于共同交易问题,只有美国1940年《投资公司法》对此作了专门的规定,其他国家对此问题不太重视。根据美国1940年《投资公司法》第17节(d)的规定,一家已注册投资公司的关联人士、主承销商或前两者的关联人士不得以本人身份进行下列交易,否则即为违法:在交易中,这家公司或受它控制的另一家公司与上述人士共同参与并且公司承担连带责任,这种交易违背了委员会旨在限制或阻止这家公司在不利条件下参与交易的规则。

至于共同交易范围,美国的法院和 SEC 多从比较宽泛的意义上来理解,其衡量的标准不是看基金管理人是否与基金共同参与某项交易,而是基金管理人与基金是否在交易中具有共同利益。即使基金管理人并未直接参与基金所进行的交易,只要基金管理人能从该交易中获益,那么这种交易亦构成共同交易。有关判例对共同利益的要求十分宽松:(1)在基金管理人获益与基金所进行的交易这两个事实之间即使只存在间接的、偶然的联系亦构成 1940 年《投资公司法》第 17 节(a)和规则 17d-1 所管辖的共同交易;(2) 共同利益并不意味着同时利益,基金管理人获益可以发生在基金进行交易之前、之中或之后;(3) 在共同交易中,基金管理人的利益与基金的利益可以是同质的,也可以是异质的。①

由于证券市场瞬息万变,同一支股票的价格在不同的时段差异较大,因而在同向交易情形下,基金管理人亦会处于利益冲突的地位。如果同一基金管理人管理的两个投资理念相同的基金均要求取得同一股票,则基金管理人必须决定如何将不同成本的股票在两个基金之间进行分配,这就会出现两个基金竞争同一基金管理人"不可分割的忠实"的情形。同样在出售股票时亦会产生同样的问题。尤其是在像我国这样一个新兴证券市场,由于市场总体规模较小,国家股、法人股等非流通股平均占上市公司总股本的 60% 以上,同时多数上市公司运作不规范,公司质量总体较差,基金管理人在运作基金资产时,其可选择的投资对象十分有限,再加上我国证券市场很不规范,股票价格波动较大,同一基金管理人管理的不同基金之间共同交易所引起的利益冲突问题就更为严重。由于投资者在认购基金时,对基金管理人同时管理多支基金的事实已经明了,因此,基金管理人管理多个基金这种行为本身并未违反忠实义务。然而,在这种情况下,基金管理人又确实可能在交易中偏袒某一方,从而违反忠实义务。避免这种利益冲突的最好的办法可能就是按比例对不同价位的投资在基金之间进行分配。

第三种利益冲突交易是代理交易(agency transaction)。在此类交

---

① 王苏生:《证券投资基金管理人的责任》,北京大学出版社 2001 年版,第 92 页。

易中基金是交易的一方,而基金管理人或其关联人士则是以基金的代理人而非本人的身份参与交易。美国1940年《投资公司法》第17节(e)对此作了专门的规定。根据该条的规定,代理交易主要有两种形式:已注册投资公司的关联人士(或关联人士的关联人士)以代理人身份为该公司或受它控制的另一公司买卖资产而获取报酬,或者以经纪人身份为该公司或受它控制的另一家公司出售证券并收取佣金、服务费或其他报酬。在这两种代理交易中,都容易产生利益冲突的问题。在前一种情况下,基金管理人的受信任人的地位决定基金管理人必须为基金谋取最大利益,如允许基金管理人在代理基金进行交易的过程中收取除正常基金管理费以外的任何其他好处,那么势必使基金与基金管理人之间产生利益冲突。在后一种情况下,基金管理人一方面可能利用其受信人的地位收取过高的佣金,另一方面亦可能通过进行一些不必要的频繁交易,人为地为其关联经纪商创造佣金收入。基于此,美国1940年《投资公司法》第17节(e)原则上禁止基金管理人及其关联人士与基金之间的上述代理交易。日本和我国香港地区的法律也有类似规定。

以上是三种最基本的利益冲突形态。从上述三种形态中还可以衍生出一些其他的利益冲突形式,如基金管理费的利益冲突问题、"软美元"问题[①]以及基金经理的利益冲突交易问题等。本章主要对本人交易、基金管理费以及基金经理个人图利自己的行为所涉及的利益冲突问题作专门的探讨。

三、利益冲突交易的规制政策

对利益冲突交易是否需要进行规制以及在何种程度上进行规制取决于对利益冲突交易进行规制所需的社会成本,以及规制所带来的社会效益的综合权衡,并将其不公正的风险限制在合理范围的可

---

① 所谓的"软美元"是指投资顾问以基金的经纪业务作为交换条件,为自己从经纪商处取得除交易执行以外的产品或服务。"软美元"惯例可能导致双重利益冲突:一方面,投资顾问利用基金的佣金从经纪商处购买研究服务,这样自己就可以不必为研究服务付费,从而变相为自己牟取私利。另一方面,在涉及软美元交易的情况下投资顾问往往并未为基金取得最佳执行价格,投资顾问不可避免地面临获取研究服务的自我需要与基金利益之间的冲突。王苏生:《证券投资基金管理人的责任》,北京大学出版社2001年版,第99—100页。

能性。从理论界到业界,对于是否要对利益冲突交易进行规制以及规制到何种程度这个问题上,存在两种截然不同的观点,即全面禁止利益冲突交易或准许利益冲突交易。① 考虑到利益冲突交易的消极影响和积极影响,各国和地区法制对利益冲突交易一般采取原则禁止与区别对待相结合的管制政策,即一般性地禁止利益冲突交易,但同时对于某些利益冲突交易区别对待,规定可依一定程序予以豁免或批准。如香港《单位信托及共同基金守则》第 6.23 条规定,该计划进行的所有交易,或代该计划进行的所有交易,必须按正常的交易关系进行。尤其是管理公司、投资顾问、该计划的董事或他们的关联人士,如果以主事人身份与该计划交易,必须事先得到受托人/代管人的书面同意。所有此等交易须在该计划的年报公布。

需要指出的是,与其他相关的法律法规相比(如信托法和公司法),各国和地区基金法在利益冲突交易批准程序上日益显示出鲜明的行政管制色彩,即由主管机关代替基金托管人或基金持有人会议来对利益冲突交易进行审查。究其原因,主要体现在以下几个方面:其一,投资基金存在比一般商事公司更为严重的代理问题,如公司股东可以通过公司的股东大会对公司的经营管理实施一定程度的控制权,而且公司监事会还要负责对公司董事会及经理层日常经营管理的监督,而在投资基金,基金持有人会议所享有的权力十分有限,在我国基金亦不象商事公司那样设立专门的监督机构监事会,因而通过传统的私人秩序(如基金持有人会议或独立董事)来规制利益冲突交易难于达成理想的效果,而且其成本亦较高。其二,由于基金投资对象主要为各种有价证券,并不像一般商事公司那样须拥有各种特质资产,因而基金管理人及其关联人士与基金之间的利益冲突交易对基金、持有人利益的影响亦不像对商事公司及其股东的利益的影响那样错综复杂,也就是说,在投资基金领域,利益冲突交易在多数情况下对基金及持有人的利益会产生消极的影响。因而,对基金利益冲突交易实行行政管制可以避免通过基金持有人机制和司法机制那样繁琐的程序及其所带来的高昂的成本。其三,一般商事公司利益冲突交易除受到来自公司内部相关各方的制约以外,还受到来自

---

① 关于这两种观点的理由,请参阅王苏生:《证券投资基金管理人的责任》,北京大学出版社 2001 年版,第 76—77 页。

公司控制权市场的接管威胁,而基金利益冲突交易则不存在类似的市场控制力量,因而通过单纯的市场机制来规制基金利益冲突交易存在先天性的缺陷。① 此外,在投资基金领域中存在所谓的集体行动的问题,也决定了由主管机关来对利益冲突交易进行监控更合适。由于基金投资者人数较多,对于单个投资者来说,由于其所持基金单位数量相对较少,采取措施制止利益冲突交易其所支付的费用较大而所获的收益却较少,而且其他大多数基金持有人可以免费搭车。因而,对利益冲突交易进行监控实际上已成为一件公共产品,按 SEC 的官员 Steven Wallman 的说法,其实际上是一个更适合于由 SEC 而非单个投资者来解决的问题。② 因而,在此种情况下,通过行政机制对基金利益冲突交易进行管制既可以达成较其他方式更为理想的效果,同时又不增加交易成本。

第三节 本人交易之规制

一、本人交易的概念

本人交易,又称自我交易,是投资基金领域中最典型的一种利益冲突形态。如前所述,本人交易(principle transaction)是指基金管理人及其关联人士与基金之间的交易。在本人交易中,基金管理人及其关联人士与基金互为交易的对方,并且基金管理人在交易中是作为本人出现的。本人交易主要有以下几种形式:(1) 基金管理人与投资基金之间的交易;(2) 同一基金管理人管理的两个基金之间的交易;(3) 基金管理人使用证券投资基金的资金买卖与基金管理人有利害关系公司所发行的证券;(4) 基金管理人的内部人员与投资基金之间的交易等。

本人交易是最为典型的利益冲突交易,对于交易的双方来讲,具有先天的不对等性。基金管理人负责投资基金的实际运作,其内部人员往往掌握有关基金运作的信息,如果对基金管理人及其人员与基金之

---

① 王苏生:《证券投资基金管理人的责任》,北京大学出版社 2001 年版,第 80 页。
② Samuel S. Kim, Mutual Funds: Solving the Shortcomings of the Independent Director Response to Advisory Self-dealing through Use of the Undue Influence Standard, Columbia Law Review, [Vol. 98:474 1998], pp.484—485, note39.

间的交易不作限制,则极有可能损害基金受益人的利益。因此,禁止基金管理人及其内部关联人员与其所管理人投资基金之间进行交易,也是基金管理人对基金投资者或受益人所负忠实义务的一项基本要求。因而各国和地区有关基金法规对于本人交易都实行严格的管制。

二、各国和地区对本人交易的规制

发达国家和地区对于本人交易一般从两个方面进行规制:一是在基金法律法规中原则性地禁止本人交易;二是对于某些本质上并不构成利益冲突的本人交易,授权主管机关或基金受托人进行豁免或批准。

美国1940年《投资公司法》第17节以及1940年《投资顾问法》第206节对本人交易作了较为全面的规定。1940年《投资顾问法》第206(3)节规定,投资顾问在征得客户同意的交易完成之前应向客户书面披露自己所起的作用,在此之前,不得为自己账户交易,有意向客户卖出或从客户买入任何证券。依1940年《投资公司法》第17节(a)的规定,一家已注册的投资公司的关联人士、发起人或主承销商或者后两者的关联人士不得与公司从事本人交易。可见,美国法所禁止的本人交易的主体范围极为广泛,其包括基金管理人及其关联人士,基金管理人的发行人、主承销商及其关联人士。其所禁止的本人交易的形态主要包括三种:(1)故意向投资公司或受该公司控制的另一公司出售证券或其他财产;(2)故意向这家公司或受这家公司控制的另一家购买证券或其他财产;(3)从这家公司或受这家公司控制的另一家公司借入资金或其他财产。在原则禁止基金管理人及其关联人士与基金从事上述利益冲突交易的同时,第17节(b)亦作出了例外的规定,即在符合下列三项条件的情况下,上述关联人士可以向SEC提交申请,请求SEC发布豁免指令,以使申请人将要进行的交易不受第17节(a)规定的约束:(1)交易的条件(包括应付和应得的价款)公平合理,与交易的每位人士的条件都不优越于任何其他人士;(2)交易符合多家有关的已注册投资公司根据本法提交的证券申请上市登记表和报告中所述的政策;(3)交易符合本法的规定。此外,SEC根据该条的规定制订了17a—7规则,对基金管理人及其关联人士与基金之间的本人交易作了进一步的细化的规定。根据该规则,如果基金与基金管理人的关联人士之间的本人交易满足了下列7项条件则是合法的:(1)证券的卖方收到的惟一对价必须是现金;(2)交易价格必须是独立现行的市场价格;(3)不必支付佣金;(4)该交易必须符合基金政策;(5)基金的董事会,包括独立董事的多数,必须采取合理设计的程序以保证对本规则其他条件的遵守;(6)董事会应每年审查该程序,每季审查这种交易;(7)基金必须保存这种交易书面程序和记录6年以上。①

日本法对基金管理人及其关联人士与基金之间的交易亦采严格规制的态度。依《证券投资信托法》第17条第1项的规定,基金管理人在运作基金资产时负有忠实义务。该法第17条第2项规定了基金管理人禁止从事的几种自我交易行为(self—dealing)的形态。其根据交易主体与基金的关联程度的不同(即发生利益冲突的可能性的不同)将本人交易分为下列三类,并分别采取不同的规制方式:(1)绝对禁止的本人交易,即基金与基金管理人及其特定关联人士之间的证券交易或证券借贷;(2)有条件禁止的本人交易,即禁止同一基金管理人管理的两个基金之间进行不公平交易或操纵市场的交易;(3)有条件限制本人交易,除前二类以外的本人交易。

我国香港地区《单位信托及共同基金守则》(以下简称《守则》)第5.10条对单位信托或共同基金集合投资计划管理公司的一般责任做了规定,并在第5.8条规定,自行管理计划的董事不可以主事人身份与该计划进行任何交易。《守则》第6.21条规定除非事先得到受托人/代管人同意,及该计划或管理公司又以书面规定,依据包销或分包销合约付给经理人的所有佣金及费用,以及根据该等合约而获得的所有投资,须构成该计划资产的一部分,否则任何人士不得代表该计划签订包销或分包销合约。依《守则》第6.22条的规定,如果将该计划资产的现金,存放在受托人/代管人、管理公司、投资顾问或这些公司的关联人士之处,必须收取利息,而有关利率不得低于一般商业存款利率。第6.23条规定,该计划进行的所有交易,或代该计划进行的所有交易,必须按正常的交易关系进行。尤其是管理公司、投资顾问、该计划的董事或他们的关联人士,如果以主事人身份与该计划交易,必须事先得到受托人/代管人的书面同意。所有此等交易须在该计划的年报公布。《守则》第7.20条对基金管理人利用证券投资基金

---

① 王苏生:《证券投资基金管理人的责任》,北京大学出版社2001年版,第81—82页。

的资金买卖与基金管理人有利害关系公司所发行的证券作出了禁止性的规定:如果管理公司任何董事或高级人员拥有一家公司或组织的任何一种证券的票面价值超过该证券全数已发行的票面总值的0.5%,或管理公司的董事及高级人员合共拥有的该类证券的票面值超逾全数已发行的票面总值的5%,则有关集合投资计划不可投资于该证券之上。

我国台湾地区《证券投资信托事业管理规则》第27条第1款规定,证券投资信托基金事业之董事、监察人、经理人或其关系人,除经证管会核准外,于证券投资信托事业决定运用证券投资信托基金买卖某种上市、上柜公司股票时起,至证券投资信托基金不再持有该种上市、上柜公司股票时止,不得参与同种股票买卖。依此条规定,基金经理公司之内部人员不可能与投资信托基金进行股票买卖。《证券投资信托管理办法》第15条第1款第4、5项规定:不得对本证券投资信托事业同时经理之各证券投资信托基金为证券交易行为;禁止买卖与本证券投资信托事业有利害关系公司所发行的证券。都是有关基金管理人及其关联人士与基金之间的本人交易的规定。

综上所述,对于本人交易的管制,各国及地区立法在主体范围、交易的种类、规范方式以及管制的严格程度上均存在差异,然而在规制方式上,多数国家及地区在原则禁止本人交易的同时,均允许某些对基金及基金持有人有利的本人交易存在,而且各国及地区立法对其实质条件和程序条件均做了规定。前者主要要求交易内容合法,交易的条件必须公平,后者则主要是指本人交易的批准制度,如本人交易须得到行政主管机关、基金持有人或基金独立董事的批准,关联人士对其与此项交易的关系以及在此项交易中享有的利益须向基金董事会(或基金托管人)或基金持有人披露等,以将本人交易的潜在风险降至最低点。

然而,上述一些防范性的措施是否真能达成立法者所追求的抑弊扬利之目标?要回答这个问题,我们需要对规制本人交易的有关法律规定的发展作一简单的考察。从历史的角度考察,投资基金规制本人交易的有关规则借鉴了传统信托法和公司法的有关规定。而早期的信托法采纳的是禁止自我交易的规则,即禁止受托人处于受托人职责与个人利益相冲突的地位,特别是不能购买信托财产或应当归入信托的财产。而在19世纪中叶以前,法院在处理涉及董事与公司之间自我交易的案件时亦采用信托法的相关规则，即公司董事或高级职员与公司之间的契约无论对公司是否有利，一律归于无效或是可撤销的。而自19世纪下半叶开始，英美普通法开始对自我交易采取宽容的立场。到1910年，法院准许进行公平且经无利害关系的大多数董事批准的基本自我交易。到1960年，法律的有关规定变得宽容，除非法院认为该合同显失公平，即使有利害关系的董事会批准订立的这类合同，一般也认为具有法律效力。1975年美国加利福尼亚州《普通公司法》第310条率先对自我交易规定了程序性标准，其他州则紧随其后。依据该标准，股东适当批准的交易可以免除对其合同条款的公平性进行的司法审查。①

可见，英美国家对于本人交易的规制，经历了从严格禁止到有条件的允许，从完全依照判例法到法典化的变化。然而，需要指出的是，英美国家法官之所以改变绝对禁止本人交易的态度是因为在封闭式公司中自我交易的案件比在公众公司中要多得多。据有的学者研究，美国在1880年前后，差不多所有的有关自我交易的案子涉及的都是公众公司，而1910年前后，差不多所有的自我交易的案子都涉及封闭公司。②这一变化过程和法院在对待本人交易的态度的变化是一致的。由于实践中公司的组织形式的日益增多，不可避免地使法院面临着数量更大、种类更多的自我交易，而且不同类型的自我交易对公司的影响亦不相同，某些自我交易甚至还有积极的一面。因而，对所有自我交易采取完全禁止的态度是不可取的。如在封闭公司，由于股东人数较少，股东对本人交易的监控也较容易，在采取适当的防护措施的情况下，本人交易对公司有时确实是一件好事。对于大型的公众公司，通过设立控股子公司或关联企业从而形成企业集团也已成为市场经济条件下公司规模扩张的一种重要方式，因而对于一般商事公司来说完全禁止本人交易确实不符合效率原则。

但是，将一般商事公司中关联交易的规则简单地适用于投资基金领域中其合理性就值得怀疑。由于投资基金主要以有价证券作为其投资对象，一般情况下不涉及实业投资而且亦不涉及融资问题，在多数情况下不涉及有形商品的交易，更不会像一般商事公司那样需

---

① 罗伯特·C.克拉克：《公司法则》，工商出版社1999年版，第131页。
② 同上书，第135页。

要借助于各种关联交易来扩大规模，因而在投资基金领域中本人交易难以产生象其在一般商事公司中所具有的效率。而且由于投资基金的独特的结构，本人交易在投资基金中存在着比一般商事公司中更大的滥用或不公平的风险，而现行规制本人交易的法律规范，不管是股东的批准，还是由无利害关系的董事来批准本人交易，或者通过法院基于公平性的原则来对本人交易进行司法审查，都无法减少或者矫正不公平的本人交易的给公司及投资者的利益所带来的潜在的风险。① 而且，通过这些审查或批准程序本身也会产生交易费用。与此同时，通过公平的本人交易所能达成的积极的公司或社会目标，公平的外部人交易一般也能够达到。在此就面临一个选择，即是否有必要为达成一个通过普通的外部交易容易实现的目标，而让投资基金去承担这么大的风险？亦即，和未进行本人交易时的状况相比，如果本人交易未使投资基金的状况得到显著的改善的话，那么就没有理由对不公平的本人交易的重大风险放任不顾了。因而，现行的规制本人交易的规则的合理性是值得怀疑的②。笔者认为，基于本人交易在投资基金领域的巨大的潜在风险，法律应采取比现行适用于商事公司的本人交易规则更为严格的立法政策，即应基本上采用对投资基金本人交易绝对禁止的原则，在少数特殊情况下授权行政主管机关对符合豁免条件的本人交易进行豁免。豁免条件应比现行的规定更为严格，只有当证明本人交易的条件比一般的外部人交易对投

---

① 对这三种机制的详细分析，请参阅罗伯特·C.克拉克：《公司法则》，工商出版社1999年版，第146—148页。
② 如在基金销售过程中，基金与基金管理人的控股股东之间的关联交易，通过现行的关联交易的规则就很难规制。实务中，基金管理公司多委托证券公司代理销售基金份额。由于目前我国的基金管理公司多由证券公司和信托公司为主发起设立，基金管理人与证券公司之间也存在着复杂的关联关系。证券公司为基金管理人销售基金并为基金管理公司提供各种研究报告，基金管理人租用证券公司的交易席位作为补偿。这种互惠交易使得基金管理人和证券公司成为一个特殊的利益共同体，基金管理人分配交易手续费刺激证券公司更多地销售基金，证券公司销售更多的基金使得基金管理人管理更多的资产，基金管理人管理更多的资产又可以产生更多的交易手续费，更多的交易手续费刺激更多的基金销售。出于增加刺激基金销售资源的考虑，基金管理人可能过度地提高基金周转率，以增加交易手续费。而作为对基金管理人的回报，证券公司可能在基金公布年报和中报之前，大幅度拉高基金重仓股的股价，抬高基金净值，为基金管理人提取管理费、基金排名、提取业绩报酬等方面提供支持。这种互惠交易的结果是增加了基金的交易成本，降低了基金持有人的投资回报。由于这种互惠的关联交易的复杂性，再加证券市场交易的快捷性及专业性的特点，仅依靠适用于一般商事公司领域的关联交易规则对其进行规制很难确保这种关联交易的公平性。

资基金更为优惠,本人交易能比一般外部人交易产生更大的价值,而且投资基金能分享部分价值时,才能获得主管机关的豁免,而不是像现行规则那样仅仅当交易条件被证明公平合理时即可获得豁免。

三、我国现行法律法规对本人交易的规定及其完善

我国《证券投资基金管理暂行办法》在第34条对基金管理人及托管人在投资基金运作过程中禁止从事的行为作了列举式规定。其中涉及本人交易的主要有三项:即基金之间不得相互投资(主要指同一基金管理人所管理的不同基金之间);基金管理人不得从事任何形式的证券承销或者从事除国家债券以外的其他证券自营业务;将基金资产投资于与基金托管人或者基金管理人有利害关系的公司发行的证券。中国证监会1998年8月21日发布的《关于加强证券投资基金监管有关问题的通知》规定管理公司、基金托管部工作人员不得直接或间接买卖股票和基金,或替他人买卖股票和基金。应该说,从总体上来看我国现行的相关法规对本人交易的规定很不周全。

首先,我国现行法规对基金管理人及其关联人士与基金之间的本人交易缺乏一个总体的原则规定,而是通过禁止基金管理人从事具体的利益冲突交易的方式来对本人交易进行规范,因而难免挂一漏万。

其次,就现行法规对基金管理人及其关联人士不得从事的本人交易的具体形态的设计来看,亦存在缺漏。《暂行办法》第34条第12项禁止将基金资产投资于与基金托管人或者基金管理人有利害关系的公司发行的证券。《证券投资基金法》第59条禁止将基金资产用于向其基金管理人、基金托管人出资或者买卖其基金管理人、基金托管人发行的股票或者债券,以及运用基金资产买卖与其基金管理人、基金托管人有控股关系的股东或者与其基金管理人、基金托管人有其他重大利害关系的公司发行的证券或者承销期内承销的证券。《证券投资基金法》比《暂行条例》更加明确地禁止了关联交易的内容和对象,但是相对于其他国家和地区对关联交易的评定和监管,我国的立法还有进一步细化和明确的空间。因为除了基金资金投资买卖与基金托管人或者基金管理人有关联的公司发行的证券,会对投资基金与受益人的利益产生影响以外,用基金资金投资买卖基金管理人所管理的其他基金所投资的公司所发行的证券,也同样会影响基金

及基金持有人的利益。至于何谓与基金管理人有利害关系的公司，《证券投资基金管理暂行办法》以及《〈证券投资基金管理暂行办法〉实施准则（第一号）证券投资基金契约格式与内容》并未作出具体的界定，从法理上说，这两个法规在立法效力和形式属于最低一级的，理应是具体的，可操作性的定规立制，如此宽泛原则的规定等于是没有规定，完全缺乏可操作性。另外，对封闭式基金和开放式基金不作区别而一律禁止基金管理人及其内部工作人员买卖基金也不合理，因为二者价格形成的机制不同，基金管理人及其工作人员持有基金受益凭证对基金的影响也不一样。正因为现行法规存在上述缺漏，再加上前一段时期对基金监管又不到位，因而在实际运作中，基金管理人利用基金资金来为基金的关联公司、基金托管人或基金管理人的关联公司提拉、接托其发行的股票的二级市场价格行为司空见惯，不足为奇。① 学者的实证研究也表明，前一段时期，我国大部分基金都发生了"对倒"行为。②

鉴于我国现行基金法规对本人交易的规范存在上述疏漏，我国应借鉴发达国家和地区的先进立法经验对此方面的规定予以完善。具体设想是，首先对基金管理人及其关联人士的本人交易作一总体规定，即法律原则禁止基金管理人及其关联人士与基金从事利益冲突的本人交易，在特殊情况下，如基金管理人及其关联人士与基金交易的条件优于一般外部人的交易条件，在公开披露有关交易的信息并征得监管机关的审查批准后，可以获得豁免。其次，应充实和完善对具体本人交易行为的规范。（1）由于同一基金管理人管理的各基金之间相互进行交易容易产生各种弊端，而且对证券市场的影响也很大，因而我国应原则禁止同一基金管理人管理的各基金相互间交

---

① 如在银广厦一案中，大成基金管理公司旗下的两只基金景宏和基金景福就涉嫌提拉、接托其发起人之一的北京中经开物业管理有限公司所持银广厦股票。据媒体披露，根据基金景宏、基金景福2000年中报披露的信息，到2000年6月30日止，两基金均未持有银广厦的股票。但随后两基金均大幅增持，以基金景宏为例，到2000年9月30日为止，其持有银广厦股票的比例已位居其持股的第八位，而到2000年底，银广厦已成为基金景宏的第一大持仓股，大约持有700万股。此时基金景宏也成为银广厦流通股的第二大股东。伴随两只基金的建仓，除权后的银广厦股票价格也从2元上涨至37.99元，完成了银广厦股价的最后一次拉高过程。与此同时，中经开到2000年底成为银广厦流通股的第一大股东，持有约940万股。张旭东、张建平：《机构大户行为剖析》，见《中国证券报》2002年5月28日第2版。

② 相关数据的介绍见平湖、李菁：《基金黑幕》，载《财经》2000年第10期。

易,但是在某些特殊的情况下,如果某一基金为应付受益人大笔赎回受益凭证的要求,需出售其持有之证券,而另一新设立的基金持股比例过低应买进股票时,这种基金之间的相互买卖股票,对两者均有利,应在获得主管机关审查批准以后,予以豁免。(2)由于封闭式基金受益凭证主要在证券交易所进行交易,其价格受市场供求状况影响很大,容易诱发内幕交易和操纵市场等违法行为,应明确规定封闭式基金的管理人及其关联人士不得购买其所管理的基金受益凭证,而开放式基金的投资者主要是通过基金管理人基于基金净资产值赎回其所持基金受益凭证来变现,在一般情况下不易发生内幕交易和操纵市场等损害基金持有人利益的行为,因而,应允许开放式基金管理人及其关联人士购买其所管理基金的受益凭证。最后,应对关联人士的具体范围作出界定。可借鉴我国《企业会计准则》的有关规定,在投资基金法中设定一个判断关联人士的标准,只要有能力直接或间接控制、共同控制基金管理人或对基金管理人施加重大影响,那么就可以将其认定为基金管理人的关联人士。同时还可以根据我国证券市场及基金业发展的现状,对基金管理人的关联人士作出列举式的规定,如可将持有基金管理人10%以上股权的股东;基金管理人的发起人、董事、监事、经理人员以及其持股5%以上或者担任高级管理人员的公司;基金管理人投资控股的公司或者与基金管理人一起被第三方控制的公司等界定为关联人士进行规范。

第四节　基金管理费之规制

一、问题的提出

由于投资基金是以委托的方式请他人代为投资和管理,因此,其从设立到终止都要支付一定费用。依照所应支付的费用发生的时间先后,基金的费用可分为期初费用、期中费用和期终费用。期初费用是指为发行基金单位时支付的费用,以及与募集基金相关的其他费用,主要包括开办费用和固定资产购置费用。期中费用是指基金运营过程中所发生的一切费用,包括基金管理费、保管费、操作费以及在此过程中发生的费用。期终费用即为基金清算所需费用,按结算时实际支出从基金资产中提取。在上述诸项费用中,对投资者的利益影响最大的当为基金管理人依其所管理的资产的比例向基金收取的管理费。本节主要探讨基金管理人在基金管理费方面所负的忠实义务。

基金管理人作为一种以营利为目的的专业服务提供者，其在为基金及基金持有人提供专业服务时须获取一定的报酬。而这种报酬主要体现为向基金及基金持有人收取的管理费。从双方的关系来看，基金管理人向基金提供专业服务，而基金向其支付报酬，因而，双方之间的关系实际上是一种特殊的本人交易。

从历史的角度来考察，早期的私人信托的受托人多为信托设立人的亲戚、朋友，其担任受托人通常是无偿的。尽管受托人可以向信托财产追偿为管理信托事务所支付的费用，但受托人履行职责不计报酬，是英国信托法一项重要的原则[1]。然而，随着社会经济的发展，特别是营业信托的大量出现，这一原则逐渐被突破了。尽管受托人不能收取报酬的原则并未被明令废除，但在司法实践中已逐步放宽了对该规则的解释。受托人特别是专业受托人在提供信托财产或信托事务管理的专业服务时一般都要收取一定的报酬。基金管理人作为提供专业服务的受信赖人理应可以向基金收取一定数额的费用作为报酬。而在早期，衡平法对受信赖人（受托人）在向委托人收取报酬时应遵循什么样的标准并未作出明确的规定，基金管理人对基金持有人负有信赖义务与关于报酬的信赖义务并无必然的联系。[2]

美国在1940年《投资公司法》颁布以前，基金管理费完全由投资顾问与投资公司双方依市场原则通过协商决定，法律基本上不加以干预。[3] 但是，由于投资公司实际上是由投资顾问设立、管理，不管是投资公司的业务经营还是董事会的构成都受到投资顾问的影响和控制，因而，在基金管理费问题上，二者之间存在严重的利益冲突。作为基金持有人的受信赖人，基金管理人有义务为基金获取最低的管理费率，而作为这种交易关系的一方当事人，又期望为自己获得尽可能多的报酬。从这个意义上说，投资顾问与投资公司之间关于基金管理费的协议并非一种完全对等的交易（arm's-length bargaining）。

---

[1] 传统信托法确立受托人不能就其管理信托事务收取报酬的原则还有一个更深层次的原因，就是如果允许受托人从信托财产支取报酬的话，在有些情况下，信托财产很有可能会被消耗殆尽。何宝玉：《英国信托法原理与判例》，法律出版社2001年版，第191页。
[2] 王苏生：《证券投资基金管理人的责任》，北京大学出版社2001年版，第56页。
[3] 同上书，第57页。

为保护基金及基金持有人的利益,需要对基金管理费的确定进行一定程度的干预,其目的就是要使双方当事人之间的关系恢复到类似于对等条件下的交易。同时由于基金管理人与基金之间的这种交易是为基金正常运营所必不可少的,因而对基金管理费的规制又不能像对其他利益冲突交易那样采取原则禁止的政策,而是要在承认这种利益冲突交易存在的合理性前提下,并基于公平与效率的原则合理地平衡基金管理人和基金持有人的利益。

众所周知,在现代金融服务市场,基金管理人是资产管理专业服务的提供者,基金持有人是这种专业服务的需求者,而基金管理费率就是基金管理服务的价格,基金向基金管理人支付的管理费与基金管理人的成本之间的差额就是基金管理人的利润。基金持有人在这个市场的弱者地位决定了须对其实行特殊的保护,以达成一个公平的结果,否则投资者就要对这个市场失去信心并最终退出这个市场。但是,如果对基金持有人的保护过度,使基金管理人难于通过提供管理服务实现其自身的利益,基金管理人又会缺乏足够的动力去为基金持有人谋取最大化的利益,从而亦使投资者投资基金的目的落空。

二、对基金管理费的规制

从各国对基金管理费进行规制的一些具体做法来看,主要有三种方式:(1) **市场手段**,即完全由当事人双方通过市场方式来决定基金管理费标准,法律与行政机制基本上不起作用。这种模式以英国的高度自律管理为代表。(2) **行政手段**,基金管理费的标准由政府监管部门决定。这种模式以中国为代表。(3) **法律手段**,基金管理费由双方自主协商,但基金持有人可以对于不合理的基金管理费申请司法救济。此种模式以美国为代表。① 就市场手段而言,由于基金管理人和基金持有人之间不对等地位,单纯通过市场手段来调整基金管理人与持有人之间的利益关系难于达到一个公平的结果。而完全依靠行政手段来进行规制亦难达到理想的效果。因为行政手段完全排除了市场价格的发现和指导功能,而行政机关既没有动力亦没有能力去发现市场均衡价格,同时过于严格的价格管制还会导致大量的寻租现象。而法律手段综合了市场手段和行政手段的长处,是值得

---

① 王苏生:《证券投资基金管理人的责任》,北京大学出版社2001年版,第62页。

我们借鉴的一种较为理想的调整模式。

从美国的情况来看,无论是联邦法律还是证券交易委员会的监管条例,都未明确限定投资顾问收取管理费的具体比例。证券交易委员会将对共同基金的监管集中在充分、完全的投资风险和收益的披露上,美国全国证券交易商协会(NASD)对通过经纪人—交易商销售的基金股份的销售费用加以限制,如 12b—1 费用的提取比例的上限就是由该协会规定的。美国共同基金合理的费用水平主要是通过以下几个因素的综合作用形成的:

首先是激烈的市场竞争。作为美国金融市场的惯例,监管者依赖市场竞争作为决定基金管理费用水平的有力工具。美国的共同基金业是竞争激烈的行业,众多的投资顾问公司发行了数以千计的基金股份,投资者有充分的选择余地。如果某一基金的收费过高,投资者必然就会选择其他的基金。因而美国的基金管理费用的整体水平较为合理。

其次是充分的信息披露。充分的信息披露是对基金管理费用进行监管的一项重要的措施,其旨在充分发挥投资者在基金费用监管中的重要作用。通过对基金管理费用的充分信息披露,投资者在选择其所投资的基金时就可以对基金收费情况予以密切的关注,从而可以大大降低基金业的整体费用水平。1988 年,SEC 颁布了 N—1A 格式,要求投资基金在发行基金股份时在招募说明书的前面部分以简明、易懂、统一的格式向投资者提供关于基金费用水平的信息,包括列出标准费用表,向潜在的投资者公开基金收费比率。在运营期间,投资者还须定期(至少半年)向股东提供有关的财务信息,其中包含了基金费用状况。

第三是发挥独立董事在基金费用监督中的作用。由于基金股东与投资顾问存在利益冲突,因此 1940 年《投资公司法》要求基金的独立董事代表基金股东的利益,并负责评估和批准基金支付给投资顾问上一年度的管理费和批准下一年度的管理费。1940 年《投资公司法》第 15 节(c)规定投资顾问协议的签订和展期须得到多数独立董事投票表决批准。独立董事对投资顾问合同的审查理应包括对基金管理费用条款的审查。根据 Gartenberg v. Merill Lynch 所确立的规则,独立董事在评估基金费用水平时除了应该考虑其他基金的费用水平外,更应该考虑以下因素:投资顾问提供服务的质量和性质;投资顾问的成本;基金规模增长为投资顾问带来的规模经济效益;基金经理必须处理的业务量;管理基金为投资顾问带来的间接利益;董事的独立性和自觉性。①

第四是基金管理人在基金管理费方面负有信赖义务。1940年《投资公司法》采取了避免直接规制顾问费用的做法,而是通过赋予独立董事以极大的自由裁量权对基金管理费进行审查并且以之作为防止在管理费方面的利益冲突交易的第一条防线。但是由于投资顾问负责选举董事会的所有董事,包括独立董事,这就使得独立董事在顾问费的问题上难于与投资顾问在正常交易基础上进行谈判。②因而,单纯依靠独立董事并不足以限制基金管理费。

上个世纪60年代发表的华同报告(Wharton Report)和70年代SEC的报告亦确认了这一点。根据华同报告的研究结果,投资基金的管理费率相对来说比较高,而且这种较高的费率并不是由于投资顾问为共同基金提供了广泛的服务所导致的。报告在很大程度上将其结论建立在突破点(breakpoint)的证据之上,认为尽管基金的规模快速增长,但基金股东并没有像人们所想像的那样获得从这种规模经济所带来的利益。③ 但投资顾问依然依据基金资产的比例收取顾问费,而并不考虑突破点(breakpoint)。结果是,投资顾问要收取更高的顾问费,而这些费用通常要比同样的投资顾问在管理同样规模的资产时向其非投资公司客户收取的顾问费要高。④华同报告发表以后,SEC开始着手对共同基金进行调查,从其调查中得出结论,共同基金置于投资顾问的有效的控制,因而,1940年《投资公司法》不能对基金股东提供充分的保护。该报告还密切地关注到,那些对过高的顾问费不满的股东并不能自由地用脚行使投票权,因为资本利得税以及沉淀的费用,比如前端销售费用,限制了股东离开某一基金而转

---

① 于宏凯:《美国共同基金的费用变迁与监管》,《证券市场导报》2002年6月号,第25页。

② Samuel S. Kim, Mutual Funds: Solving the Shortcomings of the Independent Director Response to Advisory Self-dealing through Use of the Undue Influence Standard, Columbia Law Review, [Vol. 98:474 1998], p.483.

③ breakpoint是净资产水平,当达到这一水平时,就引起管理费率的下降。易言之,现存的投资者从基金规模的扩大中可能获得的好处就是由于规模经济导致的费用的降低,因为规模更大基金并不一定比小规模的基金要花费更多的费用。

④ Supra note ②, p.484.

向另一家收费较低的基金。价格方面的串通——多数投资顾问与共同基金向其股东收取同样高昂的费率——亦进一步限制了股东作出选择。在该报告中,SEC建议对1940年《投资公司法》进行修改,其中包括这样一个条款,通过该条款对顾问费须直接基于合理性的标准(straight reasonableness standard)进行判断。易言之,并不是像1940年《投资公司法》那样,赋予基金的董事会以充分的自由裁量权来决定投资顾问费,SEC建议赋予法院依各种相关的因素来决定顾问费是否合理的权力,比如投资顾问提供服务的质量以及相似的机构包括其他投资顾问在相似的情况下所收取的管理费等。①

然而,在通过1970年修正案时,议会拒绝了SEC所建议的合理性标准而支持投资顾问就管理费负有信赖义务标准。②1970年在对《投资公司法》进行修改时增加了第36节(b),该款主要涉及投资顾问就其所获得的报酬方面的信赖义务。该款规定:一家已注册的投资公司的投资顾问在他或他的关联人士接受了公司或公司证券持有人支付的服务费之后将被视为负有信赖义务。该款规定,如果投资顾问、基金官员、董事或顾问委员会的成员违反了上述信赖义务,SEC或股东可以代表公司提起派生诉讼。同时依第36节(b)(2)的规定,如果基金管理费或包含基金管理费的顾问合同得到独立董事及公司股东的批准,那么就足以证明投资顾问在管理费方面并未违反信赖义务。③

该次修正案的一般目的是使股东或SEC更容易起诉投资顾问。

---

① Samuel S. Kim, Mutual Funds: Solving the Shortcomings of the Independent Director Response to Advisory Self-dealing through Use of the Undue Influence Standard, Columbia Law Review,[Vol. 98:474 1998],p.484.

② 议会之所以在通过1970年时将SEC所建议的合理性标准改为信赖义务标准,可以归因于两个方面的原因,一是由于投资顾问是基于与投资公司之间的合同而为投资公司提供资产管理服务,作为外部的服务提供者,投资顾问并不像内部投资顾问那样对基金的内部董事及股东负有责任,因而须通过强行的法律规定使投资顾问对投资公司其负有法律义务。另外一个原因似乎可以归因于政治方面的原因,即当时证券业界强烈反对合理性标准,因为他们觉得如果采取了合理性标准那么将不适当地强调董事的行为而非基金顾问的行为,同时导致法院以其自己的判断代替董事的商业判断,并且如果采取合理性的标准,就将基于费用的基础而非顾问的过失来衡量其费用,这样实际上排除投资顾问通过提供投资管理服务而获取盈利的机会。因而,采取信赖义务标准同时又是当时各方利益冲突及相互妥协的一个产物。Id.,p.486.

③ 依该条规定,在这种诉讼案件中,法院应该确认:公司董事会对这种服务费的批准或对规定这种服务费的合同或其他协议的批准以及公司股东对这种服务费的批准及承认或对规定这种服务费的合同或其他协议的批准及承认在任何情况下都是适当的。

希望通过 SEC 的诉讼和基金股东的派生诉讼来提供一种不必依赖于具有分散性的股东联合来救济的手段,一旦出现基金管理人违反信赖义务的情形,SEC 和个别股东则可以迅速启动司法程序予以救济,以防止各种不正当行为的发生。①

三、我国现行法律有关规定的不足及其完善

我国《证券投资基金管理暂行办法》对基金管理人在基金管理费用方面的忠实义务未作规定。同样该《暂行办法》对基金管理费的提取比例及方式亦未涉及,只是在第 36 条笼统地规定基金管理人的报酬以及可以在基金资产中扣除的其他费用,应当按照国家有关规定执行并在基金契约中订明,2004 年 7 月 1 日施行的《证券投资基金信息披露管理办法》第 23 条第 2 款(18)规定,基金管理费的计提标准、计提方式和费率发生变更,须作为重大事件予以公告。实践中,基金管理费率通常是由基金管理人与托管人在订立基金契约时确定,实际上是由基金管理人单独决定的,并不存在类似于美国共同基金董事会那样的机构来对基金管理费率进行监控。通常是在基金发起人在申请设立证券投资基金时,主管机关在对其提交的基金契约和招募说明书进行审查时,对基金管理费条款一并审查。而这种审查本身的效果就值得怀疑。此外,我国现行基金法规对基金持有人的派生诉讼的权利未作规定,我国现行的司法制度也决定了中国证监会不可能针对基金管理人通过提取管理费的形式损害基金投资人的利

---

① 需要指出的是,自从 1970 年修正案后,法院在确立基金董事和顾问的义务及标准方面已经发挥了很大的作用。绝大多数有关基金管理费过高的讼案都得到了处理。然而,原告因过高的管理费而从未对基金董事或顾问提起过成功的诉讼。其原因在于法院强调的重点在于基金独立董事的批准,因为法院通常认为其独立性和其作为受托人的能力是没有问题的,并且他们亦没有受到投资顾问的支配和不当影响。在这种情况下,基金持有人要以被告收取过高的管理费为由提起诉讼就须证明投资顾问或经理收取的管理费是如此的高,以至于与其所提供的服务并不存在合理的联系,并且不是正常商业交易的产物。而原告要就此提供充分的证据显然比较困难,因而多数诉讼以原告败诉也就是十分自然的。为改变这种状况,有学者提出一种改革方案,即如果法院发现投资顾问并没有对外部董事施加不当的影响,那么一般就假设董事在得到充分披露的情况下,已经作出了合理的商业判断,投资顾问也依第 36 节(b)的规定履行了其信赖义务。如果投资顾问对基金的独立董事施加了不当的影响,那么法院就将对争议中的管理费适用更为严格的合理性标准进行审查。Samuel S. Kim, Mutual Funds: Solving the Shortcomings of the Independent Director Response to Advisory Self-dealing through Use of the Undue Influence Standard, Columbia Law Review,[Vol. 98:474 1998],pp. 492—493。

益的行为提起诉讼,对基金管理费的司法约束力亦较弱。因此,我国现阶段主要是通过信息披露机制对基金管理费的确定和计提实行制约。

依据《发行证券投资基金招募说明书的内容与格式》的规定,基金管理人的管理费按照基金资产净值的 1.5% 的年费率计提。虽然从形式上看,我国证券投资基金的管理费用按照基金净资产提取符合国际上的通行做法,但是,由于目前我国股票市场尤其是流通股市场的规模还比较小,市场监管还有许多缺陷,像证券投资基金这样的大型机构投资者有可能操纵股票的价格和基金的净资产值①,因此,这种管理费提取方式的隐患绝不应该被忽视。现阶段我国上市公司的股权分为国家股、法人股和社会公众股,而只有社会公众股是全流通的股票。据统计,目前我国 A 股的平均流通市值约为 7.7 亿元左右。根据《证券投资基金管理暂行办法》的规定,基金可以将其资产的 10% 投资在某一只股票上,由于现在的证券投资基金的总资产略超过 20 亿元,因此,在一只股票上的投资可以达到 2 亿元。这样,对于总市值为 20 亿元、流通股占 30% 的股票,证券投资基金有可能控制该股票 1/3 的流通股,这样的持股比例再配以众所周知的一些违规操作方式(如对敲、联手操纵等)足以影响股票的市价。据有关媒体披露,我国的大多数基金管理公司为提高基金所持股票的市值,存在较为严重的操纵市场的行为。如从 1999 年 8 月 9 日至 12 月 3 日的

---

① 对于基金管理人来说,基金净资产值的提高无非有三种途径:一是通过扩大基金的销售数量来增加基金的净资产值;二是通过研究、分析、价值发掘,改善基金的组合资产,以提高基金的净资产值;三是通过操纵基金组合证券的市值来操纵基金净资产值。三种方式中,通过第二种方式来增加基金净值与基金持有人的利益是一致,而操纵基金净值与投资者的利益则相冲突。第一种方式中,基金管理人与基金持有人也存在潜在的利益冲突,基金管理人直接受益于基金规模的不断增长,但是基金投资者却可能在这一增长中得不到任何好处,从某种意义上讲,加大基金的销售力度必须提高基金的销售费用,而基金销售费用则是对基金持有人投入的基金资本的一种扣减。此外,为扩大基金销售额,基金管理人与销售基金的证券公司还可能存在互惠交易,证券公司为基金管理人销售基金,基金管理人租用证券公司的交易席位作为补偿,对于销售基金数量多的证券公司,基金管理人分配的交易量也相对较多。这种互惠交易使得基金管理人和证券公司成为一个特殊的利益共同体,基金管理人分配交易手续费刺激证券公司更多地销售基金,证券公司销售更多的基金使得基金管理人管理更多的资产,基金管理人管理更多的资产又可以产生更多的交易手续费,更多的交易手续费刺激更多的基金销售。出于增加刺激基金销售资源的考虑,基金管理人可能过度地提高基金周转率,以增加交易手续费。而过度增加基金周转率的结果是增加了基金的交易成本,降低了基金持有人的投资回报。

80个交易日中,同一家基金管理公司管理多家基金进行同一只股票的同时增仓、减仓或有增有减所涉及的股票有76只,自身对倒的7只,基金间双向倒仓的11只。而在1999年12月3日至2000年4月28日,基金共同减仓、增仓或有增有减的股票140只。① 基金管理公司通过操纵股票市价和基金净资产值而多收取的管理费用是非常可观的。

现行的基金管理费用计提标准亦难以起到激励基金管理公司改善投资管理,提高投资回报的作用。以华夏成长基金为例,根据其《基金契约》第22条的规定,基金管理人的基金管理费按基金资产净值的1.5%年费率计提。其计算方法为:$H = E \times 1.5\% \div$ 当年天数。基金管理费每日计提,按月支付。经基金托管人复核后于次月首日起5个工作日内从基金资产中一次性支付给基金管理人。以基金净资产20亿元计算,一年下来基金没有任何盈利基金管理人都可以获取3000万元,即使基金净资产亏损20%,依然可以获得2700万元的管理费。相反,如基金净资产值增值20%,基金管理人亦只能获取3300万元的管理费。因此,在我国现行基金管理费制度下,基金管理人实际上是负盈不负亏,这样一种机制实难以激励基金管理人为基金持有人实现基金净收益最大化。②

另外,我国目前的固定费率制度,亦使基金持有人难于获得基金规模的扩大所带来的好处。因为规模更大基金并不一定比小规模的基金要花费更多的费用,但是基金管理人却按照同一费率标准向基金持有人收取管理费。

鉴于我国现行法规在基金管理人基金管理费的规制存在上述缺

---

① 平湖,李菁:《基金黑幕》,载《财经》2000年第10期。
② 这样一来就难免出现奇怪现象:某亏损的但净值高的基金所提取的管理费,超过盈利的但净值低的基金。比如在2002年上半年,同样是20亿份额的基金兴华和基金汉盛,净值增长率分别为7.57%和-1.2%。如依照经营业绩来提取管理费,基金兴华提取的管理费,理应多于基金汉盛。令人看不懂的结果是,基金兴华提取的管理费为1384万元,而业绩较差的基金汉盛倒提取了1420万元。换句话说,投资者持有基金汉盛尝到了亏损的滋味,反倒要向基金管理人多支付管理费。进一步看造成基金兴华和基金汉盛管理费计提扭曲的原因:基金汉盛2001年年底10派0.03元,累计分红9.7亿元;基金兴华2001年年底10派0.91元,累计分红18.1亿元。基金兴华是由于多分红,导致其2002年初的净值低于基金汉盛,计提基金管理费的基础比基金汉盛低。如此管理费计提与实际业绩背离,显然塑造了错误的价值观,甚至可能导致基金管理人不思进取。张炜:《基金管理费率打破"大锅饭" 华安180尝试变革》,《中国经济时报》2002年10月21日。

憾,应该借鉴其他国家的经验对此予以完善。首先,除在《证券投资基金法》中规定基金管理人应当为基金持有人的最大利益负有信赖义务以外,还应特别规定基金管理人在基金管理费方面对基金持有人负有忠实义务。其次,应在基金内部加强对基金管理人在决定基金管理费的制约。由于信托型基金与公司型基金在实际运作过程中的差异不大,因此可考虑借鉴公司型基金作法,设立基金董事会(或者受托人委员会),而且其中独立董事(受托人)应占董事会的大多数席位,并赋予独立董事对基金管理费的审查权。最后,赋予基金持有人诉讼权。当基金管理人在基金管理费的问题上违反了其信赖义务损害了基金及基金持有人的利益时,基金持有人可以代表基金对基金管理人提起诉讼。有关这个问题在后面将作专门的探讨。

同时为防止现行证券投资基金按照基金净资产的1.5%提取管理费有可能会导致不合理的操作行为,可通过有关部门规章及行业协会的自治规则来对现行基金管理费的费率结构进行调整。其总体目标是加大基金管理费率对基金管理人的激励作用。具体设想是将基金管理费分为两个部分:一部分是固定比例的基金管理费,即以基金净资产值的某一较低的百分比(如1%)为基数来计提,当基金的资产规模达到一定的标准时,超过部分则按一较低的比例(如0.7%)计提。另一部分是业绩报酬,即每年根据基金相对于同一时期的大盘表现提取业绩报酬。在某一年中即使基金是亏损的,只要基金的亏损小于大盘下跌幅度,基金管理人也可提取业绩报酬,提取比例可考虑为超出大盘收益的某一个百分比(如10%—20%之间的某一个比例)。而当基金的业绩表现差于大盘的表现时,亦要相应扣减基金管理人的固定的基金管理费。这样一方面可以保证基金管理人按照所管理的基金净资产值获得一定的基本收入,另一方面,由于基金管理人的报酬与基金超过大盘的超额利润挂钩,可以激励基金管理人去追求基金收益的最大化。

第五节 基金经理图利自己行为之规制

一、基金经理的概念

基金经理与基金管理人是两个不同的概念。基金管理人是作为基金契约或投资顾问合同中承担管理基金职责的一方当事人,而基金经理则一般是指基金管理人中直接或间接处理基金资产的管理与运作事务的雇员。基金经理作为基金管理人的雇员属于基金管理人的关联人士,其与基金之间的交易本可以纳入本人交易予以规制,但是由于基金经理直接负责基金投资操作,其所处的地位、所拥有的职权又显然不同于基金管理人的其他关联人士,其行为对基金资产及基金持有人的利益影响甚大。从基金管理人的内部的投资程序来看,一般是先由基金管理人内部设立的投资决策委员会根据对某一段时期的政治、经济、政策和市场的综合分析决定本基金投资组合中股票、债券和现金的比例。然后,由基金经理在既定的股票、债券和现金比例下,依据自己对证券市场和上市公司的分析判断,决定具体的股票和债券投资的品种并决定购买时机。基金经理作出交易指令以后,再交由基金管理人独立设立的中央交易室来负责执行。[①] 可见,在基金管理人内部,实际上是基金经理负责基金资产的管理和运作,如对其监管不当,基金经理利用其职权和地位从事各种图利自己损害基金持有人利益的交易亦十分便利,因而非常有必要对基金经理的图利交易规制问题单独进行探讨。

二、基金经理与基金及基金持有人之关系分析

基金经理与基金及基金持有人之间的关系如何界定?它们之间是否存在直接的法律关系?对这一问题的不同回答,关系到基金经理在因其不法行为对基金资产造成损害的情况下是否应直接对基金及基金持有人负赔偿责任,以及基金管理人与基金经理对上述责任如何分担的问题。

如前所述,投资基金是由基金管理人、基金托管人与基金持有人通过基金契约组成的三位一体结构。基金管理人管理和运作基金资产的权利、义务和责任亦来自基金契约的规定。基金管理人依照基金契约及相关法律的规定对基金及基金持有人负有信赖义务。基金经理作为基金管理人的雇员,实际负责基金资产运营,其与基金管理人之间存在雇佣关系,基于委任或代理关系亦对基金管理人负有信赖义务。基金经理与基金及基金持有人并不存在直接的法律关系,

---

① 见《华夏成长证券投资基金契约》第 33 条。

其对基金及基金持有人并不负有契约法上的义务。而基金经理拥有巨大的自由裁量权的事实又决定了法律必须对基金经理的行为进行适当的规制。如上所述,基金经理实际负责对基金资产的管理与运营,其在基金资产投资的品种、时机以及价位的选择上具有极大的自由裁量权,基金经理拥有以自己的行为改变基金资产状况以及基金持有人地位的权力,基金持有人则必须承受这种被改变的状况。而当基金经理滥用其权力从事各种图利自己的行为而损害了基金及基金持有人的利益时,基金持有人却无法对其提起违约之诉。为保护基金持有人的利益,多数国家和地区通过法律规定基金经理对基金及基金持有人负有信赖义务,以追究基金经理的侵权损害赔偿责任。

对于基金经理的侵权损害赔偿责任,多数国家和地区采过错责任的归责原则。① 美国的一些判例确立了基金经理与基金及基金持有人之间存在信赖关系,基金经理对基金持有人负有忠实义务。当基金经理在其管理运作基金资产过程中,违反其信赖义务而给基金造成损害的情形下,应由基金经理直接对由此而给基金造成的损失承担赔偿责任。在美国,证券民事责任依法律是否有明文规定而分为明示责任和默示责任两种形式。所谓明示责任指行为人承担民事责任必须以违反证券法律规定为诉权依据。如基金经理违反1934年《证券交易法》第11节、1940年《投资公司法》第11节、第22节(d)、第36节的规定而应承担的责任等。所谓默示责任是指为保护投资人的利益,法院可以根据证券立法意图来确定是否赋予原告追究被告民事责任的诉权。默示民事责任主要适用于证券法律中的反欺诈规定,如1934年《证券交易法》第10节、10b-5规则、1940年《投资公司法》第17(j)节及17j-1规则、1940年《投资顾问法》第204A节及204-2规则等。在证券领域的侵权诉讼中,默示责任在现实生活中发挥的作用已经大大超过了明示责任。美国普通法上欺诈侵权的归责原则采过错主义的原则,过错的形式包括明知(scienter,亦有人译为故意或恶意)、轻率(reckless)、疏忽,有时也涉及目的和动机等。在证券法

---

① 美国1933年《证券法》第11节、英国《金融服务法》第151条和1995年《政府公开发行规则》第15条、德国《证券交易法》第45条、日本《证券交易法》第21条第1项第1号、第22条第2项、第23条第12项第6款以及24条第4项、我国台湾地区《证券交易法》第32条第1款都确定了过错责任原则。

领域,由于证券发行与交易程序复杂,参与主体多,影响面广,受害人多为投资公众等特点,对不同的责任主体,或对不同的违法行为,有不同的过错要求。

我国的《证券投资基金法》及相关法律对基金经理的侵权责任亦采过失主义的归责原则。① 大陆法系传统民法学说一般将过失分为三种:即显然欠缺一般人应有的注意,为重大过失;显然欠缺应与处理自己的事务为同一的注意,为具体的轻过失;显然欠缺善良管理人的注意,为抽象的轻过失。但是,前述三种抽象的标准均难于完全适用于基金经理。投资基金资产的筹集和运用属于一个特殊的商业领域,基金当事人之间的法律关系、其权利义务配置已大大不同于一般的民事法律关系。基金经理作为具有特殊专业技能并从事集合投资业务的人员,同投资者相比,尽管其法律地位依然平等,但其在专业知识、技能、信息的获取和处理等方面均处于优势的地位。为保护作为弱者的投资者的利益,各国立法机关都颁布了一些特别的法律法规对基金管理人及其内部从业人员进行管理,主管机构及相关的行业自律机构也根据市场的情况颁布了大量的行政规章和行业从业规范,对基金管理人及其从业人员的行为进行规范和管理,如果基金经理遵守这些法律、法规及从业规范,就不会构成对其所负信赖义务的违反,也不会给基金及其投资者造成损失。因而,在判断基金经理是否存在过失时,不能简单地套用一般民事侵权责任的归责原则,应看基金经理是否违反有关法律、法规,行政规章的规定以及是否违反了行业的习惯作法。如果基金经理的行为违反了法律法规、行政规章和行业规范的规定,那么基金经理显然存在过失;如果基金经理的行为并未违反上述规定,那么即使其行为给基金资产及投资者的利益造成了损害,也不能据此认为基金经理存在过失。

既然基金经理应就其违反忠实义务的行为而对基金及基金持有人负民事责任,那么,基金管理人是否应对基金经理的上述行为负连带赔偿责任?笔者认为,基金经理违反忠实义务而从事图利自己的

---

① 该法第18条规定,基金管理人的董事、监事、经理和其他从业人员,不得担任基金托管人或者其他基金管理人的任何职务,不得从事损害基金财产和基金份额持有人利益的证券交易及其他活动。如基金管理人、基金托管人的专门基金托管部门的从业人员违反了该条规定,主观上显然存在过错,如因其违法行为给基金财产或者基金份额持有人造成损害的,根据第97条的规定,应依法承担赔偿责任。

行为对基金造成损失是否应由基金管理人负连带赔偿责任,关键取决于基金经理的行为是否属于执行职务范围。如前所述,基金管理人的忠实义务要求基金管理人将基金利益置于自身利益及雇员之上,同时亦要求基金管理人采取一切合理的内控措施以消除基金经理与基金之间的利益冲突。如果基金经理在履行职务的过程中,能够利用职务之便从事损害基金持有人利益的证券交易或其他图利自己的活动,那么说明基金管理人本身就存在过失。因为:首先,基金管理人负责对基金经理的选任监督;其次,对于基金经理执行职务时可能发生的不法个人交易,在多数情况下,基金管理人是完全可以预见的,并且有义务采取各种必要的措施加以防范;最后,基金经理图利自己的行为利用了其执行职务时所获取的内部信息。因而,对于基金经理在执行职务过程中从事损害基金资产的各种行为,基金管理人显然存在过失,理应对基金经理的不法的个人行为负连带赔偿责任。

三、对基金经理行为之规制

从多数国家的经验来看,对基金经理的图利自己交易主要是从两个方面进行规制,即从原则上确立基金经理对基金及基金持有人负有信赖义务,同时在相关法律法规及交易规则中确立基金经理的行为规则。在这方面,美国法的规定最为典型。在美国,对基金经理的个人交易的规制主要是从两个方面来进行的,首先,是从判例法确立基金经理对基金及基金持有人负有忠实义务,同时在成文法中对基金经理个人交易的行为准则作出具体的规定。[①]

美国规制基金经理图利自己行为的法律规范主要包括两个层次。第一个层次是联邦证券法的有关规定,1933年《证券法》第17节(a)、1934年《证券交易法》第10节(b)和10b—5规则等。第二个层次是有关个人交易的一些专门规则和条款,如1940年《投资公司法》第17节(j)和17j—1规则,1940年《投资顾问法》第204节A和204—2规则。其中,最为重要的条款就是1940年《投资公司法》第17节(j)和SEC依据该条款制订的17j—1规则。值得注意的是,17j—1规则采用了接近人士(access person)一词来界定个人交易的主体,其包括

---

① 王苏生:《证券投资基金管理人的责任》,北京大学出版社2001年版,第116页。

的范围比基金经理更为广泛。依17j—1规则的规定,接近人士包括下列几类主体:(1)基金或基金投资顾问的任何董事、官员、普通合伙人或顾问人员;(2)基金主承销商的任何董事、官员或普通合伙人。而基金或基金投资顾问的顾问人士则包括:基金或投资顾问(或任何对基金或投资顾问存在控制关系的公司)的任何雇员以及任何对基金或投资顾问存在控制关系的自然人。①依17j—1规则的规定,基金的任何关联人士或主承销商,或基金投资顾问的任何关联人士或主承销商,在该人直接或间接从事基金持有或将持有的证券买卖活动中,从事下列行为均为非法:(1)利用任何设计、计划或诡计欺诈基金(To employ any device, scheme or artifice to defraud the fund);(2)对基金作重大事实的虚假陈述或者遗漏重要的事实;(3)从事任何行为、作法(practice)或营业活动,而上述活动构成对基金的诈欺或欺骗;(4)针对基金从事任何操纵行为。可见,美国法禁止基金经理所从事的行为亦非常广泛,除基金经理从事证券交易以外,还包括许多图利自己的其他行为。

美国监管基金经理图利自己交易的主体主要包括两个层次,即SEC和基金管理人。SEC的作用主要是依据有关法律制订颁布相应的反欺诈和反操纵的条例,并可通过这些条例要求投资顾问和主承销商建立行为准则②。SEC还有权对基金经理图利自己行为以及基金、投资顾问及主承销商的内部行为准则的建立和执行情况进行检查,并对违法行为进行处罚。而对基金经理图利自己行为的大量的、日常性的监督则主要是由基金管理人来进行的。基金管理人对基金经理的监管包括两方面的内容,一是依1940年《投资公司法》及细则17j—1的规定制订和执行关于基金经理的行为守则(code of ethics);二是建立基金经理的信息披露制度。

根据1940年《投资公司法》第17条(j)的规定,投资公司的投资顾问以及主承销商应在公司内部建立行为守则。依17j—1规则的规定,所有基金(除货币市场基金或不投资于证券的基金)及基金的所有投资顾问及主承销商均须采用书面的行为守则,该行为守则须包括能合理防止其接近人士从事本规则所禁止的行为的条款。基金、

---

① 17j—1规则(a)(1)—(2)
② 美国1940年《投资公司法》第17条(j)。

基金的所有投资顾问及主承销商的行为准则,以及对这些行为准则的任何重大修改必须由董事会批准。董事会对行为准则及其变更的批准须基于这样的判断(determination),即上述行为准则包括了足以防止接近人士从事本规则所禁止的所有行为的条款。董事会在对上述行为准则进行批准以前,须得到来自基金、投资顾问及主承销商的证明(certification),表明其已采取合理的程序以防止接近人士违反行为准则。如基金是采用单位投资信托的形式,基金的行为准则必须由基金的主承销商和保管人批准。17j—1规则还对行为准则的执行作了明确的规定。依该规则,基金、投资顾问及主承销商须运用合理的勤勉(reasonable diligence),采取必要的程序防止违反其行为准则。基金(除单位投资信托)及投资顾问和主承销商须每年向基金董事会至少提交一次书面报告,该报告须描述自上次对董事会所作的报告以来,涉及行为准则或程序所出现的所有问题,包括但不限于,有关对行为准则及程序的重大违反及针对上述重大违反所实施的制裁的信息。在报告中还须确认基金、投资顾问或主承销商已采取足以防止接近人士违反行为准则的必要的程序。①

除制订和执行完备的行为守则外,在内部建立一套完整的信息披露制度,要求基金经理全面地、充分地、及时地向基金管理人披露个人交易的情况,亦是基金管理人对基金经理进行日常监管的一项非常重要的内容。17j—1规则涉及基金经理的信息披露制度主要包括两方面的要求,一是要求基金(除货币市场基金或者不投资于证券的基金)、投资顾问及主承销商的接近人士向基金、投资顾问或主承销商提交规定的报告。17j—1规则规定的报告主要有三类:一类是最初持股报告,必须在该人成为接近人士之后10天内提交,报告的内容主要包括接近人士拥有股份的所有权和数量,其拥有直接或间接受益所有权的证券的数量以及接近人士与之维持一个交易账户的经纪商、自营商以及银行的名称等。第二类是季度报告,该报告亦须在每个季度结束后10天之内提交,报告的内容包括在该季度中有关接近人士拥有直接或间接受益所有权的证券的交易以及接近人士开立的任何账户,在该季度中任何证券为接近人士直接或间接的利益而在该账户中保存。第三类是年度持股报告,报告的内容亦主要包括

---

① 17j—1规则(c)

接近人士拥有股份的所有权和数量,其拥有直接或间接受益所有权的证券的数量以及接近人士与之维持一个交易账户的经纪商、自营商以及银行的名称等。二是要求基金、投资顾问以及主承销商依规定在其主要营业场所保存有关记录,并且这些记录在任何时候能够为 SEC 及其代表出于合理的目的而便利地获取。记录的内容包括现行有效或过去 5 年时间内有效的行为准则的副本,任何违反行为准则或针对该违反行为而采取的任何行动的记录,接近人士所作报告的副本,以及其他人员所作的报告等。此外,基金或投资顾问还须保存其批准投资人员(investment personnel)获取首次公开发售(IPOs)及有限发售(limited offerings)投资证券的任何决定。①

四、对完善我国相关制度的思考

中国证监会颁发的《基金从业人员资格管理暂行规定》第 19 条规定,基金从业人员应遵守国家有关法律、法规及行业规范,诚实信用、勤勉尽责,不得从事以下活动:(1)越权或违规经营;(2)违反基金契约或托管协议;(3)故意损害基金持有人或其他基金相关机构的合法利益;(4)在向中国证监会报送的资料中弄虚作假;(5)拒绝、干扰、阻挠或严重影响中国证监会依法监管;(6)玩忽职守、滥用职权;(7)泄漏在任职期间知悉的有关证券、基金的商业秘密;(8)其他法律、行政法规以及中国证监会禁止的行为。第 20 条规定,基金从业人员不得在其他经营性机构兼职,不得从事与本职工作相关的其他任何以盈利为目的的活动。高级管理人员、基金经理在非经营性机构兼职的,应当报中国证监会备案;其他从业人员在非经营性机构兼职的,应当报聘任单位备案。基金经理作为基金管理人的高级管理人员理应遵守这些规定。

中国证监会 2001 年 2 月 26 日颁发的《关于规范证券投资基金运作中证券交易行为的通知》则要求,各基金管理公司应当调整和完善内控制度和各项决策程序,明确各个岗位对保证规范交易行为的责任;要对公司职员强化职业操守规范,对基金经理等主要投资管理人员,加强法律意识、行业规范、品行操守等方面的监督和约束,并通过完善的制度确保其守法合规,严格自律。2002 年 12 月 20 日中国证

---

① 细则 17j—1(f)

券监督管理委员会颁布了《证券投资基金管理公司内部控制指导意见》,规定基金管理公司应当按照本指导意见的要求,结合自身的具体情况,建立科学合理、控制严密、运行高效的内部控制体系,并制定科学完善的内部控制制度,并对基金管理公司内部控制的目标和原则、内部控制的基本要素、内部控制的主要内容等作了详细的规定。依该《指导意见》的规定,基金管理公司的内部控制的主要内容包括:投资管理业务控制、信息披露控制、信息技术控制系统、会计系统控制和监察稽核控制等。基金经理在管理和运营基金资产时应遵循基金管理公司有关投资决策业务控制和基金交易业务控制的有关规定。公司应当建立严格有效的制度,防止不正当关联交易损害基金持有人利益。公司应当建立有效的内部监控制度,设置督察员和独立的监察稽核部门,保证内部控制制度落实。建立健全公司授权标准和程序,确保授权制度的贯彻执行。基金投资涉及关联交易的,应在相关投资研究报告中特别说明,并报公司相关机构批准等。

可见,目前我国主要是通过监管机关的行政规章对基金经理的个人交易行为进行规制,并且初步确立了规范基金经理行为的双层框架,即中国证监会制订相应的规则并负责监督检查,基金管理人制订完善的内部控制机制并负责对基金经理的日常监督管理,特别是《证券投资基金管理公司内部控制指导意见》的制订颁布对基金经理图利自己行为的监控进一步细化。然而,从上述规范来看,我国现行的监管制度依然存在一些不足。首先,是相关法律规范的效力层次较低,如上所述,目前我国主要是通过证监会的规章甚至采用一些规范性文件的形式对基金经理行为进行规范,在《证券投资基金管理暂行办法》中并未涉及到基金经理图利自己行为的问题。刚刚通过的《证券投资基金法》仅仅规定基金从业人员应当依法取得基金从业资格,遵守法律、行政法规,恪守职业道德和行为规范,并未专门对该问题进行规范。其次,有关规则中缺乏对基金经理信息披露的规定。《证券投资基金管理公司内部控制指导意见》第20条规定基金管理公司应当维护信息沟通渠道的畅通,建立清晰的报告系统。第27条亦规定公司应当按照法律、法规和中国证监会有关规定,建立完善的信息披露制度,保证公开披露的信息真实、准确、完整、及时。但这似乎是对基金管理公司信息披露义务的规定,而对基金经理就其个人交易情况的披露义务未作规定。最后,在实际运作中不少基金管理公司内部控制制度执行不力,监督体系不完善。如有的基金管理公司基金管理人在运作1年多后,竟然没有标准的岗位说明书,也没有相应的激励和处罚制度,公司内部的几个部门负责人都是来自不同的股东单位,各自维护不同的单位利益,使投资决策意见分歧,研究和操作脱节、业务和会计脱节,[1] 难于对基金经理的行为进行有效的监控。

笔者认为,完善我国现行规制基金经理图利行为的制度应从以下几个方面着手:首先,应完善我国规制基金经理图利自己行为的法律规范体系。具体来说,在今后对《证券投资基金法》进行修订时,应对基金经理的行为规范作出原则规定,并规定基金经理对基金及基金持有人负有信赖义务,基金经理因自己的不法行为而给基金及基金持有人造成损失的,应负损害赔偿责任。主管机关依据《证券投资基金法》的规定就基金经理的行为规范制订具体的规章,以建立一个合理的法律规范体系。其次,在主管机关制订的行政规章中应规定在基金管理人内部建立基金经理的定期报告制度。基金经理必须定期(如每半年)向基金管理人披露自己及其利害关系人的持有证券及与基金是否存在利益冲突交易的情形。基金管理人对基金经理执行行为准则的情况以及基金经理的定期报告必须详细记录,并定期向监管机关报告。最后,加强证券交易所对基金经理的监控。基金经理必须对其管理的基金运作中涉及的交易行为负责,并向证券交易所提交自律承诺书,对偶然发生的异常交易行为要做出合理的解释。

---

[1] 胡言:《基金公司内控制度有三大问题》,载《上海证券报》2001年12月3日。

第四章 基金托管人制度

第一节 基金托管人概述

一、基金托管人的概念

如前所述,基金管理人在基金资产的运营过程中处于核心的地位,拥有极大的自由裁量权。为防止基金管理人滥用权力,各国投资基金多采用基金资产的管理与保管分离的组织构架,在基金管理人之外设立一个专门负责保管基金资产并对基金管理人的管理活动进行监督的机构,以实现基金所有权、经营权和保管监督权三权分离、相互制约的机制。国际证监会组织(IOSCO)《集合投资计划监管原则》第4原则也规定,监管体制必须寻求保全基金资产物理上和法律上的完整,将基金资产与管理人的资产、其他基金资产及托管人的资产分离。

对于这一机构的设置,各国和地区的规定不完全相同。公司型基金通常都要委托一个专门的基金保管机构负责保管基金资产。如美国1940年《投资公司法》规定,每家已注册的管理公司要求将其证券和类似投资置于保管银行(资产不少于50万美元)或证券交易所会员经纪商处。[①] 信托型基金采用基金管理人和受托人分立的双重管理架构,受托人负责对基金管理人进行监控并保管基金的资产,当然受托人也可以将保管基金资产的职能委托给其他专门的保管机关行使。如英国单位信托中的受托人负责监督基金管理人以保证其按照法律及基金契约的规定管理基金资产,同时负责保管基金资产及有关基金资产的所有权文件,[②] 但有时基金受托人亦可以委托专门的基金托管人负责保管基金资产,两者之间的关系通常为代理关系。香港的《单位信托及互惠基金守则》第4.1条也规定申请认可的集合投

---

① 1940年《投资公司法》第17节(f)、26节(a)。
② The Financial Services (Regulated Schemes) Regulations 1991, Reissued text, Section 7.09, 7.10, 7.11。

资计划,必须委任监察委员会接纳的受托人/代管人。根据信托成立的计划必须委任受托人,而互惠基金公司必须委任代管人。受托人将按照信托法的一般原则履行其职责。

印度则实行一种较为独特的托管与监督分离的受托人制度。印度通过立法将基金受托人一般具有的基金资产保管和投资运作监督两个职能分开,分别由基金托管人(custodian)和基金受托人(trustee)承担。根据印度《共同基金管理章程》第7条的规定,发起人设立基金时,必须指定托管人和受托人。托管人是经证券交易委员会认可的证券托管机构,大多为银行,负责保管基金的资产。为了保证托管机构的相对独立性,《章程》规定,如果发起人或其关联人士拥有托管人50%或更多的股权,或者托管人超过50%的董事或其关联人代表了发起人或其关联人的利益,该托管人无资格承担该职能。印度的基金受托人负责对基金管理人的投资运作进行监督。依印度《共同基金管理章程》的规定,受托人是经证券交易所许可的代表基金单位持有人利益而以信托的形式持有共同基金资产的受托人委员会或受托人公司。根据《章程》第16条的规定,受托人必须有能力、诚实、有一定的社会地位,没有道德丑闻、没有任何经济犯罪或违反证券法规的纪录。受托人必须是与发起人及其关联人无关的独立人士。实践中,托管人是根据受托人的授权行使基金资产的保管职能,并对受托人负责。受托人制度是印度共同基金治理结构的核心,如果说托管人是基金资产的保管者,那么受托人是投资者利益的代言人和基金资产运用的监督人,负责保护和监督对投资的所有权和单位持有人的利益。①

而在那些没有继受信托法的国家,虽然其在投资基金架构的设计上亦模拟信托结构,但由于其没有引进信托的概念,因而在用语上并未使用受托人的概念,如我国证券投资基金的基金托管人,台湾证券投资信托基金的保管机构,德国的托管银行等。根据德国的投资公司法,基金资产必须由托管银行来保管,托管银行的介入使投资基金管理公司无法直接支配基金资产。托管银行的另一项重要的职能就是核定基金单位的净资产值。此外,托管银行行使一系列法定的控制权和参与权,从而强化了对基金制度性安全之保障。在特定的

---

① 吴亮、吴昭晖:《印度基金托管人制度》,载《证券市场导报》2002年8月号。

情况下,托管银行还可以代表投资者的利益来主张权利,或者对执行基金资产的行为提起诉讼。① 需要指出的是,虽然在我国及其他国家或地区,该机构被称为证券投资基金的托管人或保管人,但与英美等国的基金托管人是两个不同的概念。在英美等国,基金受托人作为投资基金的机关负责对投资基金运作的监督并保管基金资产,基金托管人是专门负责保管基金资产的机构,而我国基金实务中的托管人是基金契约的三个当事人之一,其法律地位类似于英国单位信托的受托人。但习惯上我们依然称其为基金托管人。

与上述各国和地区相比,澳大利亚则采取了一种完全不同的做法。在1998年以前澳大利亚的单位信托采取了和英国相似的组织构架,即经理人和受托人的双重架构。在90年代初期多数单位信托面临了流动性困难,单位信托的发展出现了危机。业界及监管部门的多数人均认为经理人和受托人的角色界定不明晰是澳大利亚投资基金失败的一个重要原因。②澳大利亚对管理投资制度进行了改革,废除了经理和受托人的双重架构,代之以单一责任实体(responsible entity),由单一责任实体负责对基金资产的运营。单一责任实体由基金管理人与受托人联合设立。在这一制度框架下,澳大利亚证券投资委员会(ASIC)拥有巨大的权力监督投资计划及责任实体。依澳大利亚法律的规定,该责任实体须取得 ASIC 颁发的许可证。单一责任实体的官员(包括管理人员和董事)负有信赖义务,包括诚实行为的义务,运用技能和注意以及为成员的最大利益而行为的义务。另外,每一个责任实体必须设立一个稽核委员会(compliance committee),其可以是责任实体的内部的董事会(如果超过半数以上的成员是外部的话),亦可以是一个单独设立的委员会。稽核委员会的角色是对计划的运用进行监控、评估监察计划的充分性,以及向责任实体报告业已存在的或潜在的各种违规行为,如果责任实体未采取任何救济措施,则可以向澳大利亚证券投资委员会(ASIC)报告。③根据澳大利亚的法律,在计划内部不再设立独立的受托人,但责任实体须保证计划资产

---

① 德国《投资公司法》第 12(a)、(b)、(c)部分。
② Sarah Worthington, Public Unit Trusts: Principles, Policy and Reform of the Trustee and Manager Roles, UNSW Law Journal, [1991 volume15(1)], p.258.
③ See The Managed Investments Act: Signalling a New Regulatory Era, http://www.asic.gov.au/Archive/9810/pg_aa9810_managedinv.htm/, visited 5-21-2002.

被清晰地确定,并独立于责任机构自身的资产以及其管理的其他计划的资产。①

二、基金托管人的法律地位

同基金管理人一样,基金托管人的法律地位亦可以从两个层面来进行理解。从投资基金作为一个具有独立人格的法律主体这个层面来说,基金托管人无疑是作为投资基金这一主体的管理机构。但是由于投资基金是采取外部管理的模式,基金托管人和基金管理人以及基金持有人均是通过基金契约来设立和维系基金的运作,因而在当事人之间又存在着契约关系。基金托管人与基金管理人之间的法律关系已在前面作了分析。在此我们要分析的是基金托管人与基金持有人之间的法律关系。

如前所述,在投资基金中,基金管理人和基金托管人作为两个独立的缔约方,其通过订立基金契约设立投资基金。基金管理人和托管人设立投资基金的目的是通过提供专业服务以获取报酬。双方在订立基金契约时的意图是基金管理人充当投资基金的管理人、提供资产管理服务,基金托管人则作为受托人,负责保管基金的资产并对投资基金的运作进行监督。由于投资基金采用外部管理的形式,因而,在投资基金,信托是一种持有财产的机制,以达到使基金或基金持有人集体拥有基金资产所有权,并将基金资产独立于投资基金的各方当事人的目的。与私人信托不同,在投资基金中信托是托管人和管理人通过协商一致而创设的。

那么在投资基金的信托中,基金托管人与基金持有人之间的关系是否可以纳入私人信托中的委托人与受托人的关系框架之下进行分析?或者说基金持有人是否是这一信托关系的委托人?要回答这一问题,我们依然要考虑投资者在认购或者受让基金受益凭证时的意图。如前所述,投资基金的资产是投资者以投资为目的而缴纳的,投资者在决定购买受益凭证时的意图基本上是相同的:即将其个人财产同其他投资者的财产一起聚合起来组成投资基金这样一个投资组织,并基于相同的基金契约条款将其资产置于共同的职业经理经

---

① Davyd C L Lewis & Stephanie Chin, Corporate Governance in the Global Mutual Fund Industry: Australia, see International Business Lawyer, June 2000, p.249.

营管理。因而,当投资者认购基金受益凭证时,其并没有创设信托的意图,而仅有通过认购基金单位而增加现存的组合资产以及取得作为基金受益人权利的意图。如果投资者被看成是投资基金信托的委托人,那么可以推论每一个投资者在认购单位时,均被认为创设了一个新的信托,而实际上投资者在认购基金受益凭证时显然不存在这种意图。同样这也不符合有关投资基金的会计政策,因为在实践中通常将单位信托当作一个会计单位而独立建账,独立核算。① 与基金持有人大会的相关规定亦存在一定的冲突,因为单位持有人会议实际上也是实行多数决,如果存在多重信托那么对基金的重大事项就应取得全体单位持有人的一致同意。因而,某一投资者认购单位,并没有以其自己为委托人创设信托的意图,而仅有通过认购基金受益凭证而成为投资基金的成员,以及取得作为受益人的权利的意图。因而,投资者并不是信托法意义上的委托人。

　　由于投资基金的信托是通过当事人的合意设立的,因而当事人可以通过基金契约对有关条款进行灵活的修改、改变,包括对托管人的权力进行限缩,如投资基金中基金管理人享有经营管理基金资产的广泛权力,而托管人负责保管基金资产并监督基金管理人,实际上就是基金管理人与基金托管人通过协议达成的,投资者通过认购基金受益凭证而对其协议的条款加以认可。需要指出的是,当事人的这种修改有一个限度,就是不能改变当事人之间信托关系的实质。就信托关系而言,其最为核心的一个特征就在于信托财产的独立性,即信托财产独立于委托人、受托人和受益人三方债权人追及。② 如果当事人在基金契约中改变了信托财产独立性的规定,那么,这种关系也就不成其为信托关系,而与其他普通的债权债务关系无异。事实上,在多数投资基金契约必须包含这样的条款:财产是以信托的方式持有并免于受托人一般债权人的追索。③

---

① 见《华夏成长证券投资基金契约》第24条。
② 方嘉麟:《信托法之理论与实务》,台湾月旦图书出版公司1996年版,第45页。
③ 尽管在我国现行的法规及基金契约中均没有明文规定基金托管人是以信托的方式为基金持有人的利益持有或保管基金资产。但我国《证券投资基金管理暂行办法》第18条规定:基金托管人负有安全保管基金资产的职责。同时在第2条又规定,基金资产独立于基金托管人和基金管理人的资产。实践中,基金契约通常亦作出类似的规定。此类规定实际上标志着基金托管人是以信托的方式持有基金资产。

因此，投资基金托管人持有基金资产这一事实决定了基金托管人在基金当事人之间处于受托人的地位。然而，由于投资基金中的信托是基金管理人与基金托管人通过基金契约创设的，因而基金托管人与单位持有人之间的信托关系呈现出与私人明示信托不同的特点，信托是当事人设立投资基金契约安排的一部分。

第二节 基金托管人的职能

不管是公司型基金还是信托型基金抑或契约型基金无一例外均设有基金托管人，那么，投资基金为何要设立保管机构，其功能究竟是什么？从各国基金法律的规定来看，基金托管人最主要的功能有两项，即保管基金资产及对基金管理人的监督。保管基金资产以及负责基金清算是托管人的原生业务，对基金管理人的监督，控制托管资产的风险属于从原生业务上派生出来的衍生业务。

一、保管基金资产的职能

一般来说，公司型基金通常设有董事会，董事会中的独立董事负责对基金管理人的监督，托管人通常只负责保管基金资产。如美国1940年《投资公司法》规定，不论是公司型基金还是单位信托均应指定一个保管机构，基金管理人应将证券、投资及现金等存放在保管机构。保管机构应为基金指定账户分别管理，并定期检查。从美国的规定来看，其保管机构的主要功能就是保管基金资产，防止基金流为私用。

信托型或契约型基金的托管人的一项重要的职能就是负责保管基金资产。如依据英国1991年《金融服务规章（规制的计划）》第7.10条的规定，受托人须掌管或控制计划的所有资产，收取由此所产生的所有收入并根据信托契约及规章的规定为持有人的利益以信托的方式持有这些收益。受托人须采取各种措施以及提供所有的文件（execute all documents），这些措施及文件为保证经理就其行使附随财产所有权的各种权利（包括投票权）得到执行所必须。单位信托契约中通常有一个表明信托的条款，受托人为了受益人的利益以信托的方式持有财产。受托人的义务亦来自于其持有属于他人财产的这样一个事实。

日本公司型基金的资产由保管公司保管,此类保管公司须为从事信托业的银行,证券公司以及法律规定的其他机构。信托型基金之保管机构作为信托契约的受托人,基金资产自然应移转至受托人名下。根据德国的《投资公司法》,基金资产必须由托管银行来保管,托管银行的介入使投资基金管理公司无法直接支配基金资产。

我国香港地区《单位信托及互惠基金守则》第4.5条(a)的规定,受托人/代管人的职责包括(1)根据组成文件的规定,保管或控制该计划的所有资产和以信托的形式代持有人(如属单位信托)或该计划(如属互惠基金)持有这些资产;或现金及可注册的资产必须以受托人/代管人名义注册,或以记入受托人/代管人账下的方式登记;(2)对代理人就任何存放于该代理人的不记名投资的作为或不作为负责,一如任何代名人就构成该计划部分资产的任何投资的作为或不作为,均由受托人/代管人负责;(3)对借款人及其代理人就构成该计划部分资产的任何资产的作为或不作为负责。凡为该计划本身借款,该等资产必须以借款人的名义或由借款人委任的代名人的名义注册。还负责对基金管理人的监督。

二、基金托管人的监督职能

在契约型基金的治理结构中,基金托管人在基金资产的风险控制中处于非常重要的地位,其通常还要负责对基金管理人的监督。托管人在投资基金的风险控制中主要担负实时监控的职能[①],并定期向社会披露托管报告。

1991年《金融服务规章(规制的计划)》赋予受托人运用合理的注意监督单位信托管理的一般义务以及运用此种注意以保证经理不超越其投资权力的特定义务。这种特定的义务并不扩展到对投资决策本身妥当性的事后审查。受托人亦负有义务监督单位发行和赎回时价格计算的程序和方法。如果受托人发现经理在管理单位信托的过程中有任何不符合法律、法规以及信托契约的情形,应向基金管理人

---

① 如《证券投资基金法》第30条规定:基金托管人发现基金管理人的投资指令违反法律、行政法规和其他有关规定,或者违反基金合同约定的,应当拒绝执行,立即通知基金管理人,并及时向国务院证券监督管理机构报告。基金托管人发现基金管理人依据交易程序已经生效的投资指令违反法律、行政法规和其他有关规定,或者违反基金合同约定的,应当立即通知基金管理人,并及时向国务院证券监督管理机构报告。

所属自律组织及金融服务局(FSA)报告。①这些监督职能须由受托人自己履行而不得委托给其他人代为行使。对那些非授权单位信托,这种监督义务属于衡平法上受托人的技能、注意、谨慎以及勤勉义务的一部分。

根据德国的《投资公司法》,托管银行行使一系列的法定的控制权和参与权,从而强化了对基金制度性安全之保障。保管银行须为单位持有人的共同利益和股份公司的利益而审查投资公司的每一笔交易,以使其符合德国投资公司法和相关的基金规则的规定以及投资股份公司章程细则中的投资限制的规定。如果托管银行认为违反投资公司法的行为,那么在权衡单位持有人利益的基础上,这种状况须尽可能得到救济。②在特定的情况下,受托银行还可以代表投资者的利益来主张权利,或者对执行基金资产的行为提起诉讼。为保证托管银行能履行其监督的职能,德国《投资公司法》还规定,托管银行必须独立于投资基金管理公司之外来行使其职权,并且仅仅为投资者的利益服务。只有在投资基金管理公司的指示不违反法律和基金内部规则的情况下,托管银行才可以执行这些指示。③

尽管日本的证券投资信托结构非常类似于英国单位信托的结构,然而与英国的传统不同的是,受托人并不被认为充当管理公司活动的监控者。实践中,其作用限于保管基金资产。然而,究竟由谁来代表投资者对管理公司进行监控,在法律上并未作出明确规定。但是由于管理公司需要获得主管机关的许可,每一个信托契约须获得监管者的批准。因而,通过主管机关的监管对投资者的利益进行了一定程度的保护(其从理论上代表投资者)。在1998年日本进行金融自由化的改革时,管理公司需要获得许可的要求也放松了,并且当前管理公司仅仅需要获得授权(这比许可证要更容易获得批准),且每一个信托契约仅需在主管机关注册(这意味着无须主管机关的实质性的监管),因而,在这种情况下,在基金治理中由谁代表基金持有人的利益对基金管理公司进行监控就成为一个迫切需要解决的问题。

---

① The Financial Services (Regulated Schemes) Regulations 1991, Reissued text, Section 7.09.

② Tomas Paul, Corporate Governance in the Global Mutual Fund Industry: Germany, see International Business Lawyer, June 2000, p.265.

③ 德国《投资公司法》第12(c)部分第2款。

有学者预计,在将来受托人的作用将变得更为重要。①

我国香港地区《单位信托及互惠基金守则》第4.5条规定受托人应采取合理的审慎措施,确保集合投资计划在出售、发行、购回、赎回及注销其单位/股份时,均依照组成文件的规定办理;确保管理公司在计算单位/股份价值的方法,足以确保出售、发行、购回、赎回及注销的价格,均按照组成文件的规定计算;确保该计划是符合组成文件内有关投资及借贷的限制及遵照计划的认可条件;在年报内向持有人发出报告,说明根据受托人/代管人的意见,管理公司有否在各个重要方面依照组成文件的规定管理该计划;如果管理公司并未有依照组成文件的规定管理该计划,受托人/代管人必须说明未有依照规定的是哪些方面,以及受托人/代管人就此采取了什么措施;及确保在认购单位/股份的款项未收讫前,不会发出单位/股份证明书;但如果管理公司的投资指示与法律法规以及基金的组成文件相冲突,则须拒绝执行管理公司的投资指示。

第三节 基金托管人的信赖义务

基金托管人作为投资基金信托中的受托人,无疑要负有信赖义务——忠实义务和注意义务。然而,由于投资基金中的信托是基于当事人的合意而创设的,信托是当事人之间契约安排的一部分。因而,从投资基金的信托构造似乎可以得出这样的一个结论,即基金托管人同时负有契约义务和信托义务。

一、基金受托人的忠实义务

依信托法,受托人的权力是为受益人的利益而履行信托的目的赋予的,而且信托的核心通常是保持信托财产及其价值。当受托人在行使其权力时,通常赋予其禁止性的忠实义务:除非另有明确的规定,他无权谋求自己的个人利益;他亦不允许将其自己置于与其个人

---

① Hideki Kanda, Corporate Governance in the Global Mutual Fund Industry: Japan, see International Business Lawyer, June 2000, p.273.

的利益相冲突的地位。具体地说,受托人须遵守两个规则的约束:①一是非获利规则,即受托人不能为其自己或第三方的利益滥用其地位,或滥用其作为受托人而获取的知识或机会;另一个是非冲突规则,即受托人不能对任何属于其职务范围内的事项拥有个人利益或与其信托义务不符的第三方的义务——除非在充分披露的基础上得到受益人的同意或得到法律的授权。非冲突规则扩展到受托人同时作为两个不同主体的受托人,并且对其中一个主体的义务与其对另外一个主体的义务相冲突的情形。然而,衡平法只是规定了受托人禁止从事的行为,而并未规定受托人为保持信托资产所应积极从事的行为,因为这些事项通常是由信托契约作出约定。

毫无疑问,基金托管人应依信托法的规定负有上述忠实义务。同时,基金托管人作为基金契约的一方当事人,同时还应依基金契约的规定履行其义务。这些义务通常被认为是执行受托人保存信托资产的义务。实践中,当事人在订立基金契约时通常会在基金契约中就上述义务进一步作出具体的规定,如规定基金托管人应保证其托管的基金资产与基金托管人自有资产以及不同的基金资产相互独立;对不同的基金分别设立账户,独立核算,分账管理,保证不同基金之间在账户设置、资金划拨、账册记录等方面相互独立;基金托管人应保守基金商业秘密,除有关法律法规及基金契约另有规定以外,在基金信息公开披露以前予以保密,不得向他人泄露;不得从事任何有损基金及本基金其他当事人利益的活动;除依据《暂行办法》、基金契约及其他有关规定外,不得为自己及任何第三人谋取利益,不得委托第三人托管基金资产;因过错导致基金资产的损失,应承担赔偿责任,其过错责任不因其退任而免除。② 另一方面,由于基金受益凭证是向广大的社会公众发行的,涉及到中小投资者的保护等一些社会公共利益的问题,因而,法律会对基金受托人所应负的义务通过立法作出强制性的规定,以对投资者提供特别的保护。如我国《证券投资基金管理暂行办法》第 34 条规定,禁止基金托管人、商业银行从事基

---

① Kam Fan Sin, The Legal Nature of the Unit Trust, Clarendon Press, Oxford, 1997.
② 见《〈证券投资基金管理暂行办法〉实施准则的通知第 1 号〈证券投资基金基金契约的内容与格式〉》(试行)第 10 条。

金投资。禁止将基金资产投资于与基金托管人与基金管理人有利害关系的公司发行的证券。《证券投资基金法》亦作出了相应的规定。基金托管人理应遵守相关法律法规及基金契约的规定。需要指出的是,在基金契约及有关的专门立法中对托管人义务的规定是将其所负信托义务具体化,其本身并未排除其依信托法所应负有的义务。一旦发生法律和基金契约未作规定的情形,则可适用信托法的规定。

二、基金托管人的注意义务

依信托法,受托人须为受益人的利益持有并保管财产,而且,其在保管信托财产时通常被期望运用一个普通谨慎之人在管理其个人事务时所运用的谨慎和勤勉。与私人受托人不同,基金托管人是一个专业受托人,应具有与其所从事的职业相适应的较高的专业技能。通常各国基金法对基金托管人的资格均作了明确的规定,如我国《证券投资基金法》第25条规定,经批准设立的基金应当委托商业银行作为基金托管人托管基金资产,并在第26条对基金托管人的资格作了明确的规定。因而,与基金管理人一样,基金托管人的注意义务亦有客观化的趋势。另一方面,由于在投资基金的运作中,主要由基金管理人负责基金资产的管理和运营,而基金托管人负责基金资产的保管和对基金资产投资运作的监督与风险控制,因而,基金托管人所负有的注意义务与信托法上受托人的注意义务在内容上也有所不同。

与对基金托管人的忠实义务的规定一样,基金当事人在基金契约中往往也要对托管人所应履行的勤勉注意义务作出明确的规定,如在基金契约中通常要规定基金托管人须以诚实信用、勤勉尽责的原则保管基金资产;设立专门的基金托管部,具有符合要求的营业场所,配备足够的、合格的熟悉基金托管业务的专职人员,负责基金资产托管事宜;以基金的名义设立证券账户、银行账户等基金资产账户,负责基金投资于证券的清算交割,执行基金管理人的投资指令,负责基金名下的资金往来;复核、审查基金管理人计算的基金资产净值或基金单位价格;按规定出具基金业绩和基金托管情况的报告,并报中国证监会和中国人民银行;建立并保存基金持有人名册,并负责基金单位转让的过户和登记;按有关规定,保存基金的会计账册、报表和记录等15年以上；按规定制作相关账册并与基金管理人核对；依据基金管理人的指令或有关规定向基金持有人支付基金收益和赎回款项。① 因而，托管人就须依基金契约的规定履行其义务，这是基金托管人作为基金契约的一方当事人，应负的合同法上的义务。如果发生一些在基金契约中未作明确规定的情形，那么法院可以根据具体情况决定是适用合同的默示条款还是适用信托法的规定来进行处理。如适用合同默示条款的规定，拥有特殊技能的专业人员理应像其他专业人员那样合理地运用其技能，如未达到该标准，则应承担违约责任；同样依信托法原理，专业受托人有责任维持其所表明拥有的更高的技能标准，如未达到该标准，其应依信托法的规定承担责任。

如前所述，在投资基金中，基金托管人主要的义务是监督和风险控制。如1991年《金融服务规章（规制的计划）》第7.09.1条规定：采取合理的注意保证……有关计划财产构成的决策不超越授予给经理的权力范围是受托人的义务。我国《证券投资基金法》第30条亦规定，基金托管人发现基金管理人的投资指令违反法律、行政法规和其他有关规定，或者违反基金合同约定的，应当拒绝执行，立即通知基金管理人，并及时向国务院证券监督管理机构报告。基金托管人发现基金管理人依据交易程序已经生效的投资指令违反法律、行政法规和其他有关规定，或者违反基金合同约定的，应当立即通知基金管理人，并及时向国务院证券监督管理机构报告。这种监督的义务是基金托管人所特有的一项义务，私人受托人并不负有该项义务。

那么，基金托管人这种监督义务的来源是什么，为什么在传统私人信托的受托人不存在这样的监督义务，而投资基金的受托人则存在这种义务？对此，我们可以从投资基金的信托构造来进行解释，因为，投资基金是当事人之间通过合同创设的，当事人在订立基金契约设定信托的时候，其意图就是让受托人为全体基金持有人利益持有基金资产并监督基金管理人，并不是希望基金托管人管理和运用基金资产。因而，我们可以将基金托管人行使对基金管理人的监督的权利或义务看作是当事人之间的合同约定。基金托管人作为专门提供基金资产保管服务的专业受托人，其收取基金托管费的对价（或代

---

① 见《〈证券投资基金管理暂行办法〉实施准则的通知第1号〈证券投资基金基金契约的内容与格式〉》（试行）第10条。

价)就是其代表基金持有人的利益行使对基金管理人的监督。因而,基金托管人理应依照有关法律法规及基金契约的规定履行其注意义务。

然而,不管是有关的基金法律还是基金契约其对基金托管人的监督职责的规定均十分原则,实践中,在判断基金托管人履行这一职能是否尽职时,就需适用信托法的一般原则,即基金托管人在履行其监督职责时,是否提供了一个专业受托人所应提供的技能、注意和勤勉的义务。如依有关基金法律及基金契约的规定,基金托管人须执行基金管理人的投资指令,对于基金管理人明显违反法律法规及基金契约规定的指令可以拒绝执行。但是,如果基金托管人在执行基金管理人的投资指令时发现该项指令并没有违法,但可能会对基金资产的保值增值不利,那么基金托管人是否还要执行投资指令?在这种情况下基金托管人是否负有调查义务,或在什么程度上负有调查义务?如果在基金契约缺乏对这方面的明示条款,那么基金托管人并不负有对基金管理人的投资指令进行调查的契约义务,但是,作为受托人,其又负有维护基金及基金持有人的利益的义务,不能坐视基金持有人的利益遭受损失而不采取任何措施,其理应依信托法的规定采取合理的措施以避免损失,如可以提请基金管理人注意相关的风险,或者提议基金管理人向有关专业机构咨询等,如基金托管人有充分的证据表明基金管理人的指令会对基金资产造成损失,可以暂缓执行或不予执行。

第四节 基金的独立董事

一、独立董事的概念

公司型基金通常设立董事会来对基金进行一定程度的监督和管理。由于大多数基金管理公司管理着许多不同的基金,被称为基金家族(fund families 或 fund complexes),其董事会也分为共享型和群集型两类。共享型董事会(pooled board)是指在基金家族中只设立一个董事会,负责管理基金家族内所有的基金;而群集型董事会(cluster board)则适用于大型的基金家族,董事会成员要分成许多组,不同的组管理不同种类的基金,如股票基金或债券基金。

不管是共享型董事会还是群集型董事会,其成员通常由两部分成员组成,内部董事和外部独立董事。内部董事通常由来自基金管理人或与基金管理人有密切利害关系的成员(interested persons)组成,主要负责对基金资产的管理运营。外部独立董事主要负责对基金事务的监督。而所谓独立董事是指与公司的管理层不存在"重要关系"的董事。美国1940年《投资公司法》并没有对独立董事下一个定义,而是通过关联人士和利害关系人的概念来严格界定独立的含义,其目的在于保证基金的事务由与基金的投资顾问、主承销商及其官员和雇员没有任何商业或家庭关系的独立董事来进行监督。依该法第10节(a)的规定,一家已注册的投资公司的董事会必须由40%以上的非利害关系董事(uninterested directors)组成。2003年11月19日通过的《共同基金诚信与费用透明法》(Mutual Funds Integrity and Fee Transparency Act of 2003)对该项规定进行了修改,要求董事会成员的大多数(super-majority)(即2/3多数)须由独立董事组成。根据1940年《投资公司法》的定义,利害关系人士(interested persons)包括:(1)投资公司的关联人士(affiliated person);(2)关联人士中的某一自然人的直接家庭成员;(3)与投资公司的投资顾问或主承销商有直接或间接利益关系的人士;(4)在过去两年的时间内作为投资公司法律顾问的人士;(5)依照1934年《证券交易法》登记注册的证券经纪商、证券自营商以及他们的关联人士;(6)某自然人,由于投资公司的上两个完整的财政年度以来他一直同公司的投资顾问、主承销商或他们的主要职员或控制人保持着重要的业务联系,SEC因而指认其为上述投资公司的关联人。① 而所谓的关联人士是指以下几种人:(1)直接或间接拥有、控制、掌握了某人5%或5%以上的已售出具有投票权的证券的人士;(2)那些被某人控制、掌握5%或5%以上的已售出具有投票权的证券的人士;(3)直接或间接控制上述两种人士或为其所控制的人士;(4)某人的所有雇员、董事、合伙人与管理人员;(5)如果某人指一家投资公司,那么公司的所有投资顾问或顾问委员会的所有成员都是其关联人士;(6)如果某人指一家未设立董事会的无限责任投资公司,那么其关联人士是指其资产托管人。② 依该

---

① 1940年《投资公司法》第2节(a)(19)。
② 1940年《投资公司法》第2节(a)(3)。

定义，基金投资顾问的前任高级管理人员以及投资顾问、承销商及其关联人士的家庭成员亦不属于利害关系人士，因而可以担任投资公司的独立董事。然而，由于上述关系的存在，确实又影响到公众投资者对投资基金治理结构的信心，因此，2003年《共同基金诚信与费用透明法》对1940年《投资公司法》的上述规定进行了修改，将前述两类人员均列为利害关系人士。①

独立董事制度在美国基金治理结构中处于核心的地位，在基金董事会设立独立董事主要是为了对投资公司进行监督，以防止投资顾问滥用其权力从投资公司中谋取非法利益，保护股东的利益。1940年《投资公司法》确立了一个基本观念，即基金的独立董事充当股东利益的看护者，并对投资顾问及其他与基金有密切关联的人士提供一个制衡。②

二、独立董事的功能

独立董事在投资公司中的特殊作用可以从投资公司的独特结构得到部分的解释。与通常的商事公司不同，投资公司并非由其雇员来负责运营。在通常的情况下，基金依赖于外部的服务提供者，比如基金的投资顾问，来负责日常的经营管理，包括管理基金的组合资产及提供日常行政事务方面的管理。而这些服务提供者依据其与基金订立的合同从基金收取一定数额的管理费以作为回报。基金的官员通常与基金的投资顾问或其他外部服务提供者存在关联关系。尽管投资基金的管理层与股东存在某些共同的利益，诸如追求良好的经营业绩，但是在一些重要的领域两者存在严重的利益冲突，其中在基金管理费领域体现得最为明显。在1936年到1939年，SEC对投资信托作了一项专门的研究。在该项研究中，SEC认为，仅仅通过1933年《证券法》和1934年《证券交易法》的有关信息披露机制来对投资公司进行规制是不够的，为控制基金内部结构本身所内在的利益冲突

---

① 2003年《共同基金诚信与费用透明法》第103条。
② The Organization and Operation of a Mutual Fund, http://www.ici.org/issues/organization-operation.html/, visited 12-20-2002.

问题,在投资公司领域中需要联邦政府的积极干预。①因而,在1940年通过了《投资公司法》。与1933年《证券法》和1934年《证券交易法》不同,1940年《投资公司法》对投资公司的内部治理结构规定了实质性的规则,即将保护投资基金股东利益及防止利益冲突的主要责任赋予给基金独立董事。

投资公司独立董事的监督义务来源于董事对公司所负的信赖义务。与其他普通的商事公司一样,投资公司董事会负责对投资公司日常经营管理的监管。由于投资公司是依州法而非依联邦法而设立的,各州公司法依然是投资公司董事权力的基本的来源,而投资公司法主要是赋予基金董事以特别的义务和责任。在 Burks v. Lasker 一案中,联邦最高法院明确地阐明《投资公司法》并不是要完全取代州公司法,即使原告的诉因完全是来自于《投资公司法》的有关条款。②

依美国各州公司法的规定,董事负有注意义务,该项义务要求董事必须发挥一个适当谨慎之人在相似情形下会发挥的技能、勤勉和注意的程度,或者是必须如同一个适当谨慎之人在处理其自己的事务时那样行事。这一义务要求董事就其被要求作出决定的有关事项获得充分的信息,并就董事会决策事项行使其商业判断。依商业判断规则,董事如果为了公司的最佳利益而善意和合理地行为,即使后来证明其决策是错误的,亦无须承担责任。依一般商事公司法的规定,董事只有在如下几种情况下其行为才构成违反注意义务,如完全不参加董事会,完全不履行董事职能,完全不履行监督义务,或对公司经营中的某些失职或违法行为不进行必要的调查。对于某些需要对公司的经营予以特别关注的行业,特别是金融机构,如商业银行、投资公司等,法院更加倾向于追究董事违反注意义务的责任。但是,对于不存在利益冲突的情形,现有的判决很少追究董事违反注意义务的责任。可见,在经营判断规则的保护下,公司法中董事的注意义务并不高。在上个世纪50年代的主流观点认为,投资公司董事应与

---

① Transcript of the Conference on the Role of Independent Investment Company Directors, pp. 5—6, http://www.sec.gov/divisions/investment/roundtable/iicdrndt2.htm. visited 12-20-2002.

② 441 U.S. 471,99 S. Ct. 1831,60 L. Ed. 2d.404 (1979), See Thomas Lee Hazen, The law of Securities Regulation, 2ed, at p.867.

商事公司董事遵守同一公司法的标准。① 1940年《投资公司法》第1节(b)被认为是将公司董事的普通法上的义务法典化,并将其适用于投资公司的董事。②

然而,由于投资公司资产主要由现金、具有流动转让性的证券组成,其资产高度流动性的特点创造了高度的滥用管理权的风险,而这种情况在一般的制造业及其他公司都不会出现。因而,1940年《投资公司法》及SEC的相关规则又赋予基金独立董事在一系列事项上的特别的责任。

独立董事作为董事会的成员,和其他董事一样享有同样的权利,共同参与、监督和表决有关投资基金的重大决策。通过独立董事的独立性及其表决权的优势来影响董事会的决策。除此以外,有关法律和SEC的规则还赋予独立董事一些特殊的职能。其主要体现在以下几个方面:

(一) 批准投资顾问合同

1940年《投资公司法》赋予投资公司独立董事特别的监督义务,其主要表现在对投资顾问合同的批准。通过赋予独立董事对投资顾问合同批准的自由裁量权,以此作为防止投资顾问利益冲突交易的第一条防线。③

依该法第15节(a)的规定,最初的投资顾问合同须经公司的多数已售出具有投票权的证券表决后生效。但是,两年后的合同的展期须经每年的董事会或多数已售出具有投票权的证券表决的批准。同时基金董事会亦可以通过决议终止投资顾问合同。由于独立董事占董事会的绝大多数,因而,独立董事可以在董事会对投资顾问合同进行批准时发挥重大的影响。对基金管理人提高管理费用的提议或涉及基金与其相关服务提供者之间安排的一些重大变化,须召开独立董事的特别会议,由独立董事多数表决通过,并且每年重新批准一

---

① Tamar Frankel, The Regulation of Money Managers, Little, Brown and Company, 1980, pp.61—62. 转引自王苏生:《证券投资基金管理人的责任》,北京大学出版社2001年版,第172页。

② Thomas Lee Hazen, The law of Securities Regulation, 2ed, at p.866.

③ Samuel S. Kim, Mutual Funds: Solving the Shortcomings of the Independent Director Response to Advisory Self dealing through Use of the Undue Influence Standard, Columbia Law Review, [Vol. 98:474 1998], p.483.

次。独立董事的特别会议可以与常规预定的董事会议一起举行。而且,依据该法第 36 节(b)的规定,独立董事在其自己独立判断的基础上对投资顾问合同的批准本身就证明该投资顾问合同或顾问费是公正的。① 1940 年《投资公司法》第 36 节(b)规定,一家已注册的投资公司的投资顾问在他或他的关联人士接受了公司或公司证券持有人支付的服务费之后将被视为负有信赖义务。如投资顾问、基金官员、董事或顾问委员会的成员违反了上述信赖义务,SEC 或股东可以代表公司提起派生诉讼。在此类诉讼案件中,法院通常确认,公司的独立董事对这种服务费的批准或对规定这种服务费的合同或其他协议的批准以及公司股东对这种服务费的批准及承认或对规定这种服务费的合同或其他协议的批准及承认在任何情况下都是适当的。

独立董事在审查顾问合同时应履行其注意义务,并须运用其合理的商业判断。通常认为,如果独立董事在审查顾问合同时考虑到以下因素则通常被认为尽到了合理的注意:(1)可比较的服务的费用;(2)基金的总体费用在基金总资产中所占的百分比;(3)由于规模经济所导致的费用的减少,亦即投资顾问在管理一个一千万美元的基金并不是要付出十倍于其管理一百万美元的基金的努力,而只需要付出和其管理一百万美元同样的努力即可;(4)管理费及投资顾问所获的利润;(5)所接受的投资建议的质量,这点亦被某些人认为是董事会在进行评价时一个最为重要的标准;(6)投资顾问为投资公司所提供的其他服务的质量;(7)须考虑将管理内部化须花费的成本

---

① 法院在明确地考量独立董事的批准作为衡量顾问合同公平的一个重要因素时,其态度存在一些差异。在 Gartenberg v. Merrill Lynch Asset Management, Inc. 一案中,地区法院感觉到基金受托人委员会对顾问费的批准须予以认真的考量,在很大程度上因为他们的独立性及其作为受托人的能力是毫无疑问的——并且,他们一直不受控制和不当影响。然而,该案的上诉法院认为,投资顾问的费用数额是如此不成比例的高,以至于其构成对 1940 年《投资公司法》第 36 条(b)的规定的信赖义务违反。然而,法院用来衡量受信人行为的以及其在 1940 年《投资公司法》第 36 条(b)的原意基础上运用的基本框架如下:一个决策并不违反基金投资顾问或董事依 1940 年《投资公司法》第 36 条(b)的规定所负的信赖义务,如果独立董事(1)没有被投资顾问支配或施加不正当的影响;(2)被投资顾问及利益相关董事充分地告知;以及(3)充分地意识到这些信息,在充分的审查相关因素的基础上作出一个合理的商业决断。Samuel S. Kim, Mutual Funds: Solving the Shortcomings of the Independent Director Response to Advisory Self-dealing through Use of the Undue Influence Standard, Columbia Law Review, [Vol. 98:474 1998], p.478。

及其可行性;(8) 费用安排的基础。①

为保证独立董事对投资顾问合同本身的公正性能作出恰当的评价,公司的投资顾问有义务向独立董事提供为了对合同条款进行评估所必需的信息,投资公司的董事有义务要求投资顾问提供此类信息并对这种信息进行评估。② 在大多数情况下,独立董事有权信赖投资顾问所披露的信息。但是,如果独立董事意识到投资顾问与投资公司存在潜在的利益冲突时,其又有进一步调查的默示义务。

(二) 独立董事的其他功能

对投资顾问的选任和监督并非基金独立董事的惟一的功能。2003年《共同基金诚信与费用透明法》还采用了与2002年《萨班斯—奥克斯莱法》(Sarbanes-Oxley Act of 2002)相似的标准,要求所有的共同基金均须在董事会设立全部由独立董事组成的审计委员会,负责对审计师的选择提出建议,检查财务报表和审计结果,监管基金内控体系。审计委员会应每年至少一次与独立审计师举行会议。独立审计师由于拥有专业知识可以对基金的组合证券的价值作出评价,一旦出现难于从证券市场获得现成的市场报价时,审计师由于拥有专业知识而能够对基金的组合证券作出较为精确的估价,因而可以对公司的独立董事提供必要的帮助,并可以免除独立董事亲自对基金组合证券的价值进行估价的义务。选择独立审计师的另一个重要作用在于,通常要求审计师针对投资基金内部的会计制度及内部会计控制的不充分的情况作出报告,并提出表格 N-IR 所采取或建议采取的任何改正措施。因而,审计师为监督人充当监督人(act as watchdogs for the watchdogs)。③董事亦须选择投资公司的律师,尽管对这一程序法律并没有强行的规定。

《投资公司法》还赋予独立董事批准主承销商的权利与义务。独立董事在批准承销合同时,亦要求召开独立董事的特别会议,由独立董事的多数表决通过,并且每年重新批准一次。投资公司的独立董事还须保证各种证券法和条例所要求的报告准确及时地提交。独立

---

① Mundheim, Some Thoughts on the Duties and Responsibilities of Unaffiliated Directors of Mutual Funds, 115 U. Pa. L. Rev. 1058,1065(1967).
② 1940年《投资公司法》第15节(c)。
③ Thomas Lee Hazen, The law of Securities Regulation, 2ed, p.871.

董事有义务补充董事会成员期满前由于死亡或辞职而造成的空缺。然而,投资公司至少 2/3 的成员必须由股东选举产生。独立董事亦须保证适当的委托投票的资料提交给股东或 SEC,尽管该项义务通常由投资顾问来履行。独立董事还须保证股息能够正确地支付给股东并保证 M 分章(Subchapter M)项下税收待遇的条件能够得到满足。

简而言之,投资公司独立董事负有普通法上董事的各项义务以及投资公司所规定的各项义务。作为执行投资公司法上的各项义务的一项措施,一旦独立董事违反其信赖义务就可以允许私人提起诉讼。①

三、美国业界有关投资基金独立董事制度的争论

1940 年《投资公司法》及美国 SEC 的规则解决投资基金内部投资顾问权力滥用及利益冲突问题的基本原则是以独立董事作为基金股东利益的代表,对基金投资顾问及其关联人士进行监督和制衡。然而,现实中独立董事在对投资公司管理层的制衡中究竟能取得多大程度的成功,却一直受到业内人士及许多学者的质疑。

如前所述,投资基金的权力滥用与利益冲突源自投资公司独特的管理架构。由于投资顾问独立于其所管理的基金并且对其所管理的基金拥有管理权,投资顾问面临着其自己的利益与基金股东利益的相互冲突。由于过去几十年基金业的繁荣景象使那些负责对基金进行监管的人员——法院和 SEC,低估了共同基金特殊的管理架构所产生的权力滥用的危险。但自投资基金产生以来,这种管理架构一直没有发生重大变化,因而在投资基金领域里,权力滥用与利益冲突的问题也从来就没有彻底根除过。事实上,在《投资公司法》甫一颁布,SEC 以及议会的一些成员就认为单纯地依靠独立董事难于解决投资公司内部利益冲突的问题,因为,在绝大多数情况下,是由投资顾问负责选举董事会的所有的董事,包括独立董事,这就使得独立董事在顾问费等问题上不可能与投资顾问进行正常交易基础上的谈判。②

---

① Thomas Lee Hazen, The law of Securities Regulation, 2ed, p.871.
② Samuel S. Kim, Mutual Funds: Solving the Shortcomings of the Independent Director Response to Advisory Self-dealing through Use of the Undue Influence Standard, Columbia Law Review, [Vol. 98:474 1998], p.483.

60年代的华同报告再次对独立董事的作用提出了质疑,70年代SEC的报告也确认了这点。这些报告的一个核心的观点就是现行法律对投资者所提供的保护——亦即独立董事,并不足以限制顾问费,因为共同基金是置于投资顾问的有效的控制。奇怪的是,尽管没有发生任何事情使早期的独立董事的保护不充分的调查结论发生变化,法院和SEC在过去的几十年中一直接受独立董事的应发挥更大作用的观点,尽管缺乏更加确切的证据能表明在1970年对投资公司法进行修改后独立董事制度的有效性得到了加强。

　　然而,在过去的几年的时间内,晨星共同基金发布了其有关基金管理费的研究报告,明确地肯定华同报告所提出的问题一直存在。该结果揭示了尽管基金资产增长巨大,但投资者并未享受到投资基金资产快速增长所带来的规模经济的便利,基金管理人平均费用反而上升了,同时,投资公司董事们的薪水与管理费之间也存在正相关的关系。①John P. Freeman 和 Stewart L. Brown 两位教授的实证研究也证明,管理同等规模的资产,基金股东向基金投资顾问支付的顾问费相当于养老基金等机构投资者向投资顾问支付的资产管理费的2倍。由于在投资基金领域里广泛存在着利益冲突,导致包括独立董事在内的基金董事会成员所负的信赖义务没有得到很好的履行。②2004年1月27日。John P. Freeman 教授在国会政府事务委员会作证时再次证实这一点。③2003年9月暴露的美国基金业丑闻也说明单纯地依靠独立董事难于杜绝基金业中的利益冲突交易。晨星报告及相关的实证研究证明 SEC 以及法院对独立董事保护基金股东的利益的信赖是不切实际的,表明独立董事至少是不能成功地履行其职能。

　　从上述的情况来看,SEC 的立场与相关的实证研究的结论似乎存在着不可调和的矛盾。这种差异部分来自于长期以来人们对基金

---

　　① Samuel S. Kim, Mutual Funds: Solving the Shortcomings of the Independent Director Response to Advisory Self-dealing through Use of the Undue Influence Standard, Columbia Law Review, [Vol. 98:474 1998], p.478.

　　② John P. Freeman & Stewart L. Brown, Mutual Fund Advisory Fees: the cort of conflicts of Interest, The Journal of Corporation Law, [spring 2001], p.618.

　　③ Statement of John P. Freeman, Before the Senate Governmetal Affairs Subcommittee on Financial Management, the Budget and Internation Security — "Oversight Hearing On Mutual Funds: Hidden Fees, Misgovernance And Other Practices That Harm Investors", January 27, 2004.

管理费用及董事报酬处于一种完全不了解的状态，因此，直到1995年1月，才要求投资顾问及董事披露其所接受的全部报酬。另外，双方关注的角度不同，也是造成这种差异的一个原因。尽管独立董事制度在实际运作过程中一直存在上述问题，但由于共同基金目前已成为大多数美国人所选择的主要投资工具，共同基金为普通投资者提供了一种分散其组合投资以及分散投资风险的工具，为投资者提供了非常大的便利，而如果不存在投资基金这些方便对投资者来说都不存在。[①]因而，基金必须为了广大投资者利益而进行运营。所以，对于 SEC 来说，其最为关注的是投资者资金的安全，而非投资者资金运作的效率。尽管独立董事制度难于彻底根除共同基金领域的利益冲突交易，但由于目前多数投资公司采取外部管理的架构，外部的投资顾问负责基金的设立及首届董事会的选举，并不存在类似于商事公司监事会的专门机构对投资顾问进行监督，股东及股东大会在共同基金治理中的作用比其在商事公司治理中所发挥的作用更弱。因而，在现有的条件，很难找到更好的机制来替代独立董事制度。相反，如果没有独立董事的监控，在共同基金中的利益冲突问题有可能会更加严重。另外，与单独进行股票投资相比，投资于某一共同基金的费用仍并不算高。因而，在某些方面，可以将投资于共同基金归纳为成功的和安全的。SEC 亦不愿意采取任何可能会损害投资者的这些便利的行动。[②]从这个角度来说，美国 SEC 将独立董事看作是基金股东利益的代表，并充当基金股东利益守护者，对基金投资顾问及其关联人士实行监督和制衡本身并没有错。正如 SEC 的主席 Levitt 所说，可以用一个词来概括基金的管理结构，这就是责任性（accountability），而如果没有独立董事，责任性只不过是一纸空文。[③]《投资公司法》将与基金的投资顾问无利害关系的董事置于独立守护者的地位，对投资公司的管理层提供独立的制衡，而这种独立的制衡是使投资基金达到责任性的一种动力。正是由于有了独立董事制度的制衡可

---

① Samuel S. Kim, Mutual Funds: Solving the Shortcomings of the Independent Director Response to Advisory Self-dealing through Use of the Undue Influence Standard, Columbia Law Review, [Vol. 98:474 1998], p.499.

② Id.

③ Transcript of the Conference on the Role of Independent Investment Company Directors, p.2, http://www.sec.gov/divisions/investment/roundtable/iicdrndt2.htm.

以在基金治理中形成一种独立性和责任性的文化氛围。

近几年来,强化独立董事的作用,改善基金业的治理结构越来越受到 SEC 和业内的广泛关注,在 SEC 的大力支持下,美国投资公司协会(简称 ICI)于 1999 年 2 月 23—24 日召开了有关"投资公司独立董事的作用"(the Role of Independent Company Directors)圆桌会议,并于 1999 年 6 月 24 日发布了"顾问小组关于基金董事最佳行为的报告——增强一种独立和有效的文化"(Report of the Advisory Group on Best Practices for Fund Directors — Enhacing a Culture of Independence and Effectiveness)。ICI 的报告推荐了许多政策和行业的习惯作法,以强化独立董事的作用。ICI 的理事会建议所有的成员采纳顾问委员会的建议。ICI 报告的核心建议是:(1) 所有的投资公司,至少要有 2/3 的董事是独立董事;(2) 基金的投资顾问、主承销商、特定关联人士的前任官员或董事,不许担任基金的独立董事;(3) 现任独立董事选择和提名新的独立董事;(4) 独立董事因服务于基金董事会而应得到适当的补偿;(5) 基金董事应投资于他们所服务的基金;(6) 独立董事拥有独立于基金投资顾问和其他基金服务提供商的法律顾问,在适当的时候,如面临需要特别鉴定的事宜,独立董事有权征询基金独立审计师和其他专家的意见;(7) 独立董事每年要填写一份调查表,回答有关其自身商务、财务、家庭关系问题,如果还有诸如同投资顾问、主承销商、其他基金服务提供商及他们的关联人之间的关系,也一并回答;(8) 投资公司董事会设立全部由独立董事组成的审计委员会,委员会与基金独立审计师至少每年召开一次会议,委员会要确保审计师独立于基金管理人,委员会要在章程中明确规定审计师的职责和权限;(9) 有关基金投资顾问合同和承销合同事宜,独立董事要进行分别管理,或者以其他适当的方式管理;(10) 独立董事指定一人或多人作为独立董事的领导;(11) 基金董事会所获得的由于董事和行政官员过错或失职所引起的保险理赔或者来自于基金的赔偿金额,要足够确保独立董事的独立性和有效性;(12) 投资公司的董事会的结构设置,一般情况下,既可以是基金家族中的共享董事会,也可以是基金家族中不同基金群体的群集董事会,但不应是每只基金单独设立一个董事会;(13) 基金董事会要对董事的退休制定相应的政策;(14) 基金董事要定期对董事会的成就作出评价;(15) 基金的新董事要尽可能地适应环境,基金的所有董事都要与基金业、与基金业的法制发展共进步、共发展。

在1999年10月19日发布的Release中,SEC建议修改十个普遍使用的豁免规则,包括12b—1规则(该规则允许将基金资产用于分销目的),要求基于这些豁免规则而运作的基金符合下列条件,以提高独立董事的效率:(1)独立董事至少须构成董事会成员的多数;(2)现任独立董事须选择提名新的独立董事;(3)如果独立董事选择其自己的独立法律顾问,该法律顾问及其公司须在最近2年财政年度不得担任基金顾问、主承销商或管理者的法律顾问。SEC亦建议对那些已设立独立审计委员会的基金可以豁免其股东批准基金审计师的要求,SEC的建议还包括在招募书委托投票书中就涉及董事的资格,其潜在的利益冲突,董事对基金证券的所有权进行更高标准的披露。ICI公开宣称支持SEC的建议。

2003年底美国共同基金黑幕被揭露后,SEC及业界仍将强化独立董事的作用作为改善共同基金治理结构,保护投资者利益的重要举措。2003年底通过的《共同基金诚信与费用透明法》对1940年《投资公司法》的部分条款进行了修改,强化独立董事在投资公司治理的作用是此次修改的重点。其主要涉及以下几个方面的内容:(1)要求所有投资公司董事会中独立董事的比例扩大到2/3以上;(2)将"利益相关人士"(interested persons)的范围扩大到与投资公司及其关联人士、投资顾问及其关联人士、主承销商及其关联人士有着重要的商业关系、职业关系或者紧密的家庭关系的自然人,以进一步提高独立董事的独立性;(3)要求董事会主席由独立董事担任;(4)要求投资公司的董事会设立全部由独立董事组成的审计委员会,并将《萨班斯—奥克斯莱法》的标准适用于投资公司;(5)要求董事会监督投资顾问经纪业务分配安排、软美元安排、收入分享安排,确保上述各项安排符合1940年《投资公司法》及SEC的各项规则的要求,并符合基金投资者的利益。①

需要指出的是,由于投资基金的治理结构本身的特点,要单纯通过独立董事制度来完全消除投资基金中利益冲突问题是不切实际的。除此之外,还须借助于一些其他的手段,比如可采取切实可行的措施使投资基金股东能够充分地知悉有关费用的信息,并且在投资

---

① 2003年《共同基金诚信与费用透明法》第102节、第103节、第104节。

顾问存在自我交易的情况下,能够有效地起诉顾问,那么投资顾问就会诚实地为投资者的利益而行为。

第五节 完善我国基金托管人制度的思考

一、我国现行投资基金托管人制度的缺陷

如前所述,我国的证券投资基金所采用的治理结构是类似于英国单位信托基金治理模式。这种模式的一个重要特点是基金托管人与管理人相互分离,各自为独立法人,两者没有任何关联或隶属关系,同时强调基金托管人对管理人实行监督和制衡。但它的弱点是在基金的实际运作过程中基金管理人和托管人之间的关系界定不清,因而其各自的角色及其相互之间的权利和义务也不是很明晰,这无形中减弱了各方的责任性(accountability),而准确地界定基金管理人和托管人之间的关系,对于投资者利益的保护极为重要[1]。另一方面,由于基金管理人实际上负责基金管理和运作,因而,作为监督者的托管人存在信息不对称的问题,托管人难以对管理人实施及时有效的监督。我国在引入证券投资基金制度时,由于《信托法》等一些相关法律付之阙如,因而在我国的基金内部治理结构也存在着一些问题,其主要表现为以下几个方面:

首先,基金持有人的利益代表缺位。从投资基金的内部构造来看,基金托管人受托人的地位决定了其须依信托法理为基金及基金持有人的利益而管理和处分基金资产。但在我国现行法规的规定中,基金托管人的地位和权责都较为含糊。《证券投资基金法》及《证券投资基金管理暂行规定》都要求托管人具有保管基金资产的职责,监督基金的投资运作,但并未明确规定基金托管人为基金持有人的利益对基金管理公司进行监督,因而,在实践中究竟由谁作为基金持有人利益的代表者存在含糊的看法,多数基金契约对此采取回避的

---

[1] 澳大利亚在 1998 年对其单位信托制度进行改革的一个重要原因就是希望通过引入由基金管理人和托管人组成的单一责任实体(responsible entity)来克服基金管理人和托管人分立体制下所造成的关系不明,责任不清的问题。但是,这种新的体制在解决了这个问题的同时,又产生了新的问题,如在这种联合受托的体制下,管理人和托管人的利益趋于一致,对其损害投资者利益的行为却更加难于受到监督和制衡。

态度。① 而另一方面,基金管理公司作为发起人又与托管人共同签订基金契约和托管协议,并有权提名基金托管人,从而又使得托管人处于一种相对从属的地位。《暂行规定》第15条又规定"经批准设立的基金,应当委托商业银行作为基金托管人托管基金资产,委托基金管理公司作为基金管理人管理和运用基金资产",可是此时由谁代表基金来行使这一委托的权利呢,从现行法的规定中也难于得到明确的答案。

第二,受托人与保管人功能合并,并且由银行来担任。尽管《证券投资基金法》第29条规定了托管人的11项职责,但其主要侧重于对有关资产保管及基金清算事项的规定,而对于托管人监督职责则规定的比较原则,缺乏对基金托管人在监督过程中的权利、义务和责任的明确规定。由此而产生的结果是在实践中基金托管人重保管功能,轻监督职能,使得对管理人监督和基金资产风险控制的职责流于形式。如前一段时间中国证监会已经公布了对违规基金管理公司的调查报告中,4家基金管理公司或多或少承认在管理基金资产中存在异常交易行为,可托管人在2000年基金年报的《托管人报告》中却均出具无意见的托管人意见报告。许多基金的投资组合亦不在规定的范围之内,例如,安信基金2000年年度报告披露其持有东方电子达资产净值的13.4%,明显不符合《暂行办法》规定的10%的投资限制,但托管人报告和内部监察报告均出具合规意见。各个托管人的报告如同一辙,内容空洞,缺乏具体细节。

第三,就基金托管人的监督权力来说,我国现行的规定亦存在严重的缺陷。首先是对基金托管人的监督权力的性质规定容易引起歧义。《证券投资基金管理暂行办法》第19条(3)规定,基金托管人监督

---

① 如《银丰证券投资基金契约》第4条规定,基金发起人代表全体基金投资者,基于对基金管理人和基金托管人的信任,同基金管理人和基金托管人签订本基金契约,以其所合法拥有的财产发起设立本基金并委托基金托管人持有和保管,委托基金管理人管理和运用基金资产。似乎在投资基金的治理结构中,基金发起人是作为基金持有人利益的代表。第6条规定,基金托管人接受基金发起人及其他基金持有人的委托,代表基金持有人持有并保管基金资产,必须恪尽职守,履行法律、法规、中国证监会及本基金契约规定的义务。基金托管人有权对基金管理情况进行监督,如认为基金管理行为违反了有关法律、法规或本基金契约的规定,可采取必要措施保护基金持有人的合法利益。然而,在第5条基金管理人的权利义务中又规定基金管理人有权代表基金持有人行使股东及债权人权利;因基金托管人的过错造成基金资产损失时,应代表基金持有人的利益向基金托管人追偿。从上述规定来看,在基金的治理结构中,究竟谁代表基金持有人的利益,含混不清。

基金管理人的投资运作,发现基金管理人的投资指令违法、违规的,不予执行,并向中国证监会报告。对于基金托管人依该条之规定所负的职责究竟是一项监督权还是监督的义务,现行法亦缺乏明确的规定。实践中多数基金契约即将其作为基金托管人的一项权利,同时又作为其一项义务来进行处理。但是,这样处理并未解决这样一个问题,即其权利和义务来源于何处?相应地,如果基金托管人未履行这项职责,其应承担什么责任,如果因其失职行为造成基金持有人的损失,是否应承担损害赔偿责任,从现行法规及基金契约中也不得而知。其次是托管人监督义务的范围太窄。依现行法律条文的字面表述,在投资运作监督过程中,托管人监督的只是基金的投资比例和品种是否符合基金契约的规定,至于基金选择哪种股票,什么价位买入,什么价位卖出,作为托管人没有权利和能力去干预管理人的投资运作。此外,在操作层面,托管人只是被要求对基金的投资行为进行监督,但是在现存的制度框架下,托管人根本无法履行这一职责。因为目前的基金投资运作,是基金管理人直接通过席位到交易所进行交易,在基金的买卖交易指令下达到之前不经过基金托管人的监督,基金托管人只有在对交易所闭市后所传的基金当日已经发生的交易数据进行分析后,才能够得知基金当日投资行为是否违规。由于交易所的交易交割是无条件的,因此,即使是基金托管人发现基金的投资有违法、违规的,但是已经交割,也必须执行,因而,尽管《证券投资基金法》及《证券投资基金管理暂行办法》规定基金托管人对基金管理人进行监督,但是这种监督只能是事后监督,其在实际执行过程中效果大打折扣。

第四,缺乏对基金托管人监控利益冲突交易机制的规定。如前所述,在投资基金领域,利益冲突是广泛存在的,而现行法律对于这些利益冲突关系,只有一些技术上的操作规定,由于我国现行法规对基金托管人的法律地位缺乏一个明确的规定,也缺乏一个对基金托管人在处理利益冲突交易时的总的原则的规定。而一旦出现了基金管理人从事一些现行法没有明文规定的利益冲突交易,基金托管人是否应进行监督,其在监督时应遵循何种原则进行处理,均不得而知,因而,基金持有人利益有较大的受损风险。

为解决基金治理中的利益冲突问题,保护基金持有人的利益,中国证监会于2001年1月16日发布了《关于完善基金管理公司董事人选制度的通知》。《通知》借鉴了美国投资公司中的独立董事制度,在基金管理公司设置独立董事,要求基金管理公司的独立董事在维护基金管理公司股东的利益的同时,同时亦负有保护投资人利益的责任。然而,这种制度在实践中是否可行颇值得深思。从理论上讲,基金公司独立董事是由基金公司的股东选任的,其报酬也是由基金公司支付,而最终是由基金公司的股东来承担,因而,其对基金公司的股东负有信赖义务也是顺理成章的事情。然而,基金管理公司的独立董事既不是由基金持有人选任,也不是由基金持有人支付报酬,亦未与基金持有人发生其他法律关系,那么,其为什么要对基金持有人负有信赖义务,这种义务源于何处?特别是当基金公司的股东利益与基金持有人的利益发生冲突时,独立董事应如何处理,其应维护何方的利益?而这种利益冲突,在投资基金领域中是经常会发生的,比如在基金管理费的问题上,作为基金管理公司的股东来说,收取的管理费越高,那么其自身的利益也就越大,但是对于广大的基金持有人来说,则是基金管理费越低,其自身的利益也就越大。因而,我国现行基金管理公司独立董事制度的职责的规定,从法理上讲不通,从实践上亦不可行。

在我国基金管理公司治理结构中,无法有效体现基金持有人利益的问题是目前体系所固有的,不可能在现有的框架下通过对基金管理公司治理结构的改进得到根本的解决。因为公司治理所要解决的根本问题是对公司股东利益的保护问题,从法律的角度上来讲,投资基金与管理投资基金的基金管理公司是两个完全独立的法律主体,其各自均有自己独立的利益,希望通过强加对基金管理公司的治理来解决基金持有人的利益保护问题显然是没有抓住问题的实质。因而,我们在设计保护基金持有人利益的制度时,首先应予以考虑的问题就是要区分基金管理公司的治理和基金的治理。基金管理公司的治理是为了保护基金管理公司股东的利益,而基金的治理主要是为了保护基金持有人的利益,对基金持有人的利益的保护问题主要应从加强基金托管人对基金管理人的监控与制衡来解决。

二、完善我国基金托管人制度的建议

针对我国基金治理结构存在的问题,笔者建议借鉴公司型基金董事会及独立董事制度,并借鉴其他国家在改革基金治理结构的经验,对我国投资基金治理中托管人制度进行改革。改革的重心应该是围绕强化基金托管人对基金管理人的制衡,加强对基金持有人利益的保护来进行制度设计。

首先,借鉴公司型基金治理结构及其他国家的立法经验,设立基金的受托人委员会。

董事会是现代股份公司运作机制中的一个重要组成部分。由于基金的治理与公司治理存在共性,董事会和独立董事的机制也就很自然地被引入基金的治理结构,成为当前各国基金运作制度改革的一个重要目标。[①] 不仅公司型基金如此,信托型或契约型基金亦是如此。尽管董事会及独立董事难于彻底根除投资公司的利益冲突交易,但实践表明,在现有的条件下,很难找到更好的机制来替代,因而通过设立和加强基金董事会的功能来改善治理结构是当前主要趋势。尽管契约型基金的传统结构中不存在董事会,但许多国家的监管机构采取措施鼓励各基金设立董事会,如加拿大[②]、澳大利亚[③]。

通过设立基金受托人委员会或董事会改进治理结构,是在我国目前的基金法规和管理体制内最有效也是最可行的措施。笔者建议,为改变我国现阶段基金托管人在监督基金管理人投资运作过程

[①] 于华:《强化受托责任,引入董事会和独立董事机制:改善基金治理结构的政策法规探讨》,载中国证券业协会基金公会编:《证券投资基金法规体系研究》,中国法制出版社2002年版,第191页。

[②] 加拿大于2002年初出台了新的法规,对其基金结构进行改革,改革的重心就是在其信托型的基金治理中引入了董事会和独立董事制度。其主管机关提出5种不同的基金董事会结构,由各个基金根据各自的情况选择其中的一种形式加以采用:1.每个基金都设立按公司型基金董事会运作的信托董事会,受托人与管理人应相互独立。2.受托人与管理人有关联关系,受托人的信托董事会中有一个由半数以上的独立董事组成的治理委员会。3.基金没有董事会,但基金管理公司中有一个由半数以上的独立董事组成的治理委员会。4.每个基金都设立一个专门的顾问委员会,该委员会一半以上的成员应为独立董事。5.每个基金都设立一个按公司型基金结构运作的董事会,董事会成员中有一半以上独立董事。在以上5种形式模式中,规范程度最高的是第5种形式,其治理结构相对完善,较为有利于解决实行对基金的监督和维护公众投资人的权益,是改革治理结构的理想目标。其次分别为第1、4、2,第3种形式要求最低。见于华:《强化受托责任,引入董事会和独立董事机制:改善基金治理结构的政策法规探讨》,载中国证券业协会基金公会编:《证券投资基金法规体系研究》,中国法制出版社2002年版,第195页。

[③] 在契约型基金为主的市场中,澳大利亚是最早进行治理结构改革的国家之一。为实现对监控基金的运营,保护投资者的利益,每个责任实体都必须设立一个监察委员会(the compliance committee),其可以是责任实体的董事会(如董事会半数以上的成员为外部的),亦可以是一个单独确立的委员会。该委员会至少须包括3名成员,且多数须为外部董事。

中的弱势地位,可考虑在我国基金层面设立基金受托人委员会或者基金董事会,代替原来的基金托管人。该委员会独立于基金管理公司的董事会,在这个委员会中独立的非关联人士应占大多数。考虑到基金的实际运行中的特点,基金受托人委员会不应过多地参与基金的日常决策,而应以控制和监督为主,以解决利益冲突问题和考察管理人是否履行其信赖义务为基本目标。考虑到我国的基金业发展还处于比较初级的阶段,每个基金管理公司所管理的基金数量比较少,还远未形成规模效应,因而,我国现阶段可以考虑在同一基金管理人管理的所有基金之间设立一个共享受托人委员会,或者叫做基金董事会。

第二,要明确基金受托人委员会成员的信赖义务。基金受托人委员会作为代表基金持有人的利益而对基金管理人进行监督的机构,其所有组成人员理应对基金持有人负信赖义务。为了基金持有人的利益,对基金管理人的投资运作进行监督,本来就是其信赖义务的一部分,因而当基金受托人未能履行其监督职责,对基金持有人的利益造成损害时,就应负赔偿责任。同样,通过法律规定基金受托人委员会成员负有信赖义务,亦为其在履行监督管理职责时处理利益冲突问题确立了行为准则,即在相关法律、法规及基金契约中有明文规定的,应依相关的规定执行,如发生一些现行法律及基金契约未作规定的情形,那么,作为基金持有人的受信赖人则须为持有人的利益,依其合理的商业判断采取必要的措施,否则,须对基金持有人承担责任。

第三,实行基金监督职能和保管职能的分立,基金受托人委员会专门履行基金监督的职能。在基金治理结构中,基金受托人的核心职能应该是对基金管理人进行监督,以保障基金持有人的利益,而基金资产的保管功能则是一个相对次要的功能。因此,应通过立法将基金资产的保管与监督功能分开,明确规定投资基金须将其资产委托给其专门的商业银行进行保管,受托人委员会专门履行监督的职能。

第四,规定基金管理人在重大交易前对基金受托人的报告义务。为保证基金受托人能够对基金管理人的投资运作有关事项进行恰当的评价,基金管理人除依有关法律法规进行信息披露以外,在其执行一定数额的重大交易前,还应负有向基金受托人报告的义务,以克服基金管理人与基金托管人之间信息不对称的缺陷,如基金受托人在规定的时间内未提出异议,基金管理人即可以执行交易。同时,基金受托人亦负有义务向基金管理人要求提供其进行判断所必需的信息。如基金受托人有合理的理由对基金管理人的行为产生怀疑时,有权聘请会计师、律师等一些专业机构进行调查。

第五章　基金持有人及基金持有人大会制度

第一节　基金持有人及其权利

一、基金持有人的法律地位

基金持有人是通过购买基金份额而加入到基金法律关系之中，并依照法律和基金契约的规定而享有权利承担义务的人。如前所述，投资基金是一个具有法律人格的主体，其是由基金管理人、基金托管人以及单位持有人借助于基金契约而组成的一个团体。与私人信托的受益人不同，投资基金的单位持有人不是委托人指定的受益对象，他们通过认购基金单位而加入到基金管理人与基金托管人签订的基金契约，并由此而在投资基金中享有权利和承担相应的义务，因而其是作为投资基金这样一个主体的成员。在投资基金中，基金契约是基金持有人权利和义务的来源。

如前所述，投资基金是公司和信托两种制度相结合的产物，基金持有人的法律地位亦介于公司股东与传统私人受益人之间。从某种意义上讲，公司是股东冒险的工具，股东投资于商事公司是希望通过公司的经营获利，而信托的目的主要是保持信托财产。从权力配置来看，公司股东拥有公司的剩余索取权，股东大会通常也被认为是公司的最高权力机构，其拥有公司重大事项的最终决定权，尽管其日常的经营管理权往往授予给董事会来行使。而私人信托的受益人通常无权指导受托人行使权力。投资基金则是介于两者之间，投资者对高额投资回报的企求意味着投资者需要承受一定的风险，然而，投资者利用分散投资的方式以及运用基金管理人的专业技能，又意味着投资者力图避免某些股份公司本身所固有的高风险的因素。因而，在对基金持有人法律地位的定位及其权力的配置时应充分考虑到投资基金及基金持有人的上述特点。投资基金法对基金持有人权利义务的配置及其所提供的保护水平亦应介于公司法对股东及信托法对信托受益人的保护之间。①单位持有人无权指导基金管理人与基金受托人如何行使权力,这点与私人信托受益人相似,然而,法律又赋予其通过基金持有人大会对基金事务进行一定程度的干预的权力,这又与公司的股东相似而与私人信托受益人不同。

作为一个以投资为目的的团体,投资基金中也存在一个类似于公司的集体决策机制,即基金当事人在基金的运作过程中,亦需要通过一种集体决策机制将基金当事人的意志转化为基金的意志,如在有关的基金法规和基金契约中通常有召开基金持有人大会的要求,而基金持有人作为基金的成员也正是通过这一集体决策机制参与基金的运营,并且其所达成的决议对基金管理人、受托人以及基金持有人均有约束力。而在私人信托,由于受托人是执行委托人的意愿,因而,除终止信托以及要求转让所有的信托财产外,受益人作为一个整体几乎不能拥有任何权力。

二、基金持有人的权利

(一) 私人信托受益权的性质

信托是一种高度发达的财产管理制度。在私人信托,委托人移转财产于受托人而设立信托,受托人拥有信托财产的支配与管理的权利,但无权获得信托财产上的利益,受益人取得信托财产的利益却不享有控制权。对于受益人权利的性质,在英美法上争论已久,其核心的问题是,受益人权利是一种财产性质的权利还是单纯的允诺性质的合同权利,即受益人的权利是否为对信托财产自身的物上利益或受益人对依信托条款管理信托的受托人仅拥有衡平法上对人的请求权。

衡平法的最初的观点认为,信托的受益权只相当于一项权利,强迫受托人实施信托或者补偿受托人违反信托所造成的损失。英国著名的法律史专家梅特兰就坚持这种观点。② 他认为,信托为衡平法官强制执行的、事实上通常未称之为合同义务的交易。虽然信托产生于委托人的财产转让,信托仍起源于合同,尽管信托对允诺人(受托

---

① Sarah Worthington, Public Unit Trusts: Principles, Policy and Reform of the Trustee and Manager Roles, UNSW Law Journal, [1991 Volume 15(1)], p.266.
② 参见何宝玉:《英国信托法原理与判例》,法律出版社 2001 年版,第 44 页。

人)并未产生利益,但是因为委托人在设立信托时放弃了其普通法上的权利、财产,因而,受托人应该实现其允诺(他们的协议),并且,衡平法官应强制他们依约履行,即强制执行针对受托人的权利而非对物的权利。显然,受益人的权益是一种对人的权利。

然而,受益人权利属于对人权的观点并未被现代信托法的理论及实践承认。如美国信托法的权威 Scott 就认为,信托受益人在信托财产上拥有财产利益,其拥有一种形式的所有权,而不仅享有对受托人的请求权,即单纯的对人权(chose in action)。① 而且依传统的对人权的观点,无法解释受益人追踪信托财产的规则,既然受益人可以追踪信托财产,针对拥有信托财产的陌生人采用衡平法的追踪救济,因而,他显然是在行使一种对物的权利。Scott 的观点,最终为美国《信托法重述(2)》所采纳。

大陆法系没有普通法与衡平法的分野,也没有英美法系那种灵活多变的财产权观念。依大陆法系的法律观念同样亦难对受益人权利的性质作出一个令人信服的解释。②

面对这些困难,更多的学者则是根据上述两方面的意见寻找一条折中之道。多数学者认为应抛弃这种对人权——对物权的思路,而将受益人的权利视为一种混合权利或者自成一类的权利(hybrids or sui generic)③。

笔者认为,单纯的对人权或对物权或者物权、债权的概念很难概括受益权的全貌,要判断某一项受益权是何种性质的权利须根据具体的情形及信托契约的规定来确定,而无须笼统地将受益权说成是对物权或对人权。如果当事人设立信托时在信托契约中赋予受益人对具体的信托财产拥有某种权利,那么该受益权就是对物权抑或物权,如在固定信托或简单信托中,受益人的权利可以被认为是对特定的基础财产的衡平法的所有权。如果信托契约只是赋予受益人请求

---

① 张天民:《论信托财产上权利义务的冲突与衡平》,载梁彗星主编:《民商法论丛》第9卷,法律出版社1998年版,第626—627页。

② 大陆法系国家在引入信托制度时,往往以自己固有的物权和债权概念来理解信托,围绕信托的法律实质形成了各种各样的学说,主要有物权—债权说、法主体说、物权债权并行说、财产权机能区分说、物权说和附解除条件法律行为说。参见周小明:《信托制度的比较法研究》,法律出版社1996年版,第30—34页。

③ Kam Fan Sin, The Legal Nature of the Unit Trust, Clarendon Press, Oxford, 1997, p.265;又参见何宝玉:《英国信托法原理与判例》,法律出版社2001年版,第48页。

受托人以适当的方式管理信托事务并获得信托利益的权利,如在自由裁量信托,尽管受托人必须在合理的时间内分配信托收入或资本,受益人亦可以强制实施信托,但是并未授权受益人享有信托财产的任何特定部分,因而,我们可以将自由裁量信托受益人的权利看作是自成一体的权利,而没有必要将该权利划为对人权还是对物权。

在这种情况下,理解自由裁量信托的受益权性质的关键似乎在于区分作为物的信托财产及作为信托财产价值形态的信托基金。而信托的追及性和同一性使信托基金与信托财产两者既分离存在又统一在一起。信托制度的特色在于委托人并非单纯地转让财产,而是在其转让财产的同时创设不同的权利形态。而只有在信托基金的意义上才能创设多种权利形态。委托人在移转特定的财产后,丧失了对特定的信托财产的支配权、控制权,但却获得了对作为财富的信托基金的控制、支配自由。独立的信托基金作为委托人支配实质财富的管道,有效地将受托人与受益人组织起来,依照委托人的意志而运作。即为某一特定目的将某财产视为独立于其组成部分的单独体,前者的变化并不改变基金的本体性,受益人有权在基金上享有权利,转让其利益,该基金不属于受托人的固有财产。[①] 作为受托人来说,其取得构成独立信托基金的信托财产的物的控制、利用权,受托人的权力客体仅为作为物的信托财产,因此信托基金无论如何变换形态,均不影响受托人权力的实质内容。而独立的信托基金构成受益人权利的客体。受益人就其受益权而言只能存在于特定的信托基金之上,不管信托财产的形态如何转换变化,但信托基金始终是能够确定的。事实上,在独立的信托基金之上,信托财产的形态是不断地发生变化的,但是受益人与信托基金的权利结构却始终并未发生变化,只要信托财产存在,独立的信托基金之上的每一种权利都是确定的、依时间先后独立存在的,这种在同一基金上权利并存、替代的情况亦不可能在具体的信托财产上出现,但又必须依靠对信托财产的管理运作才能实现权利的内容。[②]

---

① 张天民:《论信托财产上权利义务的冲突与衡平》,载梁慧星主编:《民商法论丛》第9卷,法律出版社1998年版,第642页。
② 同上文,第651页。

(二) 基金受益权

独立的信托基金观念使受益权不同于信托基础资产而成为一种独特的权利形态。正是借助于这种信托基金的观念，才可以在商业领域里根据需要，发行有价证券以表彰该权利，使得该权利依托有价证券而成为一种可以流通转让的权利。

与私人信托不同，单位信托的财产不是赠与物，其财产是由基金持有人认缴的出资所聚合而成的。单位持有人认缴出资是为了投资的目的。因而，从功能上讲，单位信托的信托资产的性质更接近公司的资本，而与私人信托的信托财产形成较大的反差。

同样，投资基金中的持有人的受益权也远较私人信托中受益权要复杂得多。在现代金融投资领域中所进行的各种创新活动实际上都是朝着这样一个目标来进行的：使投资者的风险最小化及增加投资的流动性。①投资基金作为一种集合投资制度亦体现了这一发展趋势。投资基金的核心功能就是使拥有小额资本的投资者在大的组合资产中分散风险，因而，对集合资产运用时，就要选择尽量广泛的资产种类、将其投资在尽可能广泛的行业及商业领域，以扩大其投资的基础。这样势必扩张基金管理人的权力，有时甚至还要根据资产的性质来缔结顾问或管理合同，将某些具体的管理事务委托给其他专业机构管理。同时由于基金资产种类较为广泛，为衡量基金持有人的利益，有必要形成一套合理的估价原则，以对各种资产价值进行估价。为防止基金管理人滥用权力，还须与受托人缔结托管合同，由受托人负责基金资产的保管，并对基金管理人的行为进行监督。在投资基金中，基金持有人可以通过在证券交易所交易转让其所持有的基金受益凭证和向基金管理人申请赎回来变现其投资，基金受益权的流动性亦比私人信托的受益权要强。可见，在投资基金领域，单位受益权不仅仅局限于对信托基金的利益，它还应包括与基金的运作密切相关的一些其他相关的权利，实际上是由对信托基金的利益以及与信托基金的运作有关的其他权利一起集合而成的一个权利束

---

① Kam Fan Sin, The Legal Nature of the Unit Trust, Clarendon Press, Oxford, 1997, p.261.

(bundles)。①

一般来说,基金受益权的内容可以分为三类:基金资产利益享有权、基金事务监控权,违反基金契约的救济权。对基金资产利益的享有权既包括对基金持有人认缴所形成的资产所享有的权利,也包括对在基金运营过程中增值所形成的资产的权利,如取得基金收益、取得基金清算后的剩余资产的权利。基金事务监控方面的权利包括:请求召开基金持有人会议的权利;对基金持有人会议审议事项行使表决权;监督基金经营情况,获取基金业务及财务状况资料的权利;提请基金管理人或基金托管人履行按本契约规定应尽的义务;基金合并、更换运作方式以及终止请求权;基金契约的修改权;选任和解任基金管理人和基金托管人的请求权。违反基金契约的请求权包括损害赔偿请求权、追索权或撤销权等。

第二节 基金持有人的诉权

一、赋予基金持有人诉权的意义

如前所述,投资基金的各方当事人——基金管理人,基金托管人(受托人)以及所有的单位持有人都借助于基金契约而组合成为一个团体。基金契约构成了一个规定各方当事人之间权利和义务的自治规章。尽管从终极的意义上说,投资基金属于全体基金持有人所有,但是,在基金的运营过程中,基金持有人并不对作为物质形态的基金资产拥有任何直接的权利,而只是对作为价值形态的信托基金拥有权利。基金资产实际上属于投资基金这样一个实体所有。基金投资者在认购基金单位成为基金持有人以后,其实际上就丧失对这部分资产的所有权,而取得基金受益权,拥有参与基金持有人大会对基金

---

① 有学者认为,单位受益权通常由下面六个方面的利益所构成:(a)单位持有人对由其认缴而形成的所有资本,代表这些货币的所有的收入和投资,以及资产和负债之间的差额;(b)第三方为单个持有人的利益而对经理(或受托人)所作的契约性允诺的利益,比如收入和资本的担保;(c)第三方在信托的经营过程或信托基金的投资过程中对经理(或受托人)所作的契约性允诺的利益,比如为销售或购买资产而任命经纪人或其他代理人的合同;(d)经理为持有人的利益对受托人所允诺的利益;(e)受托人为持有人的利益而对经理所允诺的利益;(f)经理、受托人及其他单位持有人对某一持有人所允诺的利益,如果该单位持有人是一个直接的当事人,比如有关赎回、投票权、代理投票权及会议的有关条款。See Kam Fan Sin, The Legal Nature of the Unit Trust, Clarendon Press, Oxford, 1997, p.263。

事务的管理,并取得基金收益的权利。

在投资基金的内部治理中,基金持有人的权利主要是通过规定基金管理人对基金及基金持有人负有信赖义务,通过基金托管人及证券监管机关的监督来进行保护。现行的机制对于保障广大基金持有人的利益确实也起到了一定的作用。但是,我们同时也应看到,我国基金业发展正处于起步与发展初期,各项制度和规则亦不健全,在此情况下,强化主管机关的执法很有必要,但希望完全依靠政府的监管来达到保护基金持有人利益的目的是很不现实的。同样,在基金治理结构中,基金托管人(受托人)对基金管理人负有监督义务,独立董事或受托人委员会在防止基金利益冲突,保护基金持有人的利益方面起着一定的作用,但是单纯地依靠受托人及独立董事难于完全解决基金管理人的自我交易的问题。而基金管理人的信赖义务则更是需要相应的责任制度来保证,即当基金管理人违反其信赖义务,对基金持有人的利益造成损害时,基金持有人必须能够追究相关责任人的责任。

我国《证券投资基金法》第83条规定,基金管理人、基金托管人在履行各自职责的过程中,违反本法规定或者基金合同约定,给基金财产或者基金份额持有人造成损害的,应当分别对各自的行为依法承担赔偿责任。其中亦包括基金管理人或基金托管人对基金及基金持有人的民事赔偿责任。并在许多条款中具体规定基金管理人或基金托管人违反其法定义务给基金及基金持有人的财产造成损失的,应承担民事赔偿责任。而要追究基金管理人或基金托管人民事赔偿责任,就必须要赋予基金持有人诉权。

从我国基金运作的实践来看,基金运作中的违法及违规行为一度呈蔓延之势,而监管机构由于信息、人力、物力等各方面的限制难于进行全面的监控,基金托管人在防止基金管理人进行各种损害基金及基金持有人的利益方面所起作用甚微。2001年3月23日,中国证监会公布了对基金管理公司交易行为的初步调查结果。在列入检查的10家基金管理公司中,多数基金管理公司存在违法违规交易行为,未发现相关异常交易行为的只有2家。可是基金托管人在基金年报中的《托管人报告》中对存在的异常交易行为并没有做出实事求是的评价,均出具无意见的托管人意见报告。而证监会也无法对所有违规的基金管理公司进行调查,只决定对情节最为严重的博时基金管理公司使用违规方式进行股票买卖是否构成证券欺诈行为一事进行立案调查。① 因而,在基金治理中必须引入基金持有人的诉讼制度,当基金管理人或基金托管人违反其信赖义务时赋予基金持有人直接提起诉讼的权利便具有重要的意义。

二、基金持有人诉权的性质

根据权利行使的目的,基金持有人的权利可以分为共益权和自益权两种。凡是为基金持有人个人的利益而享有的,以财产利益为主要内容的权利都属于自益权。在投资基金领域,典型的自益权包括基金收益请求权,基金剩余资产分配请求权,基金份额赎回请求权,基金份额转让权等。共益权是指投资者不仅为了自己个人的利益,而且为了投资基金整体及其他基金投资者的利益而享有的,以参与投资基金的决策、监督和管理为主要内容的权利,包括基金持有人大会的参与权,表决权,基金持有人大会决议无效确认请求权,基金管理人和基金托管人解任请求权,基金资料查阅请求权等,这些权利的行使目的是参与对投资基金重要事务的决策。基金持有人提起诉讼权是基金持有人共益权的一种。但它与其他共益权相比具有明显的区别。一般来说,其他共益权多指向基金持有人大会的决议事项,而基金持有人诉权的对象范围则十分广泛,几乎可以涵盖基金运作过程中的所有管理行为。从权利的性质来看,它是一种救济性质的权利,是在基金持有人行使其他权利后仍不足以使自己的权益得到保障或是其他权利遭受侵犯的情形下来发挥作用的,是在行使其他权利基础上的一项补救性权利。

三、基金持有人诉权的适用范围

基金持有人提起诉讼的范围较广,原则上只要基金持有人的权利及利益受到了来自基金管理人及基金托管人等行为人的损害以及基金管理人和基金托管人在管理和运作基金资产的过程中违反了其信赖义务,基金持有人即可以作为原告对相关责任人提起诉讼。根据《证券投资基金管理暂行办法》的规定,基金持有人享有的权利包

---

① 有关中国证监会调查的详细内容可参见2001年3月24日《中国证券报》、《上海证券报》、《证券时报》等媒体的相关报道。

括出席基金持有人大会、取得基金收益、监督基金经营情况,获取基金业务及财务状况的资料、申购、赎回和转让基金单位、取得基金清算后的剩余资产以及基金契约规定的其他权利。《证券投资基金法》第 70 条规定,基金持有人享有分享基金收益,参与基金剩余财产的分配,赎回或转让持有的基金份额,建议召开基金持有人大会,对基金持有人大会审议事项行使表决权,查询或者获取公开的基金业务和财务状况等信息资料,基金合同规定的其他权利。因而,只要基金持有人的上述权利受到侵害,基金持有人就可以依民事诉讼法的有关规定对直接责任人提起诉讼。

基金管理人及基金托管人在基金运营中负有广泛的义务,如其未能履行法律、行政法规及基金契约所规定的义务,基金持有人有权提起诉讼追究相关责任方的法律责任。我国《证券投资基金法》第 92 条规定,基金当事人因违反本法规定造成基金损失的,在其各自职责范围内承担相应责任,并在相关条款中对由于基金管理人和基金托管人违法行为造成基金持有人损失的民事责任做了规定。因而,一旦基金当事人从事违法行为造成基金持有人损失,基金持有人应拥有相应的默示诉权。本节主要侧重探讨基金持有人就基金持有人大会决议瑕疵、基金管理人的利益冲突交易的诉讼。

(一) 基金持有人大会决议瑕疵之诉

投资基金作为一个实体是通过基金持有人大会将多数投资者的意思吸收为单一的团体的意思,基金持有人参与基金事务主要是参与基金持有人大会,通过基金持有人大会对基金管理与运作及事关基金持有人利益的重大事项形成决议来进行的。基金持有人大会决议的内容直接关系到基金持有人的利益,因此其内容和程序应该合法、公正。如果其在程序或内容上有瑕疵,就不能认为是正当的团体意思。然而,存在瑕疵的基金持有人大会决议其法律后果又与一般无效民事行为的法律后果有所不同。一般民事行为如因违法而导致无效,其自始就不具备法律效力。而基金持有人大会决议如存在瑕疵,其法律后果则有所不同。① 因为基金持有人大会的决议是团体法

---

① 一般法律关系如果存在无效的原因,即使不特别主张该决议自始就不发生效力,如果有取消的原因,依取消权人单方面的取消,决议亦溯及既往而丧失效力。关于此问题的论述,请参阅李哲松:《韩国公司法》,吴日焕译,法律出版社 2000 年版,第 412 页。

上的行为,在其形成过程中必然要介入多数人的意思和利害关系,并且决议一经形成,就对基金持有人、基金管理人及托管人具有法律约束力,当事人亦就以决议有效为前提进行各种后续行为,对于存在瑕疵的基金持有人大会的决议,如果依照法律行为无效的一般法理来处理,会导致团体法律关系的不稳定,从而将损害多数人的利益。因而,在投资基金领域,如果基金持有人大会通过的决议存在瑕疵,应通过诉讼的方式来解决。

当基金管理人或基金托管人召集基金持有人大会在程序或决议内容上明显违反法律或基金契约的规定,并对基金持有人的利益造成损害,基金持有人可以采取何种救济措施,现行法并未作出规定。笔者认为可以借鉴公司法的有关规定,赋予基金持有人为自己的利益对违法的基金持有人大会的决议提起诉讼的权利。

根据基金持有人大会决议瑕疵的类型,就基金持有人大会决议瑕疵而提起的诉讼可以分为确认无效之诉和撤销之诉。当基金持有人大会决议的内容违反法律或行政法规的禁止性的规定,应确认其决议无效,如基金持有人大会决议将基金资产用于抵押或者投资于房地产,基金持有人大会决议授权基金管理人从事信用交易等。当基金持有人大会在召集程序或者决议方法违反法律或者基金契约的规定时,基金持有人针对因此而通过的决议可以提起撤销之诉。如基金持有人大会的召集人未依照法律或者基金契约的规定履行大会的公告通知的程序,基金持有人大对公告中未预先告知的事项进行表决并作出决议,出席大会的基金持有人所代表的表决权未达到法律及基金契约所规定的法定数等,基金持有人可以向法院起诉,要求撤销上述基金持有人大会的决议。

所有的基金持有人均可作为基金持有人大会决议瑕疵之诉的原告。由于基金持有人大会决议瑕疵之诉是通过恢复基金持有人大会意思形成的公正性及合法性,来维护广大基金投资者的利益,因而所有的基金持有人均有利害关系,只要在提起诉讼之际具有基金持有人的身份,就可以作为原告提起诉讼。

作为被告参与诉讼的是投资基金。由于本书认为投资基金是一个具有法律人格的实体,因而,投资基金可以作为诉讼的当事人。由于基金持有人大会是投资基金的机关,通过基金持有人大会所形成的意思实际上也就是投资基金的意思。一旦基金投资者就基金持有人大会的决议提起诉讼,应以投资基金作为被告。但投资基金的行为应由其代表机构来行使。然而,在实践中所有的投资基金都是采用外部管理的,其本身没有自己的雇员,因而,通常可由基金管理人代表投资基金应诉,在基金管理人无法应诉的情况下,亦可由基金托管人作为代表。①

为防止基金持有人滥用其诉权给基金及其他基金持有人的利益造成损害,可借鉴有关日本《公司法》的规定,当基金持有人提起基金持有人大会决议瑕疵之诉时,如果基金管理人及基金托管人能够证明基金持有人提起诉讼系出于恶意,则可以请求法院责令提起诉讼的基金持有人提供相应的担保。

(二) 基金管理人违反信赖义务之诉

基金持有人将资产交由基金管理人管理,同时依靠托管人或独立董事对其利益进行监护。国内外基金发展的实践都表明,投资基金独特的治理结构决定了其比一般的商事公司存在更为严重的利益冲突问题。由于基金管理人为投资基金的发起人和经营人,在投资基金的管理和运营中处于核心地位。因而各国均将强化基金管理人的信赖义务作为改善基金治理结构的基础。通过立法确立基金管理人对基金持有人负有信赖义务,并将基金持有人利益的惟一性和优先性作为处理利益冲突问题的准则。在投资基金领域,利益冲突交易是基金管理人违反忠实义务的主要表现形式,也是投资基金运作过程中最难解决的问题。不管是基金的独立董事事先批准还是主管机关的事先审查,都是一种事先的预防措施,都不能保证基金管理人完全不从事利益冲突交易,因而,当基金管理人违反其信赖义务,从事利益冲突交易损害基金持有人的利益时,应赋予基金持有人向法院提起诉讼,请求司法救济的权利。

那么,基金持有人就基金管理人违反信赖义务而提起的诉讼究

---

① 公司型基金虽然设立了董事会,从理论上来说,董事会就是公司型基金的机关,董事长就是其法定代表人,依公司法理应由董事长作为其法定代表人来代表公司应诉。但我们也应看到,由于其董事会成员包括由基金管理人及其关联人士所组成的内部董事和独立的外部董事,而且在通常的情况下是由若干基金设立共享型董事会或群集型董事会,而并不是每一支基金都单独设立董事会,董事会的职能也与一般商事公司不同,其并不负责公司的经营,只负责对基金事务的监督,因而,在这种情况下似乎不应像一般商事公司那样专门由董事长代表公司型基金应诉,而应由基金管理人代表公司型基金应诉。

竟是一种违反合同规定的违约之诉还是侵权之诉？如前所述，基金管理人与基金持有人通过基金契约而处于一个三位一体的结构中，基金管理人与单位持有人处于合同关系，因而基金管理人亦负有遵守基金契约的各种明示或默示条款的义务。在基金契约中通常也都规定有基金管理人应以诚实信用、勤勉尽责的原则管理和运用基金资产，不得从事利益冲突交易的条款，因而基金管理人违反基金契约的规定，未尽勤勉义务，从事利益冲突交易应依合同法的规定承担违约责任。实务中，基金契约也大多规定由于基金契约一方当事人的过错，造成基金契约不能履行或者不能完全履行的，由有过错的一方承担违约责任。① 但是，如果基金持有人依合同法的规定追究基金管理人的违约责任，其在损害赔偿数额的认定和计算方面存在难以克服的困难。依《合同法》第113条的规定，当事人一方不履行合同义务或者履行合同义务不符合约定，给对方当事人造成损失的，损失赔偿应当相当于因违约所造成的损失，包括合同履行后可获得的利益。基金管理人未履行勤勉尽责的义务，其对基金资产及基金持有人是否造成经济损失以及造成了多大的经济损失难以计算。即使基金管理人违反忠实义务从事利益冲突交易，比如向其关联人士输送利益，也是直接造成基金资产的损失，但却难以认定为对原告基金持有人的直接经济损失。另外，对于基金管理人违约责任，我国基金契约多采取过错责任原则，而我国《合同法》在违约责任的归责原则方面，则实行以严格责任原则为主导，以过错责任原则为补充的归责原则体系。② 与过错责任原则相比，严格责任原则更有利于保护守约方的利益。在投资基金领域，基金管理人负责基金资产的管理与运作，相对而言，基金持有人处于弱者的地位，一旦发生基金管理人违反其信赖义务从事利益冲突交易，要让基金持有人承担举证责任十分困难。因而，笔者认为，既然依合同法的原则来追究基金管理人的利益冲突交易的违约责任，那么，在归责原则方面就应和合同法的规定一致，应采取严格责任原则作为基金管理人违约责任的一般归责原则。但是，在目前，作为一项补救措施，应采取过错推定方式，由基金管理人反向证明其不存在过错。

---

① 《华夏成长证券投资基金契约》第28条。
② 徐杰主编：《合同法教程》，法律出版社2000年版，第263页。

除依合同法的原则追究基金管理人利益冲突交易的违约责任外，还可以依侵权法的规则来追究行为人的侵权责任。由于我国的证券投资基金多是由证券公司发起，基金管理公司与发起人关系过分密切，公司决策人员主要来自大券商高层，交易经理大多来自券商自营盘的操作人员，其独立性相对较差，在基金的运作过程中与其发起人存在着大量的关联交易。① 基金管理人的上述行为除了违反基金契约的规定外，还直接违反了《证券法》及《投资基金法》的强制性的规定，因而，基金持有人亦可以依侵权法的规则追究基金管理人的侵权责任。当基金管理人的同一行为同时构成违约行为和侵权行为时，依照合同法的规定，当事人可以选择追究基金管理人的违约责任或侵权责任。

由于利益冲突交易是直接造成基金资产的损害，从而间接损害基金持有人的利益，因而，基金持有人实际上是为了基金及基金持有人的整体的利益来提起诉讼，可借鉴公司法派生诉讼的有关规则来充实基金持有人对基金管理人利益冲突交易诉讼的制度。

在具体制度设计上，可规定原告基金持有人在提起诉讼时须持有一定比例的基金单位，如 1% 以上，以防止基金持有人滥诉。由于基金托管人或独立董事对基金管理人管理和运作基金资产负有监督的职责，并在基金管理人因过错造成基金资产损失的情况下，为基金向基金管理人追偿②，因而基金持有人在提起派生诉讼之前，应请求基金托管人或独立董事采取必要的措施制止基金管理人的关联交易，并追究基金管理人的责任。如基金托管人或独立董事能够及时地制止基金管理人的利益冲突交易，减少基金资产的损失，那么即可以阻断基金持有人派生诉讼的发生。如果基金托管人或独立董事在规定的时间内未采取合理的措施，那么基金持有人有权向法院提起诉讼。

---

① 据《基金黑幕》的作者披露，南方基金管理公司的基金天元和开元，在南京高科、飞乐股份、江苏工艺等重仓股上，与其发起人南方证券存在着共同建仓行为；博时基金管理公司管理的基金，与第一食品等存在着共同建仓行为；国泰管理公司、长盛管理公司、华夏管理公司、大成管理公司的独立性相对较差；华安管理公司、嘉实管理公司、鹏华管理公司的独立性较弱；富国管理公司的汉兴和汉盛在泰山旅游上存在着高位买入股票，其独立性也较差。见平湖、李箐：《基金黑幕——关于基金行为的研究报告解析》，载《财经》2000 年第 10 期。

② 参见《华夏成长证券投资基金契约》第 6 条（二）(21)。

第三节 基金持有人大会制度

一、基金持有人大会的地位

如前所述,本书认为投资基金是一个具有独立人格的法律主体,因而,基金持有人会议便理所当然的是该主体的一个机关,其地位类似于公司的股东大会,基金持有人通过参加基金持有人会议,对基金运营的一些根本事项作出决定。基金持有人会议这样一个机构的存在,也反过来证明了投资基金是一个法律实体,而不仅仅是一种信托关系。如果是一种信托关系,那么每一个基金持有人作为委托人都应该单独与受托人或管理人形成一个信托关系,并且应该是每一重大事项均须取得基金持有人的一致同意才可。但实际中持有人会议上还是通过多数决来对基金运营过程中的重大事项形成决议,这样一种集体决策机制也是信托关系论解释不了的。

需要指出的是,由于投资基金是在股份公司的基础上经进一步专业分工发展而成的,亦即属于克拉克所说的资本主义四个阶段中的第三个阶段。[①] 在这个阶段,股份公司股东的所有权分裂为资本的提供和投资两个功能,并将投资的功能职业化。在经济组织方面最明显的发展即在于,将如何投资的决策同是否提供资本以供投资的决策日益分离开来。资本的提供者不再选择其真正投资的企业,而是将他的资本交给金融中介,由金融中介作出投资的决策。[②]因而,投资基金的组织一体化的程度也就比商事公司要弱。基金持有人大会也在一般商事公司股东大会的基础上进一步形式化了,基金持有人

---

① Robert Charles Clark, The Four Stages of Capitalism: Reflections on Investment Management Treatises, see Harvard Law Review, Vol. 94 (1981) p. 564. 在该文中,作者将美国二百多年资本主义的企业的发展历史划分为四个阶段,第一阶段为个人业主时代(the age of entrepreneur),在这一阶段,企业的发起人、投资者和经理三位一体;第二阶段为职业经理时代(the age of the professional business manager),其典型的特征就是所有权和经营权相分离,其典型的经济组织为现代公众持股公司;第三阶段为投资组合经理时代(the age of the portfolio manager);第四阶段为储蓄计划者时代(the age of the savings planner),其典型特征是将前一阶段的资本提供的功能分离为拥有受益权和作出储蓄决定的权力相分离,并将后者职业化。

② Robert Charles Clark, The Four Stages of Capitalism: Reflections on Investment Management Treatises, see Harvard Law Review, Vol. 94 (1981) p. 564, note 8.

更多的是通过用脚投票(包括在证券市场出售基金单位及请求基金管理人赎回其所持的基金单位)、基金受托人及政府的监控来保护其自己的利益,而参与基金持有人大会对基金运作过程中的重大事项作出决议并不是其保护自己利益的一种主要方式。可见,基金持有人大会在基金的治理结构中所起的作用更弱,希望通过基金持有人积极地参加基金持有人会议来保护其自己的合法权利是不现实。因而,我们在对基金持有人大会制度进行设计时,应充分注意到基金持有人大会不同于一般商事公司股东大会的这些特点。

二、基金持有人大会的职权

基金持有人作为基金的受益人,其通过基金持有人大会这样一个机构参与基金的运作和管理,并对基金运作过程中的一些重大事项进行决议。然而,由于投资基金治理结构上的特点,基金持有人大会在监控基金管理人方面所起的作用比商事公司的股东大会更弱,其所决议的事项也极为有限。①

如英国的法律将授权单位信托持有人大会决议的事项限制于法律明确规定的范围之内。依 1991 年《金融服务规章(规制的计划)》的规定,单位持有人大会有权以非常决议(extraordinary resolution)的要求,授权或批准任何行为、事项或文件,而这些行为、事项或文件是该规章明确要求以此类决议通过,但是没有其他的权力。②依该规章的

---

① 如美国 1940 年《投资公司法》制定之初,SEC 曾将基金持有人对基金管理的更大程度参与作为美国基金法的四个目标之一。SEC 与当时的国会企图通过加强股东大会权力来制约基金管理人违反信赖义务的行为。此后,越来越多的学者对这一立场持批评态度,认为投资公司与一般的商事公司虽然都采取了公司制的形式,但运作机理有本质上的差异,基金股东将购买基金股份视为取得管理其投资资本的手段,而不是取得营业的股本所有权,因而,反对加强基金股东大会的权力和作用。有人甚至于提出要在投资公司领域完全取消股东的投票权。在 1992 年《保护投资者报告》中,SEC 投资管理部建议放宽有关基金股东决议的规定,取消下述情况下的股东表决要求:初始顾问合同、新成立公司的 12b-1 规则计划、常规性投资计划的更改等。尽管并没有完全取消投票权,但是值得注意的是,某些州已经允许投资公司放弃年度股东大会,除了那些 1940 年《投资公司法》明确要求的事项以外。立法的趋势似乎已经很明显,从效率的角度来考虑,立法机关似乎更注意依靠其他的控制方式而非基金持有人大会来监控基金管理人。See James D. Cox, Robert W. Hillman, Donald C. Langevoort, Securities Regulation: Cases and Materials, Aspen Law & Business, A Division of Aspen Publishers, Inc., p.1169;亦参见王苏生:《证券投资基金管理人的责任》,北京大学出版社 2001 年版,第 156 页。

② The Financial Services (Regulated Schemes) Regulations 1991, Reissued text, 11.08.

规定,基金持有人大会有权决议的事项限于下列事项:

第一项是对基金契约的修改。1991年《金融服务规章(规制的计划)》第11.02条的规定,只有在召开基金持有人会议,并由持有人会议以非常决议通过的情况下,才可以对授权单位信托的契约进行修改。同时,由于信托契约涉及到基金运营过程的所有重大事项,所包含的内容极为广泛,因而在实践中可能经常会出现同时需要对信托契约中的多个事项进行修改的情况,那么在此种情况下是否可以通过一项修改决议,对该契约进行一揽子的修改?对此,1991年《金融服务规章(规制的计划)》,设定了一些限制。依其第11.14条的规定,对信托契约的修改以及对计划细则的政策及投资目标的改变不应被认为是获得持有人大会的授权,除非每一项修改作为一项单独的动议在持有人会议上提出,并且在持有人会议上单独获得特别决议的通过。需作为一项单独的动议在持有人会议上提出的事项包括:对定期支付给经理费用(periodic charges)最高限额的增加;对预先支付经理的费用(preliminary charges)的增加;对信托契约中下列条款的修改,如计划的资金可以投资的资产的种类,可以投向某一特定资产的种类,所允许的交易的种类,计划的借款权力。如果在计划细则中有明确的声明,在管理计划的过程中,就有关前述信托契约条款规定的相关事项,经理可以采取比规章第五部分(该部分主要是对授权单位信托投资和借款权力的规定)或信托契约所赋予的限制更严格的限制,那么对此类事项的修改亦须作为一项单独的动议在持有人会议上进行表决。[1]然而,基金契约所包括的事项重要程度也不一样,如果对基金契约所包含的每一项事项的修改都要通过基金持有人大会以特别决议表决通过,有时也不符合效率原则。因而,第11.03条规定,在有些情况下,可以无须召开基金持有人会议而可以直接对信托契约进行修改,可以直接修改的事项包括:由于法律的变化而须对信托契约进行修改的;仅仅是改变单位信托计划的名称;在信托契约中增加减少赎回费用的条款;从信托契约中删除一些过时的条款;当基金管理人和受托人被辞退,或他打算退任或已经退任;进行任何经理和受托人已经以书面的形式同意的重大修改,而该修改并未对任何持有人及潜在持有人的利益造成重大损害。

---

[1] The Financial Services (Regulated Schemes) Regulations 1991, Reissued text, 11.14.2.

第二项是须由持有人大会表决通过的事项为对集合投资计划的合并。根据第11.05条的规定,如果两个或两个以上的授权单位信托要进行合并,须获得不再存续的计划的基金持有人的批准。如果一个授权单位信托计划需合并到一个被认可的计划或授权公司,那么该项建议须获得授权单位信托计划的持有人的批准。当一个集合投资计划和法人实体不再存续,并被合并到一个授权单位信托计划(存续的计划)中去,那么该项建议须获得存续计划的持有人的批准。

第三项是对计划的重整①。第11.06条规定任何重整的计划,就被重整的计划来说,须获得该计划的单位持有人的批准。如果被重整的计划的资产将成为一个授权单位信托计划的资产,该建议须获得授权单位信托持有人的批准。

第四项是授权单位信托转换成开放式投资公司②。如授权单位信托的投资管理人认为其所建议的转换并不会对持有人的利益造成重大损害,并给予受托人以书面通知,那么该项建议无须获得该计划的持有人的批准。投资管理人须将上述建议通知受托人及持有人,并且在通知中应包含充分的信息以使单位持有人在充分知情的情况下作出合理的判断。如果在上述通知发出后21天内,有5%以上的单位持有人书面请求投资管理人召开单位持有人会议以审议上述转换事项,那么上述转换的建议必须获得基金持有人会议的通过。

第五项是解任投资管理人。根据1991年《金融服务规章(规制的计划)》第7.17.1条e和f的规定,基金持有人可以特别决议解任投资管理人。持有3/4基金单位的持有人要求解任投资管理人的,投资管理人必须解任。

须指出的是,依1991年《金融服务规章(规制的计划)》第11.07

---

① 根据1991年《金融服务规章(规制的计划)》11.06的规定,授权单位信托计划的重整是对计划的安排(须依1986年《金融服务法》第82节的规定通知FSA),通过该安排:a. 授权信托计划的部分财产成为某一个或几个规制的集合投资计划的财产,或 b. 其所有的财产成为两个及两个以上的规制的集合投资计划的财产。并且,被重整的授权单位信托计划的单位持有人获取规制的集合投资计划的单位,以交换那些被并入的资产的价值。

② 依1991年《金融服务规章(规制的计划)》11.06A的规定,转换为开放式投资公司是指这样一种安排,通过该安排:a. 某一授权单位信托计划的全部或部分财产成为一个授权投资公司或一个授权投资公司的下属基金(sub-fund)的全部或部分的财产;b. 某一授权单位信托计划的全部或部分财产成为一个以上授权投资公司或一个以上授权投资公司的下属基金(sub-fund)的全部或部分的财产。

条的规定,投资管理人有权收到有关基金持有人会议的通知,并出席基金持有人会议,但其无权就会议所表决的事项进行投票,且其所持单位亦不计入出席会议的法定数,在这种情况下,投资管理人所持单位视为未发行。投资管理人的关联人士在基金持有人会议上亦无权投票,除非其所持单位是代表拥有投票权的其他人持有或与该人共同持有,而关联人士从该人处获得有关投票的指令。在决定解任投资管理人时,投资管理人所持有基金单位不计算在内。

美国投资公司股东大会的职权由各州公司法进行规定。但1940年《投资公司法》对共同基金股东大会作了一些特别的规定。该法第16(a)节规定任何人只有在董事选举的年会或特别大会上经公司多数已售出的具有投票权的证券选举表决后才能担任一家已注册投资公司的董事。但是在两次会议间隔期间出现的职位空缺可以以其他合法方式弥补,条件是在空缺弥补之后当时在职的董事人数中至少2/3将在后来召开的年会或特别大会上经多数已售出具有投票权的证券表决后继续当选为董事。该节还规定,如果经公司已售出具有投票权的证券选举产生的当时在职的董事在总人数中不占多数,那么,公司董事会或公司合适的职员应该立即组织召开股东大会选举董事,弥补职位空缺。该法第32节(a)规定董事对审计师的选举须由下届股东年会讨论,决定予以批准或否决。该法第15节(a)规定投资顾问合同须经公司多数已售出的具有投票权的证券表决后得到批准。同样,对投资顾问合同的任何修改,包括顾问费用的增加,亦须获得股东的批准。依据1940年《投资公司法》12b—1规则的规定,在公开要约开始后,未经股东的批准,不能采纳任何授权将基金资产用于支付分销费用的计划,亦不能通过修改计划以增加支付的费用。同样在提交股东批准前也不能改变公司现行的基本投资政策。

依澳大利亚法律的规定,持有人会议的召集主要是为了解决一些特殊问题,诸如基金契约和责任实体(responsible entity)的变更以及批准较大的、或者关联方的交易。基金持有人在大会上有权表决的事项主要有:新的责任实体的任命;责任实体的解任;对计划章程的任何修改,除非责任实体合理地认为修改不会对成员的权利产生任何不利的影响;将任何财务利益给予责任实体的关联方;计划的清算。根据澳大利亚相关立法的规定,对责任实体的解任和选任必须以非常决议案(extraordinary resolution)通过;计划的并购及清算的建议须由基金持有人以特别决议(special resolution)通过；基金持有人可以非常决议要求责任实体解散计划；新的责任实体必须以非常决议的形式通过；责任实体的辞任亦须以非常决议的形式通过；对计划章程的任何修改须以特别决议的形式通过，除非责任实体合理地认为章程的上述变化不会对计划成员的利益产生不利的影响。将任何财务利益给予责任实体的关联方须遵守特别的通知和投票程序。计划的解散必须以非常决议的形式通过。根据澳大利亚公司法的规定，非常决议是由不低于50%的表决权数额投票通过的决议；特别决议是由不低于75%的表决权数投票通过的决议。①

依加拿大法律的规定，公司型基金的董事的选举，审计师的变更，股份的合并与分拆，投资目的或投资限制的变化，基金经理的变更，一些重大合同的变更等，均须获得基金持有人大会的批准。另外，基金的并购亦须得到基金持有人会议的批准，如果合并的基金是公司，那么两个基金的股东须同意该次合并。然而，如果一个信托或公司并入另一个信托，除非该交易会对存续的基金引起重大的变化，只有被合并的信托或公司必须批准该项交易。公司的股东必须批准其股份的合并与分拆，受托人通常被授权对信托的单位进行合并与分拆。根据加拿大法律的规定，所有事项均须获得出席会议及委托投票的证券持有人的多数同意。然而，对于公司来说，某些根本事项的变更须获2/3多数的批准。②

综上所述，由于各国投资基金所采取治理结构不尽相同，其在基金持有人大会的职权配置上存在一些差异，但有一点是相同的，即各国均通过立法限缩持有人大会的权限，通常将其限制在与基金运作及与基金持有人的利益有密切关系的一些重大事项的决定，而不涉及基金具体的运作。

我国《证券投资基金管理暂行办法》第30条规定，有下列情形之一的，应当召开基金持有人大会：(1)修改基金契约；(2)提前终止基金；(3)更换基金托管人；(4)更换基金管理人；(5)中国证监会规定

---

① Davyd C L Lewis & Stephanie Chin, Corporate Governance in the Global Mutual Fund Industry: Australia, see International Business Lawyer, June 2000, pp.245—249.

② Marlene J Davidge, Corporate Governance in the Global Mutual Fund Industry: Canada, see International Business Lawyer, June 2000, p.257.

的其他情形;前款事项,经基金持有人大会作出决议后,应当经中国证监会批准。《证券投资基金法》(送审稿)第80条规定,有下列事项之一的,应当通过召开基金份额持有人大会审议决定:(1) 提前终止基金合同;(2) 基金合并或转换运作方式;(3) 提高基金管理人或基金托管人的费用标准;(4) 更换基金管理人、基金托管人;(5) 基金合同的重大修改。《证券投资基金法》在正式通过时,则将其调整为:(1) 提前终止基金合同;(2) 基金扩募或者延长基金合同期限;(3) 转换基金运作方式;(4) 提高基金管理人、基金托管人的报酬标准;(5) 更换基金管理人、基金托管人;(6) 基金合同约定的其他事项。[①]

应该说,《证券投资基金法》对基金持有人大会职权的规定,比《证券投资基金管理暂行办法》和送审稿的有关规定更为科学。《证券投资基金管理暂行办法》和《证券投资基金法》(送审稿)都曾规定修改基金契约须由基金持有人会议表决通过。由于基金契约是有关投资基金运作的一个基本文件,上述《证券投资基金管理暂行办法》和《证券投资基金法》所列举的基金持有人大会所决议的事项实际上全部可以被修改基金契约所包含。另外,基金契约所包括的内容极为广泛,并非其所包含的每一项内容都是事关基金持有人利益的根本事项,那么,是否对基金契约的任何一项内容的修改都需要基金持有人大会通过决议才能进行?从基金持有人会议的功能来看,其作为基金持有人参与基金事务的一个会议体机构,应该是对基金运作过程中的一些事关基金持有人利益的根本事项进行表决,而不应事事均由基金持有人会议通过,否则虽然尊重了基金持有人的意志,但是有违市场经济所要求的效率原则。《证券投资基金法》通过时,将该项规定修改为基金合同约定的其他事项,其对基金持有人大会职权的规定更为科学。

然而,现行法律法规对某些决议事项的规定亦存在矛盾和冲突之处。依《证券投资基金管理暂行办法》和《证券投资基金法》的规定,更换基金管理人、基金托管人都是须由基金持有人大会表决通过的事项。而依《证券投资基金管理暂行办法》第27条的规定,代表50%以上基金单位的基金持有人要求基金管理人退任,以及基金托管人有充分的理由认为更换基金管理人符合基金持有人的利益,在

---

① 《中华人民共和国证券投资基金法》第71条。

经得中国证监会的同意下基金管理人必须退任。试想,如果是出现这两种情形,代表50%以上基金单位的基金持有人要求管理人退任,以及基金托管人基于充分的理由要求基金管理人退任,那么,是否还需要由基金持有人大会对此种情况下的基金管理人的退任作出决议。从我国现行法律的规定来看,基金管理人同时又是基金契约必须记载的内容,基金管理人的退任亦须涉及到基金契约相关内容的变更。这一问题由于我国现行法律对基金持有人会议召开设定的条件较高而显得更加突出。从理论上来说,很有可能会出现这样一种情况,一方面基金管理人由于违法或违规而被辞任,另一方面由于出席基金持有人大会的基金持有人达不到法定的人数,而无法依法召开基金持有人大会形成相关的决议,这样导致基金管理人的职位长时间处于空缺状态。这对基金的运作及基金持有人利益的保护非常不利。

此外,对其他一些重大事项的确定和变更,如基金投资政策和投资目标的改变,基金的合并,基金资产的重整等,亦应由基金持有人大会决议,但现行法却未作出规定。

笔者认为,我国应借鉴其他国家的相关立法经验,充实和完善基金持有人大会的相关规定。首先,进一步细化有关基金契约修改的规定,具体可借鉴英国1991年《金融服务规章(规制的计划)》的相关作法,对基金契约的修改依据所涉及事项的性质分别作出规定,如果修改基金契约涉及的事项是一些非根本的事项的变更,如仅仅变更基金的名称,或者是这些事项的变更对基金持有人有利,比如降低基金管理人、托管人的收费标准,那么,对基金契约涉及该类事项变更只须由基金管理人、托管人达成一致,并报监管部门批准即可,而无须由基金持有人会议作出决议。同时,由于基金契约所涉及的内容极为广泛,为保证基金持有人在充分知情的情况下作出决议,可以规定对一些有关基金的运作及持有人利益保护的根本事项的修改须在基金持有人会议上单独作为一项议题进行表决,如有关基金投资政策和投资目标的改变,基金管理费和托管费的提高等,而不能以对基金契约的一揽子修改决议来替代。其次,在基金管理人和基金托管人的退任方面,由于我国现行法实际上规定了两种退任方式,即通过基金持有人大会作出决议更换基金管理人、基金托管人,以及代表50%以上基金单位的基金持有人要求基金管理人、基金托管人退任,以及基金托管人和基金管理人在有充分理由的情况下可以要求对方退任。如果出现后两种情形,那么,基金管理人及基金托管人的退任则无须基金持有人大会再作出决议,只需在征得监管部门的批准后,直接修改基金契约即可。

三、基金持有人大会的法定数(quorum)

基金持有人大会的法定数实际上是指基金持有人大会须有代表多少基金份额的持有人出席方具合法效力的问题。《证券投资基金管理暂行办法》对出席基金持有人会议应代表基金份额的比例未作规定。《证券投资基金法》第75条规定,基金份额持有人大会应当有代表50%以上基金份额的持有人参加,方可召开;大会就审议事项作出决定,应当经参加大会的基金份额持有人所持表决权的50%以上通过;但是,转换基金运作方式、更换基金管理人或者基金托管人、提前终止基金合同,应当经参加大会的基金份额持有人所持表决权的2/3以上通过。实务中,基金契约一般规定,召开基金持有人会议须有代表权利登记日一定比例以上(如30%)基金份额的基金持有人或其代表("法定人数")出席时,方可召开基金持有人大会。

从上述规定看,存在明显的问题,第一,基金持有人会议所要求的比例过高。从实践中的情况来看,大多数基金投资者持有单个投资基金的比例不高,对于他们来说,参加基金持有人会议是不经济的。因而,在多数情况下,他们一般选择用脚投票,对于基金持有人大会都表现出理性的冷漠。从我国目前基金持有人大会召开的实际情况来看,基金持有人出席会议的比例是极低的,如金泰证券投资基金采取通讯方式召开第一次持有人大会,其总共收到有效通讯表决票九份,分别代表12个股东(基金)账号、6643.05万份基金单位,仅占其所发行的20亿份基金单位的3.32%[①]。因而,在多数情况下,出席基金持有人大会的人数及所持表决权难于达到《证券投资基金法》所规定的比例,这个问题随着我国单个基金规模的扩大会显得更为突出;第二,在出席基金持有人会议应代表的比例未达上述要求的情况下应如何处理,《证券投资基金法》未作规定。实务中,多数基金契约均规定,如达不到上述比例的要求,则会议须延期召开,并对基金

---

① 见《金泰证券投资基金第一次持有人大会(通讯方式)决议公告》(2000-03-10)。

持有人大会延期召开规定一个较低的比例,(华安创新、和南方创新的基金契约都规定20%的比例)。然而,如前所述,由于我国投资者出席基金持有人大会的比例较低,上述较低的比例仍有可能达不到,因而容易导致基金持有人大会陷入僵局。因而,可以预见,基金持有人会议因出席会议应代表的基金份额比例未符合法律要求而导致无法通过合法的决议的情形有可能经常会发生,对此应引起足够的注意。第三,对基金持有人大会进行表决时,基金管理人及与表决事项有利害关系人所持基金单位是否参与表决及是否计入法定数未作规定。

从多数国家和地区的有关立法来看,对基金持有人会议所应代表的比例的规定都是极低的。

如英国规定投资信托和开放式投资公司的股东大会的最低法定人数为2名股东,本人亲自出席或通过委托投票权的方式均可,其所持基金单位占单位信托的所发行的所有基金单位价值的10%以上即可。如果所持基金单位未达10%,那么则须延期召开,并且所推迟的时间不得少于14天。①

香港的有关立法区分普通决议事项和特别决议事项而对基金持有人会议分别有不同的规定,如只是审议普通决议事项,那么其法定人数为已发行的单位或股份的10%的持有人,如果通过特别决议,则其法定人数为已发行的单位或股份的25%的持有人。如果在指定开会时间过后半个小时内,出席会议的人数仍未达法定人数,必须将会议押后不少于15日后重开。重开后的会议出席人数(包括获委派的代表)即成为法定人数。②

因而,我国应完善《证券投资基金法》的相关规定,具体可借鉴前述英国、我国香港地区的规定,在立法中对出席基金持有人大会所代表的份额规定一个较低(如30%)的比例,如果未达到这一比例,则基金持有人会议须延期召开,在延期召开时,实际参加会议的人数即为法定人数。为防止基金管理人控制基金持有人大会,可借鉴英国的规定,基金管理人及基金关联人士有权出席基金持有人大会,但其无权投票表决,基金管理人所持基金单位亦不计入法定数。同样,与表

---

① The Financial Services (Regulated Schemes) Regulations 1991, Reissued text, 11.10.
② 《香港单位信托及互惠基金守则》第6.25条。

决事项有利害关系的人士亦不得投票表决,其所持基金单位亦不得计入法定数。

四、基金持有人大会的召集权

公司型基金通常由董事会负责召集基金股东大会,持股达一定比例以上的股东亦有权请求召集股东大会。信托型基金在一般情况下由基金管理人召集基金持有人大会,在基金管理人不能召集的时候,基金托管人亦拥有召集权。如英国法规定,受托人或经理在任何时候均可以在与经理协商后于其认为合适的时间及地点召集单位持有人会议。[①]如基金管理人与受托人均不能召集时,基金持有人是否有大会的召集请求权,各国的规定不尽相同。加拿大的做法是将其选择权赋予基金契约,依加拿大法律的规定,除非信托契约另有规定,信托的单位持有人无权请求召集单位持有人会议。[②]而英国立法则明文规定,受托人基于所持单位不低于10%的单位持有人的书面请求(或信托契约所规定的低于10%的比例)在与经理协商后于其认为合适的时间及地点召集基金持有人会议。[③]

我国《证券投资基金管理暂行办法》对基金持有人大会由谁召集未作规定。《〈证券投资基金管理暂行办法〉实施准则第一号证券投资基金基金契约的内容与格式(试行)》规定基金管理人须依据《暂行办法》、基金契约及其他有关规定召集基金持有人大会。《证券投资基金法》第72条规定,基金份额持有人大会由基金管理人召集;基金管理人未按规定召集或者不能召集时,由基金托管人召集。代表基金份额10%以上的基金份额持有人就同一事项要求召开基金份额持有人大会,而基金管理人、基金托管人都不召集的,代表基金份额10%以上的基金份额持有人有权自行召集,并报国务院证券监督管理机构备案。实务中,多数基金契约规定在正常的情况下,基金持有人大会由基金管理人召集,在更换基金管理人、审议与基金管理人有利益冲突的事项或基金管理人无法行使召集权的情况下,由基金托

---

① The Financial Services (Regulated Schemes) Regulations 1991, Reissued text, 11.08.1.
② Marlene J Davidge, Corporate Governance in the Global Mutual Fund Industry: Canada, see International Business Lawyer, June 2000, p.257.
③ Financial Service Regulation (Regulated scheme) 1991, 11.08.2.

管人召集。在基金管理人和基金托管人均未行使召集权的情况下，单独或合计持权利登记日基金总份额 10% 或以上的基金持有人有权自行召集。① 笔者认为，《证券投资基金法》的规定及实践中的做法值得肯定。

五、基金持有人大会的提案权

投资基金持有人大会所议事项均关系基金持有人利益的重大事项，基金持有人大会一般不得对未事先公告的事项进行表决。由于基金持有人大会通常是由基金董事会或基金管理人负责召集，因而，基金持有人大会的议程也一般由基金董事会或基金管理人确定。如英国法规定，投资信托股东大会的议程通常由董事决定。然而，代表公司 10% 以上表决权的股东可以请求董事将某项决议列入大会议程。董事须在 21 天之内召集会议，如其未在规定的时间召集会议，申请者可以自己召集。开放式公司的情况大体上相似。② 澳大利亚法规定，当计划的成员请求责任实体召集会议或其自身召集会议审议特别或临时决议时，由成员自身提出在会上表决的议案。当会议由责任实体召集，则由责任实体决定会议所表决的议案，但是成员可以事先告知责任实体他们所提出的拟在会议上所表决的议案。③ 加拿大法规定，基金经理确定会议的议程。信托契约通常规定一个最低的标准，如果信托契约的修改对单位持有人产生重大的不利影响，那么此类修改须由持有人批准。④

我国《证券投资基金管理暂行办法》对基金持有人大会提案权未作规定。《证券投资基金法》第 73 条规定，召开基金份额持有人大会，召集人应当至少提前 30 日公告基金份额持有人大会的召开时间、会议形式、审议事项、议事程序和表决方式等事项。基金份额持有人大会不得就未经公告的事项进行表决。实践中，多数基金实际上是

---

① 《华夏成长证券投资基金基金契约》第 8 条(2)；《华安创新证券投资基金基金契约》第一部分第 4 项。

② Simon L Sackman, Corporate Governance in the Global Mutual Fund Industry: United Kingdom, see International Business Lawyer, June 2000, p.278.

③ Davyd C L Lewis & Stephanie Chin, Corporate Governance in the Global Mutual Fund Industry: Australia, see International Business Lawyer, June 2000, p.246.

④ Marlene J Davidge, Corporate Governance in the Global Mutual Fund Industry: Canada, see International Business Lawyer, June 2000, p.257.

由召集人来确定基金持有人大会的决议事项。笔者认为,我国的《证券投资基金法》应充实基金持有人大会提案权的规定。在具体制度设计上可规定,基金管理人、基金托管人以及单独或合并持有权利登记日基金总份额10%或以上的基金持有人可以在大会召集人发出会议通知前向大会召集人提交需由基金持有人大会审议表决的提案,也可以在会议通知发出后向大会提交临时提案。大会召集人可对提案人提交的提案进行审查,如提案涉及事项与基金有直接关系,并且不超过法律、法规及基金契约所规定的基金持有人大会职权范围的,则应提交大会审议。对于不符合上述要求的,可以不提交大会审议,但应当在该次持有人大会上进行解释和说明。

六、基金持有人大会的召集形式

《证券投资基金管理暂行办法》对基金持有会议召集的形式未作规定。《证券投资基金法》第73条规定,基金份额持有人大会可以采取现场方式召开,也可以采取通讯等方式召开。每一基金份额具有一票表决权,基金份额持有人可以委托代理人出席基金份额持有人大会并行使表决权。实务中,在基金契约中通常对现场方式和通讯方式两种召开方式均做了规定,而且以通讯方式为多。如《华安创新证券投资基金基金契约》就规定现场开会由基金持有人本人出席或以投票委托书委派代表出席。而通讯方式开会应以书面方式进行表决。并且事先报请中国证监会同意。① 对此,在《证券投资基金法》中只需作出一个原则的规定,会议召集的具体方式可以由基金契约进行选择。

---

① 《华安创新证券投资基金基金契约》第4条。

结 论

总结全书,笔者认为基金业发展的核心问题是如何保护投资者权益,树立投资者对基金的信心。而对投资者提供充分的保护需要政府的严格监管、市场的调节以及投资基金内部的治理机制综合发挥作用。如果基金当事人之间欠缺一个相互制衡、监控的机制,当事人之间的权利义务没有得到合理的配置,政府的监管以及市场的调节都将失去基础。笔者认为完善我国投资基金的治理结构主要应从两方面着手:一方面是将强化基金管理人的信赖义务作为改善基金治理结构的基础。通过立法确立基金管理人对基金持有人负有忠实义务和注意义务,并将基金持有人利益的惟一性和优先性作为基金管理人处理利益冲突问题的准则。另一方面则是要加强基金当事人之间的相互制衡与监控,主要是发挥基金托管人、基金独立董事的作用,同时发挥基金持有人大会在基金治理中的积极作用。我国的投资基金业在经历了短暂的"繁荣"后,由于绝大多数基金的业绩不理想而使得整个行业正面临空前的信任危机,而建立一个良好的治理机制则是重建这种信任的制度基础。

主要参考书目

(一) 中文著作与译著

1. 埃瑞克·G.菲吕博顿、鲁道夫·瑞切特编:《新制度经济学》,孙经纬译,上海财经大学出版社1998年版。
2. 艾伦·加特:《管制、放松与重新管制》,陈雨露等译,经济科学出版社199年版。
3. 〔德〕爱德克·松尼曼:《美国和德国的经济和经济法》,南京大学中德经济法研究所译,法律出版社1991年版。
4. 〔美〕奥利弗·E.威廉姆森:《治理机制》,王健、方世建等译,中国社会科学出版社2001年版。
5. 〔美〕巴瑞·易臣格瑞:《迈向新的国际金融体系》,成小洲、李董译,北京出版社2000年版。
6. 北京大学金融法研究中心编:《金融法苑》,法律出版社2000年版。
7. 卞耀武主编:《当代外国公司法》,法律出版社1998年版。
8. 卞耀武主编:《美国证券交易法律》,法律出版社1999年版。
9. 卞耀武主编:《特拉华州普通公司法》,法律出版社2001年版。
10. 卞耀武主编:《英国证券发行与交易法律》,法律出版社1999年版。
11. 〔美〕波斯纳:《法理学问题》,苏力译,中国政法大学出版社1994年版。
12. 〔加拿大〕布莱恩·R.柴芬斯:《公司法:理论、结构和运作》,林华伟等译,法律出版社2000年版。
13. 〔美〕查里斯·R.吉斯特:《金融体系中的投资银行》,郭浩译,经济科学出版社1998年版。
14. 陈春山:《信托及信托业法专论》,财团法人金融研训院2000年版。
15. 陈春山:《证券投资信托契约论》,台湾五南图书出版公司1987年版。
16. 陈富良:《放松管制与强化管制》,上海三联书店2001年版。
17. 陈鸿清:《共同基金运作实务》,中国发展出版社1995年版。
18. 〔美〕大卫·L.拉特那:《证券管理法》,法律出版社1999年版。
19. 〔美〕大卫·史文森:《机构投资与基金管理的创新》,张磊、王宏欣、何良桥译,中国人民大学出版社2002年版。
20. 〔日〕丹宗昭信:《现代经济法入门》,谢次昌译,群众出版社1985年版。
21. 邓正来:《法律与立法的二元观》,上海三联书店2001年版。
22. 方嘉麟:《信托法之理论与实务》,台湾月旦图书出版公司1996年版。

23. 〔英〕弗里德利希·冯·哈耶克:《法律、立法与自由》,邓正来等译,中国大百科全书出版社 2000 年版。
24. 付静坤:《二十世纪契约法》,法律出版社 1997 年版。
25. 高如星、王敏祥:《美国证券法》,法律出版社 2000 年版。
26. 郭峰:《中国证券监管与立法》,法律出版社 2000 年版。
27. 郭锋主编:《证券法律评论》,2001 年第 1—2 期,法律出版社 2001 年版。
28. 郭琳广、欧伟达:《香港公司证券法》,法律出版社 2000 年版。
29. 〔美〕哈罗德·J.伯尔曼:《法律与革命》,贺卫方等译,中国大百科全书出版社 1993 年版。
30. 〔美〕哈罗德·德姆塞茨:《企业经济学》,梁小民译,中国社会科学出版社 1999 年版。
31. 〔英〕哈特:《法律的概念》,张文显等译,中国大百科出版社 1996 年版。
32. 何宝玉:《英国信托法原理与判例》,法律出版社 2001 年版。
33. 何美欢:《公众公司及其股权证券》,北京大学出版社 1997 年版。
34. 〔日〕河本一郎、大武泰南:《证券交易法概论》,侯水平译,法律出版社 2001 年版。
35. 〔美〕亨利·汉斯曼:《企业所有权论》,于静译,中国政法大学出版社 2001 年版。
36. 洪伟力:《证券监管:理论与实践》,上海财经大学出版社 2000 年版。
37. 胡果威:《美国公司法》,法律出版社 1999 年版。
38. 胡怀邦:《金融发展中的衍生市场研究》,中国经济出版社 2000 年版。
39. 黄仁杰:《证券法律制度与实务》,法律出版社 1997 年版。
40. 季敏波:《中国产业投资基金研究》,上海财经大学出版社 2000 年版。
41. 蒋大兴:《公司法的展开与评判》,法律出版社 2001 年版。
42. 〔日〕金泽良雄:《经济法概论》,满达人译,甘肃人民出版社 1985 年版。
43. 赖源河、王志诚:《现代信托法论》,中国政法大学出版社 2002 年版。
44. 李建国:《基金治理结构:一个分析框架及其对中国问题的解释》,中国社会科学出版社 2003 年版。
45. 李健:《公司治理论》,经济科学出版社 1999 年版。
46. 〔韩〕李松哲:《韩国公司法》,吴日焕译,法律出版社 2000 年版。
47. 〔美〕理查德·A.波斯纳:《法律的经济分析》,蒋兆康译,中国大百科全书出版社 1997 年版。
48. 梁能主编:《公司治理:中国的实践与美国的经验》,中国人民大学出版社 2001 年版。
49. 刘传葵:《投资基金经济效应论》,经济科学出版社 2001 年版。
50. 刘金章、王晓炜:《现代投资银行综论》,中国金融出版社 2000 年版。

51. 刘军宁、王焱、贺卫方编：《市场社会与公共秩序》，生活·读书·新知三联出版社1996年版。
52. 刘军宁、王焱、贺卫方编：《经济民主与经济自由》，生活·读书·新知三联书店1997年版。
53. 刘俊海：《公司的社会责任》，法律出版社1999年版。
54. 卢现祥：《西方新制度经济学》，中国发展出版社1996年版。
55. 陆泽峰：《金融创新与法律变革》，法律出版社2000年版。
56. 〔美〕罗伯特·W 汉密尔顿：《公司法》，法律出版社1999年版。
57. 〔美〕罗伯特·考特、托马斯·尤伦：《法和经济学》，张军等译，上海三联出版社1990年版。
58. 〔美〕罗伯特·克拉克：《公司法则》，李静冰等译，工商出版社1999年版。
59. 〔美〕玛格利特·M. 布莱尔：《所有权与控制》，张荣刚译，中国社会科学出版社1999年版。
60. 〔美〕迈克尔·D. 贝勒斯：《法律的原则》，张文显等译，中国大百科全书出版社1996年版。
61. 毛振华：《资本化企业制度论》，商务印书馆2001年版。
62. 梅慎实：《现代公司机关权力构造论》，中国政法大学出版社1996年版。
63. 〔日〕末永敏和：《现代日本公司法》，金洪玉译，人民法院出版社2000年版。
64. 倪建林：《公司治理：法律与实践》，法律出版社2001年版。
65. 《欧盟公司法指令全译》，刘俊海译，法律出版社2000年版。
66. 欧阳卫民：《感悟金融——中国金融之要义》，法律出版社1999年版。
67. 欧阳卫民编著：《中外基金市场与管理法规》，法律出版社1997年版。
68. 潘华舫：《英美法论》，中国政法大学出版社1997年版。
69. 潘维大、刘文绮：《英美法导读》，法律出版社2000年版。
70. 漆多俊主编：《经济法论丛》第四卷，中国方正出版社1999年版。
71. 齐斌：《证券市场信息披露法律监管》，法律出版社2000年版。
72. 邱本：《自由竞争与秩序调控》，中国政法大学出版社2001年版。
73. 沈达明：《衡平法初论》，对外经济贸易出版社1997年版。
74. 宋永新：《美国非公司型企业法》，社会科学文献出版社2000年版。
75. 唐寿宁，《个人投资与投资秩序》，中国社会科学出版社1999年版。
76. 万猛、刘毅：《英美证券法律制度比较研究》，武汉工业大学出版社1998年版。
77. 王彬：《公司的控制权结构》，复旦大学出版社1999年版。
78. 王俊豪：《政府管制经济学导论》，商务印书馆2001年版。
79. 王苏生：《证券投资基金管理人的责任》，北京大学出版社2001年版。
80. 王韬光：《共同基金：理论、运作、设计》，北京大学出版社2001年版。
81. 王泽鉴：《民法学说与判例研究》，第1—8册，中国政法大学出版社1998年版。

82. 吴弘主编:《中国证券市场发展的法律调控》,法律出版社2001年版。
83. 吴志攀、白建军主编:《证券市场与法律》,中国政法大学出版社2000年版。
84. 伍山林:《企业性质解释》,上海财经大学出版社2001年版。
85. 徐冬根、陈慧谷等编著:《美国证券法律与实务》,上海社会科学院出版社1997年版。
86. 徐国栋:《民法基本原则解释》,中国政法大学出版社1992年版。
87. 徐杰、徐晓松:《中国公司法与公司实务》,中国政法大学出版社1994年版。
88. 徐杰、杨紫烜主编,《经济法学》,北京大学出版社1996年版。
89. 徐杰主编:《经济法论丛》第二卷,法律出版社2001年版。
90. 徐杰主编:《经济法论丛》第三卷,法律出版社2002年版。
91. 徐杰主编:《经济法论丛》第一卷,法律出版社2000年版。
92. 徐杰主编:《证券法理论与实务》,首都经济贸易大学出版社2000年版。
93. 杨崇森:《信托与投资》,台湾中正书局1984年版。
94. 杨志华:《证券法律制度研究》,中国政法大学出版社1995年版。
95. 张舫:《公司收购法律制度研究》,法律出版社。
96. 张开平:《英美公司董事法律制度研究》,法律出版社1998年版。
97. 张民安:《现代英美董事法律地位研究》,法律出版社2000年版。
98. 张维迎:《产权、政府与信誉》,生活·读书·新知三联书店2001年版。
99. 张维迎:《企业的企业家——契约理论》,上海三联书店、上海人民出版社1995年版。
100. 张忠军:《金融监管法论》,法律出版社1998年版。
101. 郑强:《合同法诚实信用原则研究》,法律出版社2000年版。
102. 郑顺炎:《证券市场行为不当行为的法律实证》,中国政法大学出版社2000年版。
103. 中国证券监督管理委员会编:《证券立法国际研讨会论文集》,法律出版社1997年版。
104. 周林彬:《法律经济学论纲》,北京大学出版社1998年版。
105. 周小明:《信托制度比较法研究》,法律出版社1996年版。
106. 周玉华:《投资信托基金法律应用》,人民法院出版社2000年版。
107. 朱伟一:《美国公司法判例解析》,中国法制出版社2000年版。
108. 朱伟一:《美国公司判例解析》,中国法制出版社2000年版。

(二) 英文著作

1. Henry Hansman & Ugo Mattei, The Functions of Trust Law: A Comparative Legal and Economic Analysis, N.Y.U.L. Rev., Vol. 73, May 1998.
2. John H. Langbein, The Contractarian Basis of the Law of Trust, The Yale Law

Journal, Vol. 105 (1995).
3. John. H. Langbein, The Secret Life of the Trust, The Yale Law Journal Vol. 107 (1997).
4. Kam Fan Sin, The legal Nature of the Unit Trust, Clarendon Press, Oxford, 1997.
5. Leland E. Modesitt, The Mutual Fund—A Corporate Anomaly, 14 UCLA L. Rev. (1967).
6. Louis loss, Fundamentals of Securities Regulation, 1988.
7. Paul L. Davies, Gower's Principles of Modern Company Law, Sixth Edition, London Sweet & Maxwell, 1997.
8. Phillips, Deregulation Under the Investment Company Act-Reevaluation of the Corporate Paraphernalia of Shareholder Voting and Boards of Directors, 37 Bus. Law. (1982).
9. Robert Charles Clark, The Four Stages of Capitalism: Reflections on Investment Management Treatises, Harvard Law Review, Vol. 94(1981).
10. Scheldon A. Johns, The Massacusetts Business Trust and Registered Investment Company, 18 DEL.J. Corp. L. 421 (1988).
11. Simon L Sackman, Corporate Governance in the Global Mutual Fund Industry, International Business Lawyer, June 2000.
12. Thomas Lee Hazen, The law of Securities Regulation, 3ed.

后 记

当我为本书划上最后一个句号的时候,为能暂时告别写作过程的紧张痛苦而稍感舒心,同时也为文章的浅薄幼稚而不安。从法律的角度对投资基金的治理问题进行研究无疑具有十分重要的理论意义与现实价值,然而由于资料的缺乏,理论与实践的不成熟,尤其是本人的学识及笔力的有限,本书的研究充其量只能算是一种初步的分析与探讨,如果能起到"抛砖引玉"的作用也就算达到写作本书的目的了。

回首自己三年的求学生活,确实感触良多。三年前,自己无知无畏地闯入了法学殿堂,俨然一个门外汉,茫然而无所知。所幸的是,三年的学习期间得到了恩师徐杰教授、师母严端教授在学业上的悉心栽培和谆谆教诲,在生活上无微不至的关怀,使我有勇气与信心完成学业。特别是师母严端教授,更是以其独特的人格魅力感染和激励着我,从她诚信宽容、积极乐观的品质中,我获益匪浅。衷心地感谢两位恩师的栽培、教诲与鼓励。

感谢我的同学吴小隆博士、邓辉博士,三年来他们在学业上和生活上给予我诸多的关照。我还要感谢我的师兄时建中博士、师弟谢永江及其他的同学,与他们的研讨,给了我莫大的启迪。感谢科瑞天诚投资控股有限公司总裁范小清先生、李尧先生在生活和工作中给予我的帮助。

感谢我的妻子帅玮女士和女儿张惟诚,没有她们的支持和鼓励,我要顺利地完成学业是不可能的。

衷心感谢所有关心和帮助过我的人们!

张国清
2003 年 4 月 13 日于法大

国际金融法论丛已出书目

- 资产证券化法律问题研究　　　　　　　　　　洪艳蓉　著
- 英美全面业务抵押制度研究　　　　　　　　　苏合成　著
- 中国上市公司收购监管　　　　　　　　　　　郑　琰　著
- 投资基金治理结构之法律分析　　　　　　　　张国清　著
- 金融集团法律问题研究　　　　　　　　　　　杨　勇　著
- 转型、变法与比较法律经济学　　　　　　　　张建伟　著
- 金融法路径　　　　　　　　　　　吴志攀　白建军　主编
- 欧盟、美国企业合并反垄断规制比较研究　　　卫新江　著
- 中国近代证券法　　　　　　　　　　　　　　王志华　著
- 内地公司香港上市及两地监管合作研究　　　　王春阁　著
- 期货市场风险管理的法律机制研究　　　　　　李明良　著
- 金融全球化与金融监管立法研究　　　　　　　曾筱清　著
- 国际融资担保的创新与借鉴　　　　　　　　　李国安　主编
- 国有商业银行改制上市法律问题研究　　　　　台　冰　著

- 美国风险投资法律制度研究 　　　　　　　　　　　彭丁带　著
- WTO 争端解决规则与中国的实践 　　　　　　纪文华　姜丽勇　著
- 信用证法律与实务研究 　　　　　　　　　　　　徐冬根　著
- 金融资产证券化 　　　　　　　　　　　　　　　王志诚　著
- 证券客户资产风险法律问题研究 　　　　　　　　廖　凡　著
- 中国银行业创新与发展的法律思考 　　　　　　　郭　雳　著
- 金融服务贸易规制与监管研究 　　　　　　　　　韩　龙　著